—— 安全生产18讲丛书 ——

班组安全18讲

杨勇 主编

中国劳动社会保障出版社

图书在版编目(CIP)数据

班组安全 18 讲/杨勇主编. -- 北京：中国劳动社会保障出版社，2020

(安全生产 18 讲丛书)

ISBN 978-7-5167-4742-1

Ⅰ.①班… Ⅱ.①杨… Ⅲ.①班组管理-安全培训-教材 Ⅳ.①F406.6

中国版本图书馆 CIP 数据核字(2020)第 202157 号

中国劳动社会保障出版社出版发行

(北京市惠新东街 1 号　邮政编码：100029)

*

三河市华骏印务包装有限公司印刷装订　新华书店经销

880 毫米×1230 毫米　32 开本　9.75 印张　238 千字

2020 年 12 月第 1 版　2023 年 6 月第 4 次印刷

定价：**29.00 元**

营销中心电话：400-606-6496

出版社网址：http://www.class.com.cn

版权专有　　侵权必究

如有印装差错，请与本社联系调换：(010) 81211666

我社将与版权执法机关配合，大力打击盗印、销售和使用盗版图书活动，敬请广大读者协助举报，经查实将给予举报者奖励。

举报电话：(010) 64954652

内 容 简 介

本书为"安全生产18讲丛书"之一,重点讲述班组生产中应知应会的安全管理和技术,以对企业班组生产现场的安全生产工作有所指导,同时对安全生产基础知识和相关法律责任进行宣教。本书内容围绕班组安全生产的18个大的知识点展开,主要包括安全管理基础、班组生产与管理、班组安全生产规章制度与操作规范、班组生产现场的安全管理与技术、生产现场事故防范与应急处置、优秀班组安全建设方式方法与活动等。

本书可供企业生产班组培训、宣教使用,也可用于企业从业人员学习安全生产相关理论与实践知识,有效提升班组长及各岗位人员的安全素质和能力。

目 录

第1讲 安全管理基础

1.1 安全管理的定义 /1
1.2 现代安全管理理论简介 /2
1.3 生产安全事故概述 /9

第2讲 安全生产常用术语

2.1 职业安全基本术语 /15
2.2 应急救援与安全管理工作常用术语 /19
2.3 职业病防治相关术语 /23

第3讲 班组及其管理

3.1 班组的定义 /27
3.2 班组的特点 /28
3.3 班组管理 /29

第4讲　班组安全管理概述

4.1　班组安全管理的重要意义 /34
4.2　班组安全管理的基本内容 /35
4.3　班组安全管理的主要方法 /40
4.4　班组检修作业管理 /46

第5讲　班组安全生产规章制度与操作规程

5.1　安全生产规章制度及其意义 /49
5.2　安全生产规章制度的主要内容 /51
5.3　安全操作规程 /55

第6讲　班组安全生产责任

6.1　安全生产责任制及其主要内容 /61
6.2　班组安全工作台账、作业票证审核制度 /67
6.3　班组长安全生产责任 /70

第7讲　班组生产现场安全管理

7.1　生产班组安全基本管理 /77
7.2　生产作业现场管理 /85
7.3　作业安全 /98

第 8 讲 班组安全生产标准化

8.1 安全生产标准化的定义 /105
8.2 安全生产标准化建设基本规范 /110
8.3 班组安全生产标准化的实施 /116

第 9 讲 安全教育培训

9.1 企业安全教育培训管理 /122
9.2 安全教育培训的内容与时间 /126
9.3 特种作业人员安全技术培训考核 /130
9.4 企业班组安全教育培训 /137

第 10 讲 劳动防护用品和安全标志、职业病危害警示标识

10.1 劳动防护用品的分类 /142
10.2 劳动防护用品管理 /145
10.3 安全标志、职业病危害警示标识 /151

第 11 讲 班组作业现场安全检查

11.1 安全检查的类型及其内容 /161
11.2 安全检查的方法和工作程序 /164
11.3 安全检查表 /167
11.4 安全检查表实例 /171

第 12 讲　作业现场危险源辨识与治理

12.1　危险源辨识 /178
12.2　危险源辨识技术 /182
12.3　危险因素的分类 /185
12.4　危险源的分类 /185
12.5　危险源的控制管理 /191

第 13 讲　安全生产事故隐患排查治理

13.1　隐患的排查 /196
13.2　隐患的治理 /204

第 14 讲　事故应急预案培训和演练

14.1　事故应急预案及其分类 /209
14.2　企业应急预案的培训与宣传教育 /211
14.3　事故应急预案演练 /213
14.4　实例：某企业应急预案演练方案 /219

第 15 讲　事故现场应急处置和救援

15.1　事故现场应急处置的基本内容 /224
15.2　事故现场避险自救 /232
15.3　事故现场急救 /237

第 16 讲　企业及其班组事故报告与责任

16.1　事故报告责任和要求 /245

16.2　事故报告的内容 /247

16.3　事故调查与责任确定 /249

16.4　事故管理 /254

第 17 讲　班组安全文化

17.1　安全文化概述 /257

17.2　企业安全文化建设 /262

17.3　《企业安全文化建设导则》相关知识与要点 /266

17.4　班组安全文化管理 /274

第 18 讲　优秀班组安全活动实例

18.1　班前会和班后会活动 /280

18.2　安全日活动 /282

18.3　创建"安全合格班组"活动 /286

18.4　生产班组"三不伤害"活动 /290

18.5　生产班组反习惯性违章活动 /292

18.6　生产班组危险预知分析活动 /297

第 1 讲

安全管理基础

安全管理是各级政府主管部门和企业做好安全生产工作的基础，是有效遏制各类事故特别是重特大事故的有力手段。在班组安全建设中，要根据安全管理的一般规律和特点，结合企业自身的系统化特征和方法，将安全管理基本理论具体到方式方法上，找到事故致因，明确人、机、环境、管理等的不安全关键因素，通过技术、行为、理念和文化等各个方面的建设和投入，预防和处理事故，使之不再重复发生，最终实现建成优秀安全班组的目标。

1.1 安全管理的定义

企业管理系统中含有多个具有某种特定功能的子系统，安全管理就是其中的一个。安全管理这个子系统主要是通过管理手段，实现控制事故、消除隐患、减少损失的目的，使整个企业达到最佳的安全水平，为从业人员创造安全舒适的工作环境。安全管理要求企业各个部门，特别是生产一线的班组及其成员积极响应。

1.1.1 安全管理的内涵

安全管理就是针对人们在生产过程中的安全问题，运用有效的资源，发挥人们的智慧，通过人们的努力，进行有关决策、计划、组织和控制等活动，实现生产过程中人与设备、物料、环境的和谐关系，达到安全生产的目的。

安全管理的基本对象是企业的从业人员（企业的所有人员）、设备设施、物料、环境、财务、信息等各个方面。安全管理包括安全生产法制管理、行政管理、监督管理、工艺技术管理、设备设施管理、作业环境和条件管理等内容。安全管理的目标是减少和控制危害事故，避免生产过程中所造成的人身伤害、财产损失、环境污染以及其他损失。

1.1.2 安全管理的分类

可以从宏观和微观、狭义和广义等方面，对安全管理加以分类。

从宏观上看，凡是保障和推进安全生产的一切管理措施和活动都属于安全管理的范畴，即泛指国家从政治、经济、法律法规、体制、组织等各个方面所采取的措施和进行的活动。安全管理人员应对国家有关安全生产的方针、政策、法律法规、标准、体制、组织结构以及经济措施等有深刻的理解和全面的掌握。

从微观上看，安全管理是指经济和生产管理部门以及企事业单位所进行的具体的安全管理活动。

狭义的安全管理是指在生产过程或与生产有直接关系的活动中，防止意外伤害和财产损失的管理活动。

广义的安全管理泛指一切保护从业人员安全健康、防止国家财产受到损失的管理活动。从这个意义上讲，安全管理不但要防止劳动中的意外伤亡，也要与危害从业人员健康的一切因素进行斗争（如避免尘毒、噪声、辐射等物理、化学危害，对女工实施特殊保护等）。

1.2 现代安全管理理论简介

1.2.1 安全管理原理与原则

安全管理作为管理的重要组成部分，遵循管理的普遍规律，它既服从管理的基本原理与原则,也有其自身的特殊性。

(1) 系统原理

安全管理是生产管理的一个子系统,它涉及各级安全管理人员、安全防护设备与设施、安全生产规章制度、安全操作规范和规程以及安全管理信息等。安全贯穿生产活动的各个方面,安全管理是全方位、全天候和涉及全体人员的管理。系统原理是运用系统观点、理论和方法,对管理活动进行充分的系统分析,以达到优化管理的目标,即用系统论的观点、理论和方法来认识和处理管理中出现的问题。

系统原理的原则包括以下几个方面:

1) 动态相关性原则。构成管理系统的各要素是运动和发展的,它们相互联系、相互制约。

2) 整分合原则。在整体规划下明确分工,在分工基础上有效综合。

3) 反馈原则。成功的高效管理,离不开灵活、准确、快速的反馈。

4) 封闭原则。在任何一个管理系统内部,管理手段、管理过程等必须构成一个连续封闭的回路,这样才能形成有效的管理活动。

(2) 人本原理

人本原理是指在管理中必须把人的因素放在首位,体现以人民为中心的指导思想。以人民为中心有两层含义:其一是一切管理活动都是以人为根本而展开的,人既是管理的主体,又是管理的客体;其二是在管理活动中,作为管理对象的各要素和管理系统各环节,都需要人掌握、运作、推动和实施。

人本原理的原则包括以下几个方面:

1) 动力原则。推动管理活动的基本力量是人,管理必须有能够激发人工作能力的动力(管理系统有3种动力,即物质动力、精神动力和信息动力)。

2)能级原则。在管理系统中,建立一套合理能级,根据单位和个人能量的大小安排其工作,才能发挥不同能级的能量,保证结构的稳定性和管理的有效性。

3)激励原则。以科学的手段,激发人的内在潜力,使其充分发挥积极性、主动性和创造性。

(3)预防原理

预防原理是指安全管理应以预防为主,通过有效的管理和技术手段,减少和防止人的不安全行为和物的不安全状态。

预防原理的原则包括以下几个方面:

1)偶然损失原则。反复发生的同类事故,并不一定产生完全相同的后果。

2)因果关系原则。事故的发生是许多因素互为因果连续发生的最终结果,只要导致事故的因素存在,发生事故是必然的,只是时间或迟或早而已。

3)3E原则。针对造成人和物不安全因素的4个方面的原因——技术原因、教育原因、身体和态度原因及管理原因,采取3种防治对策,即强制管理(enforcement)、教育培训(education)、工程技术(engineering),简称3E原则。

4)本质安全化原则。从一开始和从本质上实现安全化,从根本上消除事故发生的可能性。

(4)强制原理

强制原理是指采取强制管理的手段控制人的意愿和行为,使个人的活动、行为等受到安全生产要求的约束。

强制原理的原则包括以下两个方面:

1)安全第一原则。在进行生产和其他活动时把安全工作放在一切工作的首要位置。生产或其他工作必须在安全的基础上进行。

2)监督原则。为了使安全生产法律、法规得到落实,设立安全生产监督管理部门,对企业生产中的守法和执法情况进行监督。

1.2.2 事故致因理论

事故发生有其自身的发展规律和特点,只有掌握了事故发生的规律,才能保障安全系统处于安全状态。科技工作者站在不同的角度,对事故进行研究,给出了很多事故致因理论,下面简要介绍几种。

(1) 事故频发倾向理论

1939年,法默和查姆勃等人提出了事故频发倾向理论。该理论认为,事故频发倾向是指个别容易发生事故的稳定的个人内在倾向。事故频发倾向者的存在是事故发生的主要原因,即少数具有事故频发倾向的从业人员是事故频发倾向者,他们的存在是事故发生的原因。如果企业中减少了事故频发倾向者,就可以减少事故。

(2) 海因里希因果连锁理论

美国的海因里希把工业伤害事故的发生发展过程描述为具有一定因果关系事件的连锁,即人员伤亡的发生是事故的结果,事故的发生原因是人的不安全行为或物的不安全状态,人的不安全行为或物的不安全状态是人的缺点造成的,人的缺点是由不良环境诱发或由先天遗传因素造成的。

海因里希将事故因果连锁过程概括为以下5个因素:遗传及社会环境、人的缺点、人的不安全行为或物的不安全状态、事故、伤害。海因里希用多米诺骨牌来形象地描述事故的这种因果连锁关系。在多米诺骨牌系列中,一枚骨牌被碰倒后,将发生连锁反应,其余几枚骨牌相继被碰倒。如果移去中间的一枚骨牌,则连锁被破坏,事故过程被中止。他认为,企业安全工作的中心就是防止人的不安全行为,消除机械的或物质的不安全状态,中断事故连锁的进程,从而避免事故发生。

(3) 能量意外释放理论

1961年,美国学者吉布森提出,事故是一种不正常的或不希望

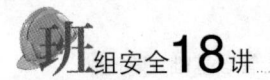

的能量释放,各种形式的能量是构成伤害的直接原因,因此,应该通过控制能量或能量载体(即能量触及人体的媒介)来预防伤害事故。

1966年,在吉布森的研究基础上,时任美国运输部安全局局长哈登完善了能量意外释放理论,提出"人受伤害的原因只能是某种能量的转移",并提出了能量逆流于人体造成伤害的分类方法,将伤害分为两类:第一类伤害是由施加了局部或全身性损伤阈值的能量引起的;第二类伤害是由影响了局部或全身性能量交换引起的,主要是指中毒、窒息和冻伤。哈登认为,在一定条件下,某种形式的能量能否对人体造成伤害,取决于能量大小、人体接触能量的时间和频率以及力的集中程度。根据能量意外释放理论,可以利用各种屏蔽来防止意外的能量转移,从而防止事故发生。

(4)系统安全理论

20世纪50—60年代,系统安全理论诞生于美国研制洲际导弹的过程中。系统安全理论包括很多区别于传统安全理论的创新概念,具体如下:

1)在事故致因理论方面,改变了人们只注重人的不安全行为,而忽略硬件故障在事故致因中作用的传统观念,开始考虑如何通过改善物的系统可靠性来提高复杂系统的安全性,从而避免事故。

2)没有任何一种事物是绝对安全的,任何事物中都潜伏着危险因素。通常所说的安全或危险只不过是一种主观判断。

3)不可能根除一切危险源,但可以减少现有危险源的危险性,应减少总的危险性,而不是只彻底去消除几种选定的风险。

4)由于人的认识能力有限,有时不能完全识别所有危险源及其风险。即使认识了现有的危险源,随着生产技术的发展以及新技术、新工艺、新材料和新能源的出现,又会产生新的危险源。

1.2.3 行为安全管理

(1) 行为纠正

行为安全管理的核心是行为纠正,即针对不安全行为进行现场观察、分析与沟通,以纠正或干预的方式,促使企业的从业人员认识不安全行为的危害,阻止并消除不安全行为。不安全行为的现场纠正过程(见图1-1),具体如下:

1)观察。观察从业人员的作业过程。

2)分析。分析有哪些不安全行为。

3)沟通。让从业人员停下手中的工作,通过表扬与纠正,与其展开有关安全的讨论。

4)消除。让从业人员采取措施消除不安全行为。

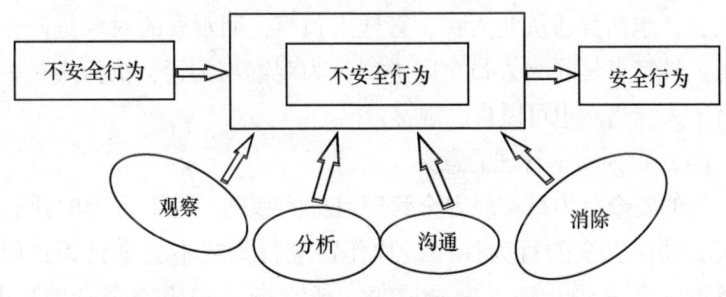

图1-1 不安全行为的现场纠正过程

(2) 行为安全与现代企业管理

从传统安全管理到现代安全管理,企业越来越重视从业人员的安全行为与安全意识。与此同时,企业的安全管理与安全理念也由最初的事故频发阶段、基于设备的被动反应阶段,逐步发展到基于程序与管理体系的主动预防阶段、基于从业人员意识与行为的行为安全阶段。从业人员个人的认知与态度也由最初的无知无畏"武松打虎"式的安全意识,发展到基于法规制度、体系运行要求的安全意识,再到目前基于价值与安全理念的安全态度。行为安全管理是一种非常有用的管理工具,一旦被企业接受和使用,将其整合于系统的管理机制中,它将为创建崭新的企业安全文化和安全管理保障机制提供科学、系统的工具。在行为安全管理过程中,安全领导力对于企业安全管理和安全文化的发展极其重要。

(3) 行为安全管理分类

行为安全管理在实践中主要通过行为安全观察来实现,在实施过程中通常有以下两类:

1) 行为安全审核。行为安全审核的审核员一般是班组长、部门经理及其以上级别管理人员,审核对象是企业的从业人员。其特点是上级对下级进行行为审查与沟通,执行人员一般有2人,一位是主审核员,另一位则是协助审核员。

2) 行为安全观察。行为安全观察的观察员一般是经过培训的任何人员,包括普通从业人员、管理人员等,而观察的对象是同伴或自己。其特点是同级人员之间进行行为观察与沟通,执行人员一般只有1人,当然也可以自己观察自己。

(4) 行为安全管理的意义

人的安全行为是实现安全管理目标的基础。对于行为的执行者来说,缺乏安全的行为往往被称作冒险行为或不安全行为;但对于管理人员来说,缺乏安全监督,或者未能实施安全管理控制,则被称为在其管理职责范围内的不安全行为,而这种不安全行为的风险更大。行为安全管理是基于不同的行业领域、企业文化和管理技术而开发的,对企业内所有层次的安全行为都具有十分积极的意义,有助于减少和控制不安全行为,具体表现在以下5个方面:

1) 发现工作场所中的不安全行为和工作习惯,减少事故发生率,加强安全沟通和提高对安全的认识。

2) 改进、强化工作的安全标准,从而有助于制定更多具体的安全绩效指标。

3) 改进影响企业安全文化的各个要素，如态度、价值观、认知、行为和能力。

4) 弥补企业安全文化的缺陷，包括对不安全行为的敷衍态度，宽容对待不安全行为和工作习惯，对重大事故认识肤浅，仅仅注重对事故的数据统计，将安全作为企业的额外负担或附加部分来对待，把安全看作是"别人的责任"等。

5) 有助于建立良好的企业安全文化与安全理念，包括观察、识别和消除不安全行为，注重关爱人身安全和营造积极的安全氛围，把安全与企业主流文化融为一体，认可安全是每个人的职责等。

1.3 生产安全事故概述

1.3.1 事故的定义及其特征

(1) 事故的定义

在生产过程中，事故是指造成人员死亡、伤害、职业病、财产损失或其他损失的意外事件。从这个解释可以看出，事故是意外的事件，而不是预谋的事件；该事件是违背了人们的意愿而发生的，同时该事件产生了违背人们意愿的后果。如果事件的后果是人员死亡、受伤或身体的损害，就称为人员伤亡事故；如果没有造成人员伤亡，就是非人员伤亡事故。

在生产过程中发生的事故或与生产过程有关的事故称为生产事故。按照安全系统工程的观点，首先，生产事故是发生在生产过程中的意外事件，该事件破坏了正常的生产过程。任何生产过程都可能发生生产事故，因此要想保持正常的生产过程，就必须采取措施防止事故发生。其次，生产事故是突然发生的、出乎人们意料的事件。导致事故发生的原因非常复杂，因而事故具有随机性，事故的随机性使得对事故发生规律的认识和事故预防变得更加困难。最后，生产事故会造成人员伤亡、财产损失或其他损失，因此在生产过程中，不仅要采取措施预防事故发生，还要采取措施减少事故造成的人员伤亡和各类损失。

根据以上定义，事故有以下3个特征：

1) 事故来源于目标的行动过程。
2) 事故表现为与人的意志相反的意外事件。
3) 事故的结果为目标行动停止。

（2）事故的特性

事故表面现象是千变万化的，并且渗透到了人们的生活和每一个生产领域，可以说是无所不在的，同时事故结果又各不相同，所以说事故是复杂的。但是事故是客观存在的，客观存在的事物发展本身就有一定的规律性，这是客观事物本身所固有的本质联系，因此事故必然有其本身固有的发展规律，这是不以人的意志为转移的。对事故的研究不能只从其表面出发，而必须进行深入调查和分析，由事故特性入手，寻找根本原因和发展规律。大量的事故统计结果表明，事故主要具有以下6个特性：

1) 普遍性。各类事故的发生具有普遍性，从更广泛的意义上讲，世界上没有绝对的安全。从事故统计资料可以知道，各类事故的发生从时间上看是基本均匀的，也就是说，事故可能在任何一个时间点发生；从地点的分布上看，每个地方或企业都会发生事故，不存在事故的"禁区"或者安全生产的"福地"；从事故的结果上看，每一类事故都有血的教训。这说明安全生产工作必须时刻面对事故的挑战，任何时间、任何场合都不能放松对事故预防的要求，而且针对那些事故发生较少的地区和单位，更要明确事故的普遍性这一特点，避免麻痹大意的思想，争取从源头上杜绝事故的发生。

2) 偶然性和必然性。偶然性是指事物发展过程中呈现出来的某种摇摆、偏离，是可以出现或不出现、可以这样出现或那样出现的不确定的趋势。必然性是客观事物联系和发展的合乎规律的、确定不移的趋势，是在一定条件下的不可避免性。事故的发生是随机的，同样的前因事件随时间的进程导致的后果不一定完全相同，但偶然中有必然，必然性存在于偶然性之中。随机事件服从于统计规律，可用数理统计方法对事故进行统计分析，从中找出事故发生、发展的规律，从而为事故预防提供依据。

3）因果性。事故的因果性是指一切事故的发生都是由一定原因引起的，这些原因就是潜在的危险因素，事故本身只是所有潜在危险因素或显性危险因素共同作用的结果。在生产过程中存在着许多危险因素，不但有人的因素（包括人的不安全行为和管理缺陷），而且有物的因素（包括物本身存在的不安全因素以及环境存在的不安全条件等）。这些危险因素在生产过程中通常被称为隐患，它们在一定的时间和地点相互作用就可能导致事故的发生。事故的因果性也是事故必然性的反映，若生产过程中存在隐患，则迟早会导致事故的发生。

4）潜伏性。事故的潜伏性是指事故在尚未发生或还未造成后果之时，是不会显现出来的，好像一切还处在"正常"和"平静"状态。但生产中的危险因素是客观存在的，只要这些危险因素未被消除，事故总会发生，只是时间早晚而已。

5）可预防性。事故的发生、发展都是有规律的，只要按照科学的方法和严谨的态度进行分析并积极做好有关预防工作，事故是完全可以预防的。人类对于事故预防措施的研究一直没有停止过，而且随着人类认识水平的不断提升，各种类型的事故都已经找到了比较有效的预防方法。可以说，人类已经基本掌握绝大多数事故发生、发展的规律，关键的问题是如何将其用于企业和从业人员的生产实践，这是目前安全生产技术的关键问题所在。

6）低频性。一般情况下，事故（特别是重特大事故）发生的频率比较低。美国安全工程师海因里希通过对55万余件机械伤害事故进行研究，表明事故与伤害程度之间存在着一定的比例关系。反复发生的同一类型事故遵守下面的比例关系：在 330 次事故当中，无伤害事故大约有 300 次，轻微伤害事故大约为 29 次，严重伤害事故大约是 1 次，即"1∶29∶300 法则"。国际上将此比例关系称为"事故法则"，也称"海因里希法则"。很明显，"事故法则"也就是事故低频性的最好注解。

1.3.2 事故的分类

根据《企业职工伤亡事故分类》（GB 6441—1986），事故可分为以下 20 类。

（1）物体打击：失控物体由于惯性造成的人身伤害事故。

（2）车辆伤害：机动车辆引起的伤害事故。

（3）机械伤害：机械设备与工具引起的绞、碾、碰、割、戳、切等伤害。

（4）起重伤害：从事起重作业时引起的机械伤害事故，它适用于各种起重作业。

（5）触电：电流流经人体，造成生理伤害的事故。

（6）淹溺：因大量水经口、鼻进入体内，造成呼吸道阻塞，发生急性缺氧窒息的伤亡事故。

（7）灼烫：强酸、强碱等物质溅到身上引起的化学灼伤，因火焰引起的烧伤，高温物体引起的烫伤，放射线引起的皮肤损伤等事故。

（8）火灾：造成人身伤亡的企业火灾事故。

（9）高处坠落：由于危险重力势能差引起的伤害事故。

（10）坍塌：建筑物、构筑物、堆置物等倒塌以及土石塌方引起的事故。

（11）冒顶片帮：适用于矿山、地下开采、掘进及其他坑道作业发生的坍塌事故。

(12) 透水：矿山、地下开采或其他坑道作业时，意外水源带来的伤亡事故。

(13) 放炮：施工时由于放炮作业造成的伤亡事故。

(14) 火药爆炸：火药与炸药在生产、运输、储藏的过程中发生的爆炸事故。

(15) 瓦斯爆炸：可燃性气体瓦斯、煤尘与空气混合，浓度达到爆炸极限，接触点火源而引起的化学性爆炸事故。

(16) 锅炉爆炸：各种锅炉的物理性爆炸事故。

(17) 容器爆炸：盛装气体或液体，承载一定压力的密闭设备发生的爆炸事故。

(18) 其他爆炸：不属于瓦斯爆炸、锅炉爆炸和容器爆炸的爆炸。

(19) 中毒和窒息：中毒是指人接触有毒物质出现的各种生理现象的总称；窒息是指因为氧气缺乏，发生的晕倒甚至死亡事故。

(20) 其他伤害：凡不属于上述伤害的事故均称为其他伤害。

1.3.3 事故分级

根据生产安全事故造成的人员伤亡或者直接经济损失，事故一般分为以下等级：

(1) 特别重大事故，是指造成 30 人以上死亡，或者 100 人以上重伤（包括急性工业中毒，下同），或者 1 亿元以上直接经济损失的事故。

(2) 重大事故，是指造成 10 人以上 30 人以下死亡，或者 50 人以上 100 人以下重伤，或者 5 000 万元以上 1 亿元以下直接经济损失的事故。

(3) 较大事故，是指造成 3 人以上 10 人以下死亡，或者 10 人以上 50 人以下重伤，或者 1 000 万元以上 5 000 万元以下直接经济损失的事故。

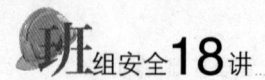

（4）一般事故，是指造成3人以下死亡，或者10人以下重伤，或者1 000万元以下直接经济损失的事故。

该分级方法所称的"以上"包括本数，所称的"以下"不包括本数。

第 2 讲

安全生产常用术语

术语是安全生产工作的重要基础,是安全生产、信息交流和经验分享的载体。在安全生产实践中,人们将一些重要的工作要求、优秀的工作经验总结成朗朗上口的一系列缩略语或术语,不仅方便大家传诵和使用,而且这些缩略语或术语本身都是中国特色安全管理实践的结晶,是安全文化的重要组成部分。在班组安全建设和日常工作中,在各行各业都有很多经典的安全生产常用术语,有的成了通用语言,有的已经被写进了国家标准,有的在生产实践中被广泛地运用。本书列举了较为成熟且通用的一些安全生产常用术语,虽然不能面面俱到,但也能反映出其中的特点和功能。

2.1 职业安全基本术语

2.1.1 职业安全和事故

(1) 职业安全卫生

职业安全卫生是指以保障从业人员在职业活动过程中的安全与健康为目的,在工作领域及在法律、技术、设备、组织制度和教育等方面所采取的相应措施,目前常被称为职业安全健康。

(2) 职业安全

职业安全是指以防止从业人员在职业活动过程中发生各种伤亡事故为目的,在工作领域及在法律、技术、设备、组织制度和教育等方面所采取的相应措施。

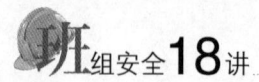

(3) 安全生产

安全生产是指通过"人、机、环"的和谐运作,使社会生产活动中危及从业人员生命和健康的各种事故风险和伤害因素始终处于有效控制的状态。

(4) 本质安全

本质安全是指通过设计等手段使生产设备或生产系统本身具有安全性,即使在误操作或发生故障的情况下也不会造成事故。

(5) 事故

事故是指造成死亡、疾病、伤害、损伤或其他损失的意外情况。

(6) 伤亡事故经济损失

伤亡事故经济损失是指从业人员在劳动生产过程中发生伤亡事故所引起的一切经济损失,包括直接经济损失和间接经济损失。

(7) 直接经济损失

直接经济损失是指因事故造成人身伤亡及善后处理支出的费用和被毁坏财产的价值。

(8) 间接经济损失

间接经济损失是指因事故导致产值减少、资源破坏和受事故影响而造成其他损失的价值。

2.1.2 风险与评估

(1) 职业性危害因素

职业性危害因素是指在职业活动中产生的可直接危害从业人员身体健康的因素,按其性质分为物理性危害因素、化学性危害因素和生物性危害因素。

(2) 职业接触限值

职业接触限值是指从业人员在职业活动过程中长期反复接触职业性危害因素,对绝大多数接触者的健康不引起有害作用的容许接触水平。

(3) 最高容许浓度

最高容许浓度是指在工作地点、一个工作日内、任何时间均不应超过的有毒化学物质的浓度。

(4) 短时间接触容许浓度

短时间接触容许浓度是指在遵守 PC-TWA（时间加权平均容许浓度）的前提下，容许短时间（15 min）接触的浓度。

(5) 安全评价

安全评价是指以实现安全为目的，应用安全系统工程原理和方法，辨识与分析工程、系统、生产经营活动中的危险、有害因素，预测发生事故或造成职业危害的可能性及其严重程度，提出科学、合理、可行的安全对策措施建议，得出评价结论的活动。安全评价可针对一个特定的对象，也可针对一定的区域范围。安全评价按照实施阶段的不同分为 3 类，即安全预评价、安全验收评价和安全现状评价。

(6) 安全预评价

安全预评价是指在建设项目可行性研究阶段、工业园区规划阶段或生产经营活动组织实施之前，根据相关的基础资料，辨识与分析建设项目、工业园区、生产经营活动潜在的危险、有害因素，确定其与安全生产法律、法规、规章、标准、规范的符合性，预测发生事故的可能性及其严重程度，提出科学、合理、可行的安全对策措施建议，得出安全评价结论的活动。

(7) 安全验收评价

安全验收评价是指在建设项目竣工后正式生产运行前或工业园区建设完成后，通过检查建设项目安全设施与主体工程同时设计、同时施工、同时投入生产和使用的情况或工业园区内的安全设备设施、装置投入生产和使用的情况，检查安全管理措施到位情况，检查安全生产规章制度健全情况，检查事故应急救援预案建立情况，审查确定建设项目、工业园区建设满足安全生产法律、法规、规章、标准、规范要求的符合性,从整体上确定建设项目、工业园区的运行状况和安全管理情况,得出安全验收评价结论的活动。

(8) 安全现状评价

安全现状评价是指针对生产经营活动或工业园区内的事故风险、安全管理等情况,辨识与分析其存在的危险、有害因素,审查确定其与安全生产法律、法规、规章、标准、规范要求的符合性,预测发生事故或造成职业危害的可能性及其严重程度,提出科学、合理、可行的安全对策措施建议,得出安全现状评价结论的活动。安全现状评价既适用于对一个生产经营单位或一个工业园区的评价,也适用于对某一特定的生产方式、生产工艺、生产装置或作业场所的评价。

(9) 职业病危害预评价

职业病危害预评价是指对可能产生职业病危害的建设项目,在可行性论证阶段,对建设项目可能产生的职业病危害因素、危害程度、对从业人员健康影响、防护措施等进行预测性卫生学分析与评价,确定建设项目在职业病防治方面的可行性,为职业病危害分类管理提供科学依据。

(10) 职业病危害控制效果评价

职业病危害控制效果评价是指建设项目在竣工验收前,对工作场所职业病危害因素、职业病危害程度、职业病防护措施及效果、健康影响等进行综合评价。

(11) 风险评估

风险评估是指评估风险大小以及确定风险是否可容许的全过程。

2.2 应急救援与安全管理工作常用术语

2.2.1 应急与防护措施

(1) 应急预案

应急预案是指针对可能发生的事故，为迅速、有序地开展应急行动而预先制定的行动方案。

(2) 应急准备

应急准备是指针对可能发生的事故，为迅速、有序地开展应急行动而预先进行的组织准备和应急保障。

(3) 应急响应

应急响应是指事故发生后有关组织或人员采取的应急行动。

(4) 应急救援

应急救援是指在应急响应过程中，为消除、减少事故危害，防止事故扩大或恶化，最大限度地降低事故造成的损失或危害而采取的救援措施或行动。

(5) 防护措施

防护措施是指为避免从业人员在作业时身体的某部位误入危险区域或接触有害物质而采取的隔离、屏蔽、安全距离、个人防护、通风等措施或手段。

(6) 职业病防护设施

职业病防护设施是指，消除或者降低工作场所的职业病危害因素浓度或强度，减少职业病危害因素对从业人员健康的损害或影响，达到保护从业人员健康目的的装置。

(7) 个人防护用品

个人防护用品又称劳动防护用品，是指为使从业人员在职业活动过程中免遭或减轻事故和职业病危害因素的伤害而提供的个人穿戴用品。

（8）应急救援设施

应急救援设施是指在工作场所设置的报警装置、现场急救用品、洗眼器、喷淋装置等冲洗设备和强制通风设备，以及应急救援使用的通信、运输设备等。

2.2.2 安全管理工作

（1）一岗双责

一岗：各级人民政府及其有关部门的主要负责人分别为本行政区域、本行业安全生产工作的第一责任人。

双责：分管安全生产的负责人是安全生产工作综合监督管理的责任人，对安全生产工作负组织领导和综合监督管理领导责任；其他负责人对各自分管工作范围内的安全生产工作负直接领导责任。

（2）一个方针

一个方针：安全第一、预防为主、综合治理。

（3）一法两条例

一法：《中华人民共和国安全生产法》（以下简称《安全生产法》）。

两条例：《安全生产许可证条例》《建设工程安全生产管理条例》。

（4）一通三防

一通：通风。

三防：防瓦斯、防火、防尘。

（5）一案一卡

一案一卡：应急预案中的现场处置方案和重点岗位应急处置卡，用于指导基层和岗位从业人员应对现场高风险突发事件。应以"情景、任务、能力"为技术路线，以风险评估结果为出发点，强调突发事件情景构建，分析在应对这些突发事件时各任务层次的能力，打造点（应急处置措施）、线（应急专项预案）、面（综合应急预案）相结合的应急处置平台。

（6）两书一表

两书：作业指导书、作业计划书。

一表：安全检查表。

（7）两个主体、两个负责制

两个主体：政府是安全生产的监管主体，企业是安全生产的责任主体。

两个负责制：政府行政首长和企业法定代表人两个负责制，是我国安全生产工作的基本责任制度。

（8）三同时

三同时：建设项目的安全设施，必须与主体工程同时设计、同时施工、同时投入生产和使用。

（9）三级安全教育

三级安全教育：厂级安全教育、车间级安全教育、班组级安全教育。

（10）三个百分百

三个百分百：安全生产必须做到人员百分百、时间百分百、力量百分百。

（11）三大安全规程

三大安全规程：安全操作规程、运行安全规程、设备检修规程。

（12）三违

三违：违章指挥、违章操作、违反劳动纪律。

（13）三源

三源：重大危险源、伤害源、隐患源。

（14）三点

三点：危险点、危害点、事故多发点。

(15) 三非

三非：非法建设、非法生产、非法经营。

(16) 三超

三超：工矿企业超能力、超强度、超定员生产，交通运输单位超载、超限、超负荷运行。

(17) 三定

三定：定整改措施，定完成时间，定整改负责人。

(18) 三不生产

三不生产：不安全不生产，隐患不消除不生产，安全措施不落实不生产。

(19) 三查三找三整顿

三查：查麻痹思想、查事故苗头、查事故隐患。

三找：找差距、找原因、找措施。

三整顿：整顿思想、整顿作风、整顿现场。

(20) 三宝

三宝：安全帽、安全网、安全带。

(21) 三类整改

三类整改：按A、B、C进行排队梳理、汇总分析和登记造册，必须立即解决的列入A类，限期解决的列入B类，创造条件逐步解决的列入C类。

(22) 三同步

三同步：安全生产与经济建设、企业深化改革、技术改造同步策划、同步发展、同步实施。

(23) 四个一律

四个一律：对非法生产经营建设和经停产整顿仍未达到要求的，一律关闭取缔；对非法生产经营建设的有关单位和责任人，一律按规定上限予以处罚；对存在非法生产经营建设的单位，一律责令停产整顿，并严格落实监管措施；对触犯法律的有关单位和人员，一律依法严格追究法律责任。

(24) 四不放过

四不放过：事故原因未查清不放过，责任人员未处理不放过，整改措施未落实不放过，有关人员未受到教育不放过。

(25) 四个凡事

四个凡事：凡事有人负责，凡事有章可循，凡事有据可查，凡事有人监督。

(26) 四不两直

四不：不用陪同、不打招呼、不发通知、不听汇报。

两直：直奔基层、直查现场。

(27) 四个缺失

四个缺失：社会道德缺失、政府责任缺失、企业标准缺失、全民意识缺失。

2.3 职业病防治相关术语

2.3.1 职业病

(1) 职业医学

职业医学以从业人员为主要对象，旨在对受到职业病危害因素损害或存在潜在健康危险的从业人员进行早期健康检查、诊断、治疗和康复处理。

(2) 职业病

职业病是从业人员在职业活动中接触职业病危害因素所直接引起的疾病。

(3) 法定职业病

法定职业病是国家根据社会制度、经济条件和诊断技术水平，以法规形式规定的职业病。

(4) 职业性中毒

职业性中毒是从业人员在职业活动中组织器官受到工作场所毒物的毒作用而引起的功能性和器质性疾病。

(5) 职业性急性中毒

职业性急性中毒是短时间内吸收大剂量毒物所引起的职业性中毒。

(6) 职业性慢性中毒

职业性慢性中毒是长期吸收较小剂量毒物所引起的职业性中毒。

(7) 职业健康监护

职业健康监护以预防为目的，根据从业人员的职业接触史，通过定期或不定期的医学健康检查和健康相关资料的收集，连续监测从业人员的健康状况，分析从业人员健康变化与所接触的职业病危害因素的关系，并及时地将健康检查和资料分析结果报告给用人单位和从业人员本人，以便及时采取干预措施，保护从业人员健康。职业健康监护主要包括职业健康检查和职业健康监护档案管理等内容。

(8) 职业健康检查

职业健康检查是指一次性地应用医学方法对从业人员进行的健康检查，检查的主要目的是发现有无职业病危害因素引起的健康损害或职业禁忌。《健康监护技术规范》（GBZ 188—2014）规定，职业健康检查包括上岗前、在岗期间、离岗时和离岗后医学随访以及应急健康检查。

(9) 职业禁忌证

职业禁忌证是指不宜从事某种作业的疾病或解剖、生理等状态。因在该状态下接触某些职业病危害因素时，可能导致以下情况：原有疾病病情加重，诱发潜在的疾病，对某种职业病危害因素易感，影响子代健康。

(10) 职业病报告

为加强职业病信息报告管理工作，准确掌握职业病发病情况，为预防职业病提供依据，由政府主管部门制定的职业病报告制度。

(11) 职业病诊断

职业病诊断是根据从业人员职业病危害接触史及患者的临床表现和医学检查结果，参考作业场所职业病危害因素检测和流行病学资料，依据职业病诊断标准进行综合分析，做出健康损害和职业接触之间关系的临床推理判断过程。

(12) 职业病诊断鉴定

对职业病诊断结果有争议时，由卫生行政部门组织对原诊断结论进一步审核诊断。

2.3.2　工作条件与人机工程

(1) 工作场所设计

工作场所设是指计按生产任务和人机工程学的要求，对工作地点和作业区域进行规划和布置。

(2) 微小气候

微小气候是在特定空间范围内，温度、湿度、气流速度和气压等气候因素的综合。

(3) 工作条件

工作条件是工作人员在工作中的设施条件、工作环境、劳动强度和工作时间的总和。

(4) 工作环境

工作环境是在工作空间中，人周围的物理的、化学的、生物学的、社会的和文化的因素。

(5) 人机工程学

人机工程学是研究各种工作环境中人的因素，人和机器以及环境的相互作用，以及人在工作、生活中怎样才会考虑工作效率、人的健康、安全和舒适等问题的学科。

(6) 安全人机工程学

安全人机工程学是从安全的角度出发，以安全科学、系统科学与行为科学为基础,运用安全原理以及系统工程的方法,研究在人、机、环境系统中人与机以及人与环境保持什么样的关系才能保障人的安全的学科。

(7) 人体测量

人体测量是应用标准的测量仪器和测量方法对人体进行整体或局部的静态(线性、角度、内积、体积等)和动态(质心、重心、惯性、动作范围等)的测量。

(8) 立姿

被测者挺胸直立,头部以法兰克福平面定位,眼睛平视前方,肩部放松,上肢自然下垂,手伸直,手掌朝向体侧,手指轻贴大腿侧面,自然伸直膝部,左、右足后跟并拢,前端分开,使两足大致成45°夹角,体重均匀分布于两足。

(9) 坐姿

被测者挺胸坐在被调节到腓骨头高度的平面上,头部以法兰克福平面定位,眼睛平视前方,左、右大腿大致平行,膝弯曲大致成直角,足平放在地面上,手轻放在大腿上。坐姿一般分为正直坐姿、后倾坐姿、前倾坐姿。

第 3 讲

班组及其管理

企业的所有生产活动都在班组中进行，班组就像人体的一个个细胞，所有细胞全都健康人的身体才有可能健康，才能充满旺盛的活力和生命力，班组管理是企业管理的基础。无论什么行业、工种，其班组共同特点就是拥有共同的劳动手段和劳动对象，直接承担着一定的生产任务。因此，班组管理影响着企业生产决策的实施，既是承上启下的桥梁，又是各岗位从业人员联系管理人员的纽带，是生产的直接组织者和劳动者。

3.1 班组的定义

班组是企业的"细胞"，是企业最基层的组织与作业单位，是从业人员从事生产活动和参与管理的重要场所，是企业活力的源头。班组也是连接企业与从业人员的平台，是培育、激励人才最重要的阵地。

班组是根据产品的技术标准和工艺要求，由若干相同或不同岗位和工种的从业人员、一定数量的设备和工具、原材料或零部件等生产资料组成，即班组是由生产力三要素（劳动者、劳动对象、劳动资料）构成的劳动集体。企业的生产活动都在班组进行，企业的绝大部分资源由班组保管、使用，企业的产品由班组生产，所以班组工作的好坏直接决定着企业经营的成败。班组充满生机，企业就有活力，就能在激烈的市场竞争中立于不败之地。

班组的规模主要是指班组岗位设置和人数的多少。班组规模的大小取决于生产过程的特点，要根据生产任务、工艺流程和技术繁简程度，选配适当的人员从事相应的生产活动，做到人与物的良性组合，实现班组人员结构与生产任务结构的最佳组合。一般情况下，班组的人数以 5 人以上、20 人以下为宜。

3.2 班组的特点

（1）结构小
班组是企业的基层单位，也是企业经营活动最小的组织。
（2）管理全
班组是企业民主管理的基地，安全、生产、质量、工艺、劳动纪律等企业所有的管理内容最终都要落实到班组，都要通过班组来实施。
（3）工作细
班组在整个系统中虽然只是一个很小的部分，但它却不可缺少。一个班组完不成任务，会影响整个系统工作的连续性、衔接性和完整性，因而班组工作要严、更要细，细到每一个人、每一件事，要处理周全，使大家满意。班组是企业活力的源头，工作非常具体，细节决定成败，疏忽细节可能造成机毁人亡的惨案，也可能造成产品报废。因此，班组长要有耐心、细致的工作作风，才能对企业活力的增强起支撑作用。
（4）任务实
班组是企业生产经营管理的第一线，企业的产品要经过班组产出，企业的经济效益要通过班组实现，班组必须一丝不苟地完成各项任务，才能保障企业生产经营管理目标的实现。"上面千条线，下面一根针"，企业所有管理内容最终都要落实到班组。因此，班组成员必须踏踏实实工作，讲实话，干实事，互相学习，互相帮助，依靠全班组的共同努力，生产任务才能顺利完成。

(5) 群众性

班组工作是一项群众性很强的活动,班组是班组成员的"小家",班组长需要团结全体成员,同时发挥班组育人和护人的熔炉作用,充分集中大家的智慧和力量,才能更好地提升整体综合能力。

3.3 班组管理

3.3.1 班组管理的定义

班组管理是指为了完成上级安排给班组的各项生产任务而必须搞好的组织管理工作。班组管理需要认真贯彻落实"协调发展观"理念,以人民为中心,充分调动、发挥班组成员的积极性,团结协作,科学合理地组织人力、物力,使生产工作安全、均衡、有效地进行,做到按质、按量、如期地完成各项计划指标。

3.3.2 班组管理的重点

建立、健全班组的各项管理制度,包括安全生产制度、岗位责任制度、均衡生产制度、岗位技术练兵制度、设备工具维护保养制度、交接班制度、考勤制度、经济核算制度、民主管理制度、职业道德规范、思想工作制度等;强化班组的民主管理,班组长要有民主意识,进行民主决策,发挥民主作用,真正做到管理制度化、科学化、民主化;运用科学的管理方法和先进的管理手段,顺利完成班组各项生产任务(工作)。

3.3.3 班组管理的特性

(1) 具体性

不同于企业生产经营,班组长必须逐一向班组成员交代具体任务,进行指示或示范,以便完成各自的任务。从这个意义上讲,班组长必须详细把握每一名班组成员的能力和性格，同时精通每一项工作，在班组中力求成为"全能"工。

(2) 综合性

班组长不能只抓产量、质量，为了达到工作目标，必须抓好安全管理、成本管理、设备设施管理和班组成员管理工作。

(3) 和谐性

班组长工作要以人民为中心，构建和谐班组，建立与班组成员之间的信赖关系，加强沟通，互相帮助，有效完成上级下达的各项工作任务。

根据《安全生产法》的规定，企业必须遵守《安全生产法》和其他有关安全生产的法律、法规，加强安全管理，建立、健全安全生产责任制和安全生产规章制度，改善安全生产条件，推进安全生产标准化建设，提高安全生产水平，确保安全生产。

以我国煤矿企业为例，班组中的生产管理如下：

煤矿生产班组是煤矿企业中由一定数量的矿工在班组长的带领下，密切配合和明确分工，为共同完成某项生产任务而组成的煤矿工作群体。煤矿生产班组是由同工种或相近工种、有效协作的稳定人员组成，通过企业制度的保障、明确工作目标的牵引、高凝聚力的企业文化塑造所形成的生产群体。生产班组是煤矿企业最基层的单元。

煤矿企业实行分级管理，其生产管理机构的组织形式如图3-1所示。

煤矿生产班组通常具有以下特征：①生产班组是企业最基层的组织；②生产班组长期、持续存在；③生产班组成员一般不少于3人；④生产班组成员有共同上级（班组长）；⑤班组成员没有下属。

煤矿企业的生产作业类型非常多，根据作业性质的不同，煤矿作业可分为采煤、掘进、通防、机电、运输五大专业类型，共涉及

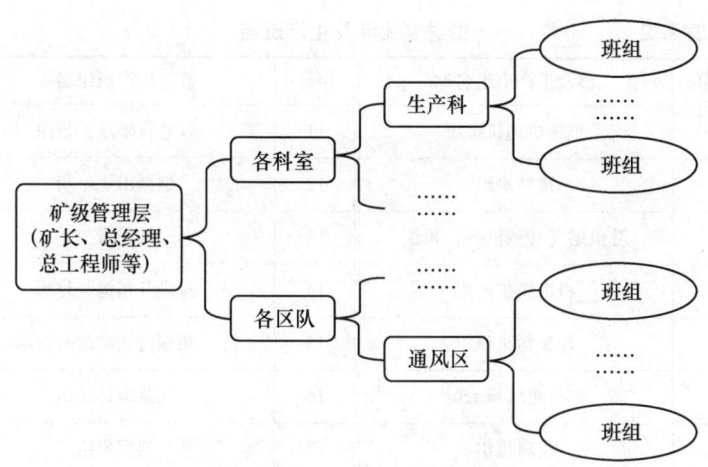

图 3-1 煤矿企业生产管理机构的组织形式

100 多类煤矿生产班组，主要的生产班组类别分述如下。

1) 采煤专业涉及 16 个生产班组，具体见表 3-1。

表 3-1　　　　采煤专业涉及生产班组

序号	涉及生产班组名称	序号	涉及生产班组名称
1	采煤机司机班组	9	跟班电气维护班组
2	推溜班组	10	乳化液泵站司机班组
3	支架移架班组	11	综采质量验收班组
4	支架放煤班组	12	大型设备装卸班组
5	清煤班组	13	转载机、皮带机安装回收班组
6	端头（尾）维护班组	14	支架安装回收班组
7	转载机班组	15	大溜安装回收班组
8	综采刮板运输机司机班组	16	电气检修班组

2) 掘进专业涉及 20 个生产班组，具体见表 3-2。

表 3-2　　　　　　掘进专业涉及生产班组

序号	涉及生产班组名称	序号	涉及生产班组名称
1	掘进机司机班组	11	煤巷打眼维护班组
2	锚杆班组	12	炮掘出煤班组
3	看机尾（转载皮带）班组	13	砌碹班组
4	机电维护班组	14	掘进开拓运料班组
5	局扇司机班组	15	开拓掘进质量验收班组
6	掘进机检修班组	16	灰浆搅拌班组
7	运料班组	17	架棚班组
8	装卸班组	18	风钻打眼班组
9	抬运物料班组	19	装药班组
10	回棚班组	20	掘进刮板运输机司机班组

3）通防专业涉及 15 个生产班组，具体见表 3-3。

表 3-3　　　　　　通防专业涉及生产班组

序号	涉及生产班组名称	序号	涉及生产班组名称
1	风筒班组	9	管路班组
2	测风班组	10	一炮三检班组
3	通风设施班组	11	打钻班组
4	通风木工班组	12	洒水（喷浆）班组
5	巷修班组	13	测尘班组
6	瓦斯检查班组	14	注水班组
7	通风质量验收班组	15	掘进刮板运输机司机班组
8	机电工班组		

4）机电专业涉及 20 个生产班组，具体见表 3-4。

表 3-4　　　　　　机电专业涉及生产班组

序号	涉及生产班组名称	序号	涉及生产班组名称
1	绞车司机班组	11	绞车司机班组
2	井下配电班组	12	配电班组
3	井下电钳班组	13	采制化班组
4	主斜井给煤司机班组	14	内外线电工班组
5	四大件设备维护班组	15	矿灯充电工班组
6	支护修理工班组	16	矿灯修理班组
7	主皮带机司机班组	17	皮带机维护班组
8	电缆修理工班组	18	皮带机检修班组
9	机修班组	19	给煤机司机班组
10	井下机电班组	20	皮带机机道清煤班组

5）运输专业涉及 29 个生产班组，具体见表 3-5。

表 3-5　　　　　　运输专业涉及生产班组

序号	涉及生产班组名称	序号	涉及生产班组名称
1	副斜井信号工班组	16	机电维护班组
2	副斜井把钩工班组	17	地面充电工班组
3	地面型蓄电池机车司机班组	18	运料班组
4	地面架线电机车司机班组	19	地面钉道班组
5	电机车司机班组	20	采区轨道班组
6	地面翻车机司机班组	21	井下充电工班组
7	地面小绞车班组	22	架空人车下信号工班组
8	矿车维修班组	23	井下蓄电池机车司机班组
9	地面给矸机司机班组	24	暗斜井信号工班组
10	大巷轨道工操作班组	25	暗斜井把钩工班组
11	大巷牵引网络班组	26	副立井信号工班组
12	井下电机车维修班组	27	副立井把罐工班组
13	井底信号工班组	28	架空人车司机班组
14	撒煤斜巷清理班组	29	井下架线电机车司机班组
15	司机班组		

第4讲

班组安全管理概述

安全管理工作的实质就是保障从业人员的人身安全和健康,保障国家和集体财产的安全,保障生产活动得以顺利进行。企业绝大多数从业人员在班组,绝大多数机械、设备归班组使用和维护,班组是有效控制事故的前沿阵地。因此,抓安全管理,必须从班组抓起。抓好班组安全管理,扎扎实实地打好安全工作、预防事故的基础,就抓住了企业安全管理的基础。

4.1 班组安全管理的重要意义

班组是安全生产的基础,班组的安全生产状况反映出整个企业安全生产的管理水平,班组安全生产形势与整个企业安全生产形势密切相关。班组是企业的"细胞",是企业实现安全生产的基础,可以用班组这面"镜子"来透视企业的安全生产,用班组这把"尺子"来衡量企业的安全生产水平。大量的生产事故表明,90%以上的事故发生在班组,80%以上事故的直接原因都是在班组生产过程中违规作业或各种隐患未被及时发现并消除,60%以上的事故是由思想麻痹、纪律松弛、管理混乱、违章指挥作业造成的。生产班组是生产一线,也是事故的多发区。因此,班组安全管理对企业安全生产具有重要意义。

安全是企业发展的重要保障,安全管理是企业管理的重要组成部分,而班组是企业最基层的生产单位。企业安全管理必须服务于基层班组,将工作重心下移到班组,通过班组安全管理各项工作的落实，使生产建立在坚实的基础上，才能充分发挥生产效力，实现企业生产经营管理目标。

危险、有害因素主要产生于生产过程，而在企业，班组是生产的主体。因此，企业要做到安全生产，就必须重视班组安全，一切工作都必须从班组抓起，扎扎实实地搞好班组安全建设，以班组安全来保障企业的整体安全。

从安全生产的角度来讲，一个好的班组应既能完成生产任务，又能确保安全。因为只完成生产任务，不能确保安全的班组，事故发生最终将影响士气，从而导致生产率降低。

从安全生产的特点来看，很多企业生产工艺复杂，生产工艺过程既有机械伤害、起重伤害、物体打击、高处坠落、挤压、易燃易爆等危害，又有高温、高压、高浓度粉尘、有毒有害物质的危害，特别是生产中的高温高压、炉体爆炸、煤气中毒窒息等危害性较大。另外，由于经济发展水平、科技水平的局限性，本质安全程度还不是很高，部分生产工艺过程具有高危险性。这些危险、有害因素直接对从业人员安全健康造成威胁，需要通过加强安全管理，提高从业人员的安全意识、责任和技能来预防伤亡事故的发生。

4.2 班组安全管理的基本内容

班组安全管理作为安全管理的重要组成部分，它所包含的内容也是十分广泛的。

4.2.1 安全生产制度

"没有规矩，不成方圆。"规章制度是全体从业人员的行为准则，企业应针对各班组生产的特点和各工种、工序的不同情况来制定健全合理的、行之有效的规章制度，使每位成员严格遵守，这是实现班组管理的重要基础性工作。

班组安全生产制度应有安全生产岗位责任制度、安全检查制度、安全奖惩制度、安全例会制度、事故预测预防制度等。随着生产的发展和客观条件的变化，对于已经不能正确反映客观规律的制度，要及时修订完善。制度的建立要力求完整统一、简明扼要、通俗易懂，便于从业人员牢记、掌握与遵守。

有了制度，要有执行情况的检查及其记录，记录是每个人执行制度情况的原始凭证。班组应有交接班记录、检查记录、学习记录、整改记录、考核评比记录等。记录应及时、齐全、清晰、准确，决不能为了应付检查、评比报虚情、做假账。

4.2.2 班组安全生产责任制及各项安全管理制度

安全生产责任制是根据"管生产经营必须管安全""安全生产、人人有责"的原则，以制度的形式明确规定企业各级领导和各类人员在生产活动中应负的安全责任，它是企业岗位责任制的重要组成部分，是企业所有安全生产制度的核心。有了这项制度，就能把安全与生产从组织领导上统一起来，安全工作才能做到事事有人管、层层有专责。

班组安全生产责任制是企业安全生产的有机组成部分。一个车间（部门、厂矿）的安全生产态势就是以班组安全生产责任制是否落实来加以评估的，若每个班组都能落实安全生产责任制，那么这个车间（部门、厂矿）的安全生产工作就有了良好的基础。

班组长是班组安全生产的第一责任人，班组安全员则是班组长的参谋与助手。因此，评估班组安全生产责任制是否落实，首先看班组长是否按安全生产责任制严格要求自己。如果班组长在这方面能起到表率作用，落实自己的安全生产责任，并能督促每位成员认真执行安全生产责任制，那么班组的安全生产就有了保障。

从业人员做好本岗位的安全工作，是企业和班组搞好安全工作的基础，企业中的一切安全生产制度都要通过企业的从业人员来落实。因此，从业人员安全生产责任中应包含以下内容：自觉遵守各项安全生产规章制度，不违规作业，并劝阻他人的违规作业；根据工艺要求精心操作，各种生产记录要正确、清楚、可靠，并能正确判断和处理事故；按时巡检，发现异常情况应及时处理或报告；重视文明生产，爱护和正确使用、妥善保管机器设备、工具和劳动防护用品；积极参加各种安全生产活动；主动提出改进安全生产的建议；有权拒绝违章指挥和强令冒险作业。

4.2.3 班组安全教育

安全教育是搞好安全生产的基础。首先，安全教育能提高从业人员搞好安全生产的责任感和自觉性，使其自觉贯彻安全生产方针和各项政策法规，遵守企业安全生产规章制度；其次，安全教育能使从业人员掌握安全生产知识，提高安全操作技术水平，认识工伤事故与职业病发生的原因和规律。安全教育既能增强从业人员的安全意识，又能提高从业人员的安全技能，是有效防范事故发生的必要前提条件。

班组安全教育的形式主要如下：对新入职人员进行班组安全教育；针对班组成员的思想动态，结合典型事故案例、岗位安全操作规程，开展经常性安全教育；针对班组采用新工艺、新技术、新材料、新设备的情况，开展新操作方法的安全教育；针对岗位的工艺要求，进行各岗位安全操作技能训练。

班组安全教育的方法主要有以下3个方面：

（1）抓好"关键人物"的安全教育。所谓"关键人物"，一是指新入职或转岗的人员，二是指行为比较散漫的人员，三是指性格急躁、粗心大意的人员。

（2）根据事故发生的规律进行针对性的安全教育。例如，有生产经验的从业人员容易思想麻痹；新入职人员缺乏安全生产知识，容易冒险作业；节假日前后，一些人员思想不集中，容易发生事故；

生产或检修任务紧张时，往往抢时间，容易忽视安全等。

（3）要注意教育艺术，避免空泛说教，努力把安全教育贯穿于直观、生动、具有感染力的活动之中。班组安全教育力求生动活泼、多种多样、贴近实际，这样才能收到良好的教育效果。

4.2.4 班组安全检查

安全检查是贯彻"安全第一、预防为主、综合治理"方针的重要措施，是依靠群众发现隐患、防止事故的一个重要手段，班组长对此务必高度重视，要有效组织各类有针对性的安全检查。"班中查"是班组长经常采用的一种行之有效的安全检查方式。

通过安全检查发现的问题涉及两个方面：一是人的因素，二是物的因素。对于人的因素，视不同情况采取不同的措施。例如，有人违章操作或出现不安全行为，发现后要立即阻止和纠正；发现新手操作生疏，有碍于安全时，要及时调配力量并加强培训。对于物的因素，如设备、作业环境等，一定要做到"三定""二不推"。"三定"，即对不安全因素的整改要做到定人员、定措施、定时间；"二不推"，即个人能整改的不推给班组，班组能整改的不推给车间。特别强调的是，整改要及时，措施要有力，并落实到人员，而且要做好整改记录。对于班组不能解决的重大隐患，必须及时报上级部门，在处理之前，要做好有效的预防性措施。

要加强岗位检查，及时消除危险因素和制止不安全行为。要在交班前、接班后对本班组作业环境认真进行检查，检查情况要向本班组人员通报。对重点部位和易发事故的环节，要采取相应的控制措施，作业中出现的不安全行为要及时制止，发现的不安全因素要及时整改，暂时不能整改的隐患要采取有效的针对性控制措施。

根据在安全检查中发现的问题和整改措施落实情况，要按有关规定，视不同情况进行严格考核或教育。

4.2.5 事故报告、分析和处理

若班组发生了事故,在紧急抢救伤员的同时,应立即向上级领导报告,并采取应急措施、保护现场,积极组织或参与对事故的分析,查明事故原因和责任,采取措施,防止类似或相关事故重复发生。

(1) 事故报告

事故报告的内容应包括事故发生的时间、地点、伤亡人员姓名、年龄、工种、伤害部位、伤害程度、事故的类别、事故经过情况及其原因等。不准隐瞒不报、虚报或拖延不报。

(2) 事故分析

班组长要认真地组织本班组成员开展事故分析。对事故进行分析,重点应放在查事故的原因上,只有消除了产生事故的危险因素,才能防止同类事故再次发生。本车间同类型的兄弟班组发生了事故,班组长也应参加事故分析会,并将分析的结果传达给班组成员,组织班组成员举一反三、吸取教训。

(3) 事故处理

对事故的处理要做到"四不放过",事故原因未查清不放过,责任人员未处理不放过,整改措施未落实不放过,有关人员未受到教育不放过。对班组发生的事故苗子和险肇事故应同样按"四不放过"的要求进行处理。

4.2.6 安全值日

对点多、面广、作业分散的班组,单靠班组长抓安全是不够的,应由班组长指定专人安全值日,并要求他们做到:搞好安全点检确认,有隐患及时整改,发现不安全行为及时制止,做好现场互保监护,搞好文明生产。

4.2.7 班组安全活动

企业安全管理工作的重心在生产班组,开展班组安全活动则是安全管理的重要内容之一,是保障安全生产的一项重要措施,是企业安全文化的一项具体表现形式,也是提高从业人员安全文化素质的手段之一。开展形式多样的安全活动,可以提高从业人员的安全素质,让"我要安全"渗透到从业人员日常工作习惯之中,真正做到"三不伤害"(不伤害自己、不伤害他人、不被他人伤害),营造注意安全、尊重生命的文化氛围。

4.3 班组安全管理的主要方法

4.3.1 教育培训

加强班组全体成员的安全教育培训,以及重点对象的安全教育,有助于不断提高班组成员的安全意识、安全技能和自我防范能力,使安全管理始终贯穿在整个班组工作中。无数的事故案例表明,安全技术素质低下,往往就是事故隐患。因此,班组长对此要有清醒的认识。安全教育培训要注重做好以下几个方面的工作:

(1)班组安全教育,首先要抓好动态教育。班组长要随时掌握班组成员的思想状态,对能够影响班组成员思想波动的各种因素,要在自己力所能及的范围内及时消除,根据现状相应安排不同的工作,避免因思想波动而导致操作失误事故的发生。

(2)要抓好岗位教育,特别是抓好新入职和转岗人员的教育。新入职和转岗人员对新工作环境、设备、生产工艺、安全操作技术等不熟悉,较易发生事故,因此对他们进行安全教育是十分必要的。班组长在对新入职和转岗人员进行教育时,要将本班组的工作范围,主要生产设备、工艺、危险源、安全操作规程及本班组曾经发生的事故或重大险肇事故等告诉他们，并为他们指定专门带教老师，规定带教老师在传授生产技术的同时要传授安全技术（包括劳动防护用品的正确使用）。对新入职人员，要求既要懂得工艺流程和技术要求，又要了解生产中应采取的安全措施，实现安全生产；对转岗人员，要有针对性地进行安全教育，使其真正了解新岗位的特点和安全注意事项，在工作中严格按照要求去作业。对新入职和转岗人员的安全状况，应进行定期分析，发现问题及时解决，以避免发生事故，使他们尽快在安全生产中发挥作用。

（3）要抓好安全技能教育和自我防范意识的教育。充分利用班前会、班后会、安全活动日进行思想教育，同时在作业现场让有经验的从业人员进行实地操作，使班组成员形象直观地接受教育，真正懂得和充分理解、掌握安全操作规程，确保在作业中按规程要求操作，实现安全生产。

安全操作技术是生产操作技能与各类安全操作规范、规程、制度的结合。学习安全操作技术，就是岗位安全操作练兵，也就是人们常说的"练内功"。随着生产现代化进程的不断加快，对生产者的操作技术要求也会越来越高，对安全工作也会提出更高的要求。

（4）结合事故案例开展直观的安全教育。通过分析事故案例，找出发生事故的原因，使班组成员真正明白制定规程的依据，以及不按规程操作会造成的危害，消除班组成员的侥幸心理，从而促使其在工作中按规程作业。

4.3.2　安全检查

组织班组成员对班组安全生产进行检查是消除生产中事故隐患、改善劳动条件的重要手段，是确保安全生产的一种有效工作方法。安全检查就是查隐患和人员的不安全行为，一旦发现隐患和不安全行为，就要采取措施，使其得到有效的控制，直至彻底消除。因此，班组应高度重视安全检查。

安全检查是一项专业性、技术性较强又非常细致的工作,因此,开展安全检查,必须有明确的目的、要求和具体计划,切忌形式主义、走过场。同时,安全检查应该始终贯彻领导与班组成员相结合的原则,充分依靠班组成员。要检查生产过程中的劳动条件、生产设备以及相应的安全卫生设施和人员的操作行为是否符合安全生产的要求。为保证检查的效果,对查出的问题和隐患,要坚决按照"边检查、边整改"的原则,一般问题应立即整改,限期、定专人解决;对发现的重大隐患,限于技术条件当时不能解决的,要向上级反映并采取应急措施。

4.3.3 隐患整改

事故隐患是指生产场所存在的物的不安全因素,如不处理,就可能导致事故的发生,因此,隐患一经发现必须及时整改。

隐患排查与整改工作是防止事故发生的主要措施,必须坚持"谁主管、谁负责"的原则。班组每日至少对本单位、本岗位各种设备设施、建(构)筑物、危险源及其作业环境等进行一次全面的排查。建立隐患排查登记台账,对排查出的隐患及其上报情况及时登记,登记内容包括排查人员、排查时间、隐患部位及危险状态、整改责任人和整改期限等。凡排查出的隐患,经确认本单位无力整改的,应立即向上一级主管部门报告,并在登记台账上注明上报单位、时间等。隐患的排查与整改工作要坚持"四定三不交"原则:定项目、定措施、定责任人、定完成时间;班组能整改的不交车间,车间能整改的不交厂矿,厂矿能整改的不交公司。

正确、及时、有效地处理安全检查中发现的事故隐患和不安全因素,应遵循下列原则:

(1) 边查边改的原则

在生产作业现场发现的事故隐患和不安全因素,当场可以解决的,应立即进行整改。例如,发现有人员戴手套操作钻床,应立即纠正并给予批评教育。这种边查边改的方法一方面可以及时消除事故隐患和违规行为，另一方面也减轻了安全检查人员后期的工作量。同时，现场解决问题，对于在场人员是很好的安全教育，其效果比课堂安全教育更好。

(2) 限期整改的原则

对于不能现场解决的问题，必须限期解决。限期整改不能只是口头的，要按一定的方式和程序进行。

(3) 采取防护措施的原则

对于一些事故隐患或不安全因素，在整改之前，必须要采取一定的防护措施，以确保不发生事故。对因隐患整改不及时而导致伤亡事故的，应视情节轻重对责任单位和责任人严肃处理。隐患整改应做好生产现场的安全检查，提出事故预防措施，并做好事故预防工作。

4.3.4 危险源控制管理

为了落实"安全第一、预防为主、综合治理"的安全生产方针，实现危险部位、场所、设施等不安全因素的预知预控，对危险源实施分级控制管理。即以控制危险因素为核心，针对生产过程中每个危险源的设备、环境、人的行为和安全管理等因素，实施有效的控制管理，并分级负责和督促检查。

危险源的确定一般考虑以下几种情况：容易发生重大人身伤亡、设备损坏及火灾、爆炸、急性中毒等事故；设备安全度低、作业环境不良、事故发生率高；具有一定的事故频率和严重度，作业频繁；潜在危险性大。

危险源管理的基本方法如下：

(1) 对危险源进行危险因素分析

对危险源系统中存在的物的不安全因素进行分析，预测可能产生的危害，制定危险源的安全控制措施。安全控制措施应包括以下

内容:

1) 国家标准、行业标准和企业标准中适合现场实际的部分。

2) 工程技术措施。应把改善劳动生产条件和作业环境,提高安全技术装备水平放在首位,力求在消除危险因素和隐患的基础上落实管理措施。

3) 预测、控制事故的措施,包括危险预知活动、岗位标准化作业等。

4) 管理措施。应明确岗位生产作业中各级管理人员的责任。

5) 应急救援措施方案。A级危险源必须建立事故应急救援预案,及时有效处理突发事故,最大限度地降低事故损失。

(2) 危险源分级

根据危险源可能造成的伤害程度,将危险源分为以下4个级别:

A级。可能造成多人伤亡或引起火灾、爆炸、设备及厂房设施毁灭性破坏。

B级。可能造成人员死亡或永久性全部丧失劳动能力(终身致残性重伤),或可能造成生产中断(一个班以上)。

C级。可能造成人员永久性局部丧失劳动能力(伤愈后能工作,但不能从事原岗位工作的重伤),或生产暂时性中断(一个班以内)。

D级。可能造成人员轻伤或伤愈后能恢复原岗位工作的一般性重伤,并不会造成生产中断。

公司负责对A级危险源进行管理,厂矿负责对A、B级危险源进行管理,车间负责对本车间的A、B、C级危险源进行管理,班组负责对本班组的A、B、C、D级危险源进行管理。

(3) 建档立卡

危险源确定后,应填写危险源登记卡及档案,在危险源控制区域醒目处设置危险源警示牌。警示牌内容应包含危险源可能的事故伤害模式、主要危险因素及应采取的主要措施对策。危险源一经确认,就必须纳入控制管理轨道。因工艺变更,该危险源不存在;或因工艺改进，防护措施水平提高，危险因素消除，应取消该危险源。

（4）制定检查表

在制定对策措施的基础上，应针对各危险源制定危险源检查表，并尽量与设备点检内容协调，使安全检查与设备点检一致。当班人员应根据设备点检制度要求，按危险源检查表内容对本班组管理区域内各级危险源进行点检，并做好记录。

（5）班组长检查

班组长应熟悉各危险源的控制内容，负责实施本工段、班组危险源的控制管理，本人或指定专人定时检查控制情况，认真填写检查表。

岗位操作人员应熟悉本人负责的危险源的控制内容、防范措施、应急预案，按规定认真检查并登记；发现危险源的不正常状态，立即上报和做好记录，并采取防范措施避免事故发生。

4.3.5　伤亡事故调查分析

企业从业人员为了生产和工作，在生产时间和生产活动区域内，由于生产的原因，或因履行职责而导致人体受到伤害，暂时地、部分地或永久地丧失劳动能力，这类事故属于工伤事故。

事故的直接原因是比较容易掌握的，然而，要寻找出事故的根源以及事故的演变过程，却非易事。事故的发生往往是多种因素共同作用的结果，各因素之间往往又是相互关联的，而且某种偶然的机会也可能造成事故。因此，在事故发生以后，应尽最大努力分析造成事故的直接原因和间接原因，深入分析事故发生、发展的过程，提出防止同类事故发生的措施。

事故分析是事故调查人员依据事故调查所取得的证据，运用科学技术知识和经验，采用科学的分析方法，对事故进行原因分析和责任分析。事故原因分析包括分析事故的直接原因和间接原因，事故责任分析包括分析事故的直接责任者、领导责任者和主要责任者。

事故原因和责任确定与否将直接影响事故处理。

4.4 班组检修作业管理

检修作业不同于生产工艺流程的正常作业,与建筑施工作业也有差别,其特点概括起来就是任务重、工期紧、施工任务多,具有随机性、分散性和流动性等,协调难度大、不确定因素多、危险因素多。

4.4.1 检修作业安全生产的特点

(1)为了赶生产进度,检修作业工期一般很紧,各施工队伍往往交叉、连续、疲劳作业,违规作业、违章指挥、冒险蛮干的现象大量存在。

(2)检修作业点多面广,作业环境复杂多变,极大地增加了影响安全的不确定因素。例如,冶金企业生产系统都是连续生产,在同一场地,检修与生产往往同时、同步进行,加大了检修作业的复杂性。在正常的生产场所,设备、物品的定置定位良好,固定的人员操作固定的机械设备,环境为作业人员所熟悉,上下左右配合默契熟练,作业人员对各种危险了然于胸,知险不为险,危险处于受控状态,一切生产都在井然有序地运行,一般不容易发生事故。但在检修作业现场,作业人员各自为战,任务千差万别,作业空间狭小,作业难度增大,人员及物资密度高、流动大且不确定性因素多,极大地增加了检修工作的危险性。

(3)检修作业危险因素多。特别是冶金行业,高处作业、动火作业、交叉作业及煤气作业、高温作业,极易发生重大伤亡事故。

(4)检修项目管理工作跨越多个部门和单位,需要多种学科的知识来解决问题。而一个检修工程就是一个复杂的系统,一个环节失误,就有可能导致整个系统的安全可靠性下降,埋下事故隐患,甚至直接造成事故。检修队伍的素质以及人员的安全意识、知识水平以及自身阅历、经验不同，都会对检修工作产生影响。

（5）一个检修工程需要许多施工队伍参与，包括内部检修队伍和外部检修队伍，有时还存在承包转包的现象，这些队伍技术水平、安全素质参差不齐。尤其是外包队伍，往往在揽到工程以后再临时招募人员，其安全素质差、安全意识低，野蛮施工，冒险作业，对安全工作也造成了很大影响，而且外来的施工人员对安全管理有抵触情绪，更容易搅乱现场施工的管理秩序。

4.4.2　检修作业的安全管理措施

为了确保检修作业的安全，在检修作业中应做到定作业项目、定责任人、定安全措施的全过程安全管理。检修作业的安全管理应以开展对人、机、环境等方面的危险辨识为基础，重点是控制人的不安全行为和物的不安全状态，只有这样才能真正保障检修作业的安全。检修作业的要点如下：

（1）下达检修作业计划或组织检修作业时，应同时下达安全对策措施或注意事项，并负责安全措施的落实。

（2）各单位在接到检修作业任务后，主管负责人要到现场了解实际情况，根据实际情况和作业环境，制定详细的安全措施，确定作业责任人并签字。

（3）作业责任人在正式开始工作以前，组织班组作业人员进行危险预知活动，制定预防对策，并对班组作业人员进行安全交底，危险作业要指定安全监护人。

（4）生产单位应派专人负责配合作业单位的协调、监护、检查和安全措施的落实及完工后的确认验收。

（5）对危险性较大的检修作业，以及多个单位在同一作业场所同时进行检修作业的，厂矿安全管理机构应派专人进行安全交底和现场监督及检查。

（6）动火作业必须采取防火、防爆措施。高处作业必须采取防坠落的措施。

（7）煤气作业必须采取防火防爆、防止中毒窒息的措施；人员进入煤气区域作业，必须监测煤气的浓度，佩戴空气呼吸器；在煤气管道内的检修作业，要进行空气置换。

（8）氧气管道、生产场所检修严禁明火。氮气作业要防止人员窒息。

第 5 讲

班组安全生产规章制度与操作规程

安全生产规章制度是企业经营管理制度的重要组成部分,是有关法律、法规、标准在企业安全生产中的具体落实,是统一全体从业人员安全生产行为的准则。因此,企业必须建立、健全一整套既符合法律、法规、标准,又符合企业生产经营管理实际的安全生产规章制度。

安全操作规程是为了保障安全生产而制定的,是从业人员必须遵守的生产作业活动规则。它是根据企业的生产性质、机器设备的特点和技术要求,结合具体情况及实践经验制定出的安全操作守则。安全操作规程是企业建立安全生产规章制度的基础文件,是进行安全教育培训的重要内容,是处理伤亡事故的依据之一,也是从业人员安全操作的行为规范。

5.1 安全生产规章制度及其意义

5.1.1 安全生产规章制度

企业安全生产规章制度是指企业依据有关法律、法规、技术标准,结合生产、经营的实际,以企业名义起草颁发的有关安全生产的规范性文件,一般包括规程、标准、规定、措施、办法、制度、指导意见等。

安全生产规章制度是企业贯彻国家安全生产方针政策的行动指南,是有效防范生产、经营过程中的安全风险,保障从业人员安全和健康，加强安全管理的重要措施。

企业是安全生产的责任主体，有关法律、法规对企业加强安全生产规章制度建设有明确的要求。《安全生产法》规定，生产经营单位必须遵守本法和其他有关安全生产的法律、法规，加强安全生产管理，建立、健全安全生产责任制度和安全生产规章制度，完善安全生产条件，确保安全生产。《中华人民共和国劳动法》（以下简称《劳动法》）规定，用人单位必须建立、健全劳动安全卫生制度，严格执行国家劳动安全卫生规程和标准，对劳动者进行劳动安全卫生教育，防止劳动过程中的事故，减少职业危害。《中华人民共和国突发事件应对法》规定，所有单位应当建立、健全安全管理制度，定期检查本单位各项安全防范措施的落实情况，及时消除事故隐患。

5.1.2 建立安全生产规章制度的意义

企业要实施有效的安全管理，履行其保障从业人员安全、健康的法定义务，落实"安全第一、预防为主、综合治理"的安全生产方针，就必须建立、健全强有力的组织保障体系、规章制度保障体系和措施保障体系。这三大体系的具体体现就是以安全生产责任制为核心的安全生产规章制度体系。

安全生产规章制度是企业规章制度的重要组成部分，是有关法律、法规、标准在企业安全生产中的具体落实，是全体从业人员从事安全生产的行为准则。因此，一切企业都必须建立、健全一整套既符合法律、法规、标准，又符合企业生产经营管理实际的安全生产规章制度。

企业安全生产规章制度基本可分为三大类：一是以企业安全生产责任制为核心的全厂性安全生产总则；二是各种单项制度，如安全教育培训制度、检查制度、安全技术措施计划管理制度、特种作业人员培训制度、危险作业审批制度、伤亡事故管理制度、职业卫生管理制度、特种设备安全管理制度、电气安全管理制度、消防管理制度等；三是岗位安全操作规程。

　　建立、健全安全生产规章制度是企业安全生产的重要保障。生产经营的目的就是追求利润，但在追求利润的过程中，如果不能有效防范安全风险，企业的生产、经营秩序就得不到保障，甚至还会引发社会灾难。企业需要对生产工艺过程、机械设备、人员操作进行系统分析、评价，制定出一系列的操作规程和安全控制措施，以保障生产、经营工作合法、有序、安全地运行，将安全风险降到最低。在长期的生产经营活动中，企业积累了大量的安全风险防范对策措施，这些措施只有形成安全生产规章制度，才能得到继承和发扬。

　　建立、健全安全生产规章制度是企业保护从业人员安全与健康的重要手段。安全生产相关法律、法规明确规定，企业必须采取切实可行的措施，保障从业人员的安全与健康。因此，只有通过安全生产规章制度的约束，才能防止企业安全管理的随意性，才能使从业人员进一步明确自己的权利和义务，有效地保障从业人员的合法权益。同时，安全生产规章制度也为从业人员在生产、经营过程中遵章守纪提供明确的标准和依据。

5.2　安全生产规章制度的主要内容

　　以下举例介绍安全生产规章制度的编制框架和主要内容，以供参考。特殊或专项作业项目的安全生产规章制度，各企业及其生产班组可结合自身要求加以制定。

　　(1) 安全教育培训制度

　　1) 为确保安全生产，增强企业从业人员安全生产知识，各部门要结合中心工作，应用广播、板报、安全课等形式，积极开展经常性的安全教育。

　　2) 凡新入职的从业人员，必须接受厂级、车间级、班组级的三级安全教育后方可上岗，有关部门做好三级安全教育卡的备案记录工作。

3）转岗、重新上岗的从业人员，其安全教育由车间主任完成。

4）特种作业人员在上岗前必须进行专业技术培训，持有关部门颁发的有效证件方可上岗。

5）所有授课人员应做好教育记录，保证教育内容和时间符合法律、法规的规定，受教育人接受教育后应签字确认。

6）凡发生伤亡事故后，主管部门要根据事故原因对从业人员进行教育。

7）安全教育后，由安全管理机构或主管领导将授课及考试资料归档。

（2）安全检查制度

1）企业安全管理机构应每月对安全生产责任制和安全生产规章制度的落实、安全教育培训、重大危险源及重要危险部位进行一次安全检查，并结合季节变化开展季节性检查、排查，及时消除事故隐患。

2）各车间每周进行一次安全检查，主要检查设备设施的安全生产状况，排查事故隐患。

3）班组每日进行一次安全检查，主要检查从业人员是否遵守操作规程，是否按规定佩戴劳动防护用品，纠正违规现象。

4）单位专职、兼职安全管理人员定时巡检，及时发现事故隐患。

5）所有检查结果要有记录，对检查出的事故隐患或违反规定的行为应及时上报，立即排除。

各企业应结合实际，在编制检查制度时，列出工作现场的重点检查内容，以及检查人、检查时间、消除事故隐患的措施等内容。

（3）安全奖惩制度

安全奖惩制度的编制应结合企业不同岗位而定，应找出各岗位易发生的违反规定、标准、操作规程的行为,以及各部门及单位领导在岗位责任制中易发生违规行为的范围。根据情节轻重制定出单位的处罚标准及奖励的有关条款。可依照以下内容确定奖励标准:

1) 对安全管理有突出贡献的。

2) 发现生产安全重大事故隐患的。

3) 拒绝或举报违规作业的。

4) 在发生事故抢险救灾中做出突出贡献的。

奖励、处罚的实施由谁来决定,应在制度中予以明确。

(4) 生产安全事故的报告和处理制度

1) 发生生产安全事故后,应立即上报上级安全主管部门,主管部门根据事故情况上报有关部门处理。

2) 发生生产安全事故后,事故部门或个人要保护好现场,不得将事故现场随意变动或恢复。

3) 事故部门或事故当事人要积极协助调查分析,不得隐瞒事故真相。

4) 对各类事故要按照"四不放过"的原则,查明原因,分清责任,接受教育,提出处理意见,建立防范措施。

另外,针对违反操作规程、违规作业、违章指挥所造成的事故,按照事故大小,将对责任人的行政、经济处罚标准作为条款编入制度中。

应将从业人员的工伤保险、休假等规定条款编入制度中。

(5) 劳动防护用品管理制度

为确保企业生产的安全进行,保护从业人员的人身安全与健康,应依据《安全生产法》,结合企业具体情况,按不同工种的劳动防护要求,确定从业人员劳动防护用品发放标准。编制条款主要包括以下内容:

1) 要明确所发放的劳动防护用品的名称、使用年限和发放部门。

2）明确劳动防护用品的标准和范围。

3）明确劳动防护用品的采购部门及质量保障要求。

4）明确回收的时限和负责部门。

5）明确丢失或损坏的处理标准和补发条款。

6）明确从业人员使用劳动防护用品的要求。

根据以上条款，各企业可结合自身实际情况编制劳动防护用品管理制度。

（6）设备安全管理制度

设备安全管理制度的编制应包括以下内容：

1）对设备的选购要满足安全技术要求。

2）设备的维护、保养时限和方法。

3）设备应具有可靠的安全防护装置。

4）明确设备的危险部位和维修措施。

5）对设备进行安全检查的时限和内容。

6）设备操作人员的培训和持证要求。

7）设备异常情况的紧急处置措施。

不同的设备应有不同的标准与要求，在编制设备安全管理制度时应结合单位设备状况，在制度中作出具体要求。

（7）危险作业管理制度

危险作业一般包括吊装作业、动土作业、拆除作业、动火作业、高处作业、有限空间作业、焊接与切割作业、电气设备使用、场（厂）内专用机动车辆作业、手持电动工具作业等。危险作业管理制度的编制应明确以下内容：

1）企业危险作业的批准部门和批准程序。

2）现场保护措施。

3）明确责任人、现场指挥员、现场操作人员、现场救护（防护）人员。

4）明确操作人员应持有的特种作业证件。

5）明确正确佩戴和使用劳动防护用品。

6）明确要做好的现场记录。

🎯 5.3 安全操作规程

5.3.1 安全操作规程及其内容

（1）安全操作规程的定义

安全操作规程是从业人员操作机械和调整仪器仪表以及从事其他作业时必须遵守的程序和注意事项。

各企业应根据本单位的机械设备种类和台数，实行"一机一操作规程"。不同设备有不同要求，可按使用说明书、国家或行业标准、安全管理规程有关的检测、检验技术标准规范编制。

（2）安全操作规程的主要内容

安全操作规程具体可包括以下内容：

1）开动设备接通电源之前，应清理工作现场，仔细检查各种手柄位置是否正确，操作是否灵活，安全装置是否齐全、有效。

2）开动设备前，应先检查油箱中的油量是否充足，油路是否畅通，并按润滑图表卡进行润滑工作。

3）变速时，各变速手柄必须转换到指定位置。

4）工件必须装卡牢固，以免松动甩出造成事故。

5）已卡紧的工件不得再行敲打校正，以免影响设备精度。

6）要经常保持润滑工具及润滑系统的清洁，不得敞开油箱盖，以免灰尘、铁屑等杂物进入。

7）开动设备时必须盖好电气箱盖，不允许有活物、水、油等进入电机或电气装置内。

8）设备外露基准面或滑动面上不准堆放工具、产品等，以免碰伤设备，影响设备情况。

9）严禁超性能、超负荷使用设备。

10）采取自动控制时，首先要调整好限位装置，以免超越行程造成事故。

11）设备运转时，操作人员不得离开工作岗位，并要经常检查各部位有无异常（异声、异味、发热、振动等）。发现故障，应立即停止操作，及时排除。凡属操作人员不能排除的故障，应及时通知维修人员排除。

12）操作人员离开设备或装卸工件，或对设备进行调整、清洁或润滑时，都应切断电源。

13）不得拆除设备上的安全防护装置。

14）调整或维修设备时，要正确使用拆卸工具，严禁乱敲乱拆。

15）操作人员注意力要集中，劳动防护用品使用等要符合要求，站立位置要安全。

16）特殊危险物品的安全要求等。

5.3.2 安全操作规程法律责任

《安全生产法》规定，生产经营单位的主要负责人应组织制定本单位安全生产规章制度和操作规程，安全生产管理机构以及安全生产管理人员组织或者参与拟订本单位安全生产规章制度、操作规程和生产安全事故应急救援预案。生产经营单位应当对从业人员进行安全生产教育和培训，保证从业人员具备必要的安全生产知识，熟悉有关的安全生产规章制度和安全操作规程，掌握本岗位的安全操作技能，了解事故应急处理措施，知悉自身在安全生产方面的权利和义务。未经安全生产教育和培训合格的从业人员，不得上岗作业。生产经营单位使用被派遣劳动者的，应当将被派遣劳动者纳入本单位从业人员统一管理，对被派遣劳动者进行岗位安全操作规程和安全操作技能的教育和培训。劳务派遣单位应当对被派遣劳动者进行必要的安全生产教育和培训。生产经营单位应当教育和督促从业人员严格执行本单位的安全生产规章制度和安全操作规程,并向从业人员如实告知作业场所和工作岗位存在的危险因素、防范措施以及事故应急措施。从业人员在作业过程中,应当严格遵守本单位的安全生产规章制度和操作规程,服从管理,正确佩戴和使用劳动防护用品。

《中华人民共和国职业病防治法》(以下简称《职业病防治法》)规定,用人单位应当建立、健全职业卫生管理制度和操作规程。产生职业病危害的用人单位,应当在醒目位置设置公告栏,公布有关职业病防治的规章制度、操作规程、职业病危害事故应急救援措施和工作场所职业病危害因素检测结果。用人单位应当对劳动者进行上岗前的职业卫生培训和在岗期间的定期职业卫生培训,普及职业卫生知识,督促劳动者遵守职业病防治法律、法规、规章和操作规程,指导劳动者正确使用职业病防护设备和个人使用的职业病防护用品。劳动者应当学习和掌握相关的职业卫生知识,增强职业病防范意识,遵守职业病防治法律、法规、规章和操作规程,正确使用、维护职业病防护设备和个人使用的职业病防护用品,发现职业病危害事故隐患应当及时报告。

5.3.3 安全操作规程的编制

(1) 编制依据

1) 现行的国家、行业安全技术标准和规范、安全规程等。

2) 设备的使用说明书、工作原理资料,以及设计、制造资料。

3) 曾经出现过的危险、事故案例及与本项操作有关的其他不安全因素。

4) 作业环境条件、工作制度、安全生产责任制等。

(2) 内容

搜集以上相关资料后,即可编写安全操作规程。安全操作规程的内容应该简练、易懂、易记,条目的先后顺序力求与操作顺序一致。安全操作规程一般包括以下内容：

1) 操作前的准备，包括操作前做哪些检查，机器设备和环境应该处于什么状态，应做哪些调查，准备哪些工具等。

2) 劳动防护用品的使用要求，如应该和禁止使用的防护用品种类，以及如何使用等。

3) 操作的先后顺序、方式。

4) 操作过程中机器设备的状态，如手柄、开关所处的位置等。

5) 操作过程需要进行的测试和调整及其方式方法。

6) 操作人员所处的位置和操作时的规范姿势。

7) 操作过程中必须禁止的行为。

8) 一些特殊要求。

9) 异常情况及其处理方法。

10) 其他要求。

(3) 编写方法

在编写安全操作规程时应考虑以下几个方面：

1) 要考虑岗位存在的危险部位、有害因素，将其全部罗列出来，以此作为编写依据，有针对性地避免操作人员接触这些危险部位和有害因素，防止产生不良后果。例如，操作时禁止用手触摸某些运动部件，以防轧伤手指。又如，上岗前必须戴好防护口罩，以防发生苯中毒。

2) 要考虑各岗位因人的不安全行为而产生的不安全问题。机器在运转中可能产生螺栓松动、轴与轴承磨损现象，引起机件走动，引发间接事故。螺栓松动、轴与轴承磨损有时与装配质量有关，因此要求操作人员保证装配质量，防止事故发生。例如，装配机件时，要拧紧皮带轮固定螺栓，防止回转时机件松动飞出伤人。

3) 要考虑事故防不胜防，提醒操作人员注意安全，防止意外事故发生。尽管人的不安全行为和物的不安全状态都控制得很好，编写时还要增加注意安全方面的条款。例如，抬笨重物品时应先检查绳索、杠棒是否牢固,两人要前呼后应、步调一致,防止物品下落砸伤腿脚。又如,检修时,应切断电源,挂上"不准启动"警示牌,以防他人误启动发生人身伤亡事故。

4)要考虑设备可能出现故障,操作人员要弄清通知对象。例如,机器运转时,闻到焦味或听到异响,应及时关车并报告当班班长。又如,电气设备发生故障时,应通知电工,不准自行修理。

5)要考虑作业的连贯性、安全性和整体性,把每个工作环节可能出现的不安全问题都考虑进去,形成完整的安全操作规程。例如,不准酒后登高;登高时,不准穿易滑的鞋子。编写时遇有作业连贯性或者作业过程中出现多种个人行为、物的状态变化,或环境因素影响时,不能漏项、缺项,以利于责任追究和工作考核。

(4)编写要求

1)调查本单位现行的生产工艺、已投入生产的生产设备(设施)、在用的工具、作业场所环境等有关资料及情况。

2)根据本单位生产工艺规程确定的生产工艺及其流程和作业场所环境条件,对全部生产岗位全部生产操作的全过程,主要应用伤亡事故致因理论中的能量错误释放理论和轨迹交叉理论进行危险、有害因素辨识。要在已确定生产工艺及其流程和作业场所环境条件,进行了危险、有害因素辨识的基础上制定安全操作规程,使所制定的安全操作规程科学合理、有安全性、切实可行、有可操作性,确保实施以后能有效控制不安全行为,避免伤亡事故;确保避免因操作不当导致设备损坏,因设备损坏而导致伤亡事故。

3)要吸取事故(包括本单位曾发生的事故和尽可能搜集到的同行业、同类型单位曾发生的事故)教训,把处理事故时制定的防止重复性事故发生的有关规范、约束操作人员行为的措施写进安全操作规程。

4)安全操作规程不能只作原则性或抽象的规定,不能只明确"不准干什么、不准怎样干"而不明确"应怎样干",不能留有让从业人员"想当然、自由发挥"的余地。

5）安全操作规程中的要求和规定不能突出重点而放弃次点，要具体详尽，宜细不宜粗，能细则细，应有可操作性，应明确操作中必要的操作、禁止的操作、必需的操作步骤、操作方法、操作注意事项和正确使用劳动防护用品的要求以及出现异常时的应急措施。

6）涉及设备（设施）操作的安全操作规程应包括如何正确操纵设备（设施），以防止因操作不当而导致设备（设施）损坏的规定。

7）安全操作规程的文字表述要直观、简明，便于操作人员理解、掌握和记忆。

第6讲

班组安全生产责任

在我国，安全生产主体责任最终要落实在企业，企业的安全生产责任涉及方方面面，但是最终要落实在最基层，即班组内。班组内的每一位从业人员，特别是班组长，应该加强责任制的落实，最好的方法是制定安全生产台账和票证审核制度，这样不仅能将责任落实在纸面上，而且能将责任分担至每一位班组成员。在班组，班组长的管理方式方法直接关系整个班组的组织管理风格和工作成绩，也事关企业整体大局。因此，促进班组长安全素质不断提高，有利于安全生产责任制的落实，有利于企业健康安全和可持续发展。

6.1 安全生产责任制及其主要内容

6.1.1 安全生产责任制及其重要作用

建立安全生产责任制的目的：一方面是增强企业各级负责人员、各职能部门及其工作人员和各岗位生产人员对安全生产的责任感；另一方面是明确企业各级负责人员、各职能部门及其工作人员和各岗位生产人员在安全生产中应履行的职责和承担的责任，以充分调动各级人员和各部门安全生产方面的积极性和主观能动性，确保安全生产。

建立安全生产责任制的重要意义主要体现在以下两个方面：

一是落实我国安全生产方针和有关安全生产法律、法规、政策的具体要求。例如，《安全生产法》明确规定，生产经营单位必须遵守本法和其他有关安全生产的法律、法规，加强安全生产管理，建立、健全安全生产责任制和安全生产规章制度，改善安全生产条件，推进安全生产标准化建设，提高安全生产水平，确保安全生产。《中华人民共和国矿山安全法》（以下简称《矿山安全法》）明确规定，矿山企业必须建立、健全安全生产责任制。

二是通过明确责任，使各级各类人员真正重视安全生产工作，对预防事故和减少损失、进行事故调查和处理、建立和谐劳动关系等具有重要作用。企业是安全生产的责任主体，必须建立、健全安全生产责任制，把"安全生产、人人有责"从制度上固定下来。企业法定代表人要切实履行本企业安全生产第一责任人的职责，把安全生产的责任落实到每个环节、每个岗位、每个人，从而增强各级管理人员的责任心，使安全管理工作既做到责任明确，又互相协调配合，共同努力把安全生产工作落到实处。

什么是安全生产责任制？安全生产责任制是根据我国的安全生产方针和有关法律、法规以及"管生产经营必须管安全"这一原则，建立的各级领导、职能部门、工程技术人员、岗位操作人员在劳动生产过程中对安全生产层层负责的制度，是将以上所列各级各类部门和人员在安全生产方面应做的事情和应负的责任加以明确规定的一种制度。安全生产责任制是企业岗位责任制的一个组成部分，是企业中最基本的一项安全制度，也是企业安全管理制度的核心。实践证明，凡是建立、健全了安全生产责任制的企业，各级领导重视安全生产工作，切实贯彻执行党的安全生产方针、政策和有关法律、法规，在认真负责组织生产的同时，积极采取措施，改善劳动条件，生产安全事故和职业病就会减少。反之，就会职责不清、相互推诿，而使安全生产工作无人负责、无法进行，生产安全事故与职业病就会不断发生。

安全生产责任制是经长期的安全生产管理实践证明的成功制度与措施。这一制度与措施最早见于国务院 1963 年 3 月 30 日颁布的

《关于加强企业生产中安全工作的几项规定》（即《五项规定》）。《五项规定》中要求，企业的各级领导、职能部门、有关工程技术人员和生产工人，各自在生产过程中应负的安全责任必须加以明确。《五项规定》还要求，企业的各级领导人员在管理生产的同时，必须负责管理安全工作，认真贯彻执行国家有关劳动保护的法令和制度，在计划、布置、检查、总结、评比生产的同时，计划、布置、检查、总结、评比安全工作（即"五同时"）；企业中的生产、技术、设计、供销、运输、财务等各有关专职机构，都应在各自的业务范围内，对实现安全生产的要求负责；企业都应根据实际情况加强劳动保护机构或专职人员的工作；企业各生产小组都应设置不脱产的安全管理人员；企业职工应自觉遵守安全生产规章制度。

安全生产责任制是企业岗位责任制的一个组成部分，根据"管生产经营必须管安全"的原则，安全生产责任制应综合各种安全管理、安全操作制度，对企业各级领导、各职能部门、有关工程技术人员和生产工人在生产中应负的安全责任加以明确规定。《安全生产法》把建立和健全安全生产责任制作为企业安全管理必须实行的一项基本制度，并作了明确规定，要求企业的主要负责人要建立、健全本单位安全生产责任制，并对其负责。

实践证明，实行安全生产责任制有利于增加企业从业人员的责任感，调动他们搞好安全生产的积极性。企业由各个行政部门、采区、车间、班组（工段）和个人组成，各自具有本职任务或生产任务。而安全不是离开生产而独立存在的，是贯穿于生产整个过程之中的，只有从上到下建立起严格的安全生产责任制，责任分明，各司其职，各负其责，将法规赋予企业的安全生产责任由大家来共同承担，安全工作才能形成一个整体，消除各类生产中的事故隐患，从而避免或减少事故的发生。因此，许多企业在实践中，按照责、权、利相结合的原则，对安全工作采用目标管理的方法，并与奖惩制度紧密结合，使企业的安全工作得到加强。这种做法是先制定生产安全所要达到的目标,并层层分解,落实到各部门、各班组,在规定的时间内完成或达到这个目标,在奖金或其他方面给予奖励;若完不成目标,要扣罚奖金或给予其他处罚。在实行时,通常考虑了责、权、利统一的原则,即权力大,所应承担的责任就重,因此在奖惩方面也要重奖、重罚。按照法律、法规的规定,做到有权就要负责,责权统一。

6.1.2 建立安全生产责任制的要求

建立完善的安全生产责任制的总要求:横向到边、纵向到底,并由企业主要负责人组织建立。建立的安全生产责任制具体应满足以下要求:

(1) 必须符合国家安全生产法律、法规和方针、政策的要求。

(2) 与企业管理体制协调一致。

(3) 要根据本单位、部门、班组、岗位的实际情况制定,既明确、具体,又具有可操作性,防止形式主义。

(4) 有专门的人员与机构制定和落实,并应适时修订。

(5) 应有配套的监督、检查等制度,以保障安全生产责任制得到真正落实。

企业的主要负责人在管理生产的同时,必须负责管理事故预防工作,在计划、布置、检查、总结、评比生产的时候,同时计划、布置、检查、总结、评比事故预防工作。事故预防工作必须由行政第一把手负责,分公司、车间的各级第一把手在安全管理上都负第一位责任。各级的副职根据各自分管业务工作范围负相应的责任。他们的主要任务是贯彻执行国家有关安全生产的法律、法规、制度和保障管辖范围内从业人员的安全和健康。凡是严格认真地贯彻了"五同时",就是尽了责任,反之就是失职。如果因此而造成事故,那就要视事故后果的严重程度和失职程度,由行政以及司法部门追究法律责任。

6.1.3 安全生产责任制的主要内容

企业安全生产责任制的主要内容：厂长、经理是法定代表人，是企业安全生产的第一责任人，对企业的安全生产负全面责任；企业的各级领导和生产管理人员，在管理生产的同时，必须负责管理安全工作，在计划、布置、检查、总结、评比生产的时候，必须同时计划、布置、检查、总结、评比安全生产工作；有关的职能机构和人员，必须在自己的业务工作范围内，对实现安全生产目标负责；从业人员必须遵守以岗位责任制为主的安全生产制度，严格遵守安全生产法律、法规、制度，不违规作业，并有权拒绝违章指挥，险情严重时，有权停止作业，采取紧急防范措施。

安全生产责任制的内容主要包括以下两个方面：

一是纵向方面，即从上到下所有类型人员的安全生产责任。在建立责任制时，可首先将本单位从主要负责人一直到基层岗位人员分成相应的层级，然后结合本单位的实际工作，对不同层级的人员在安全生产中应承担的责任作出规定。

二是横向方面，即各职能部门（包括党、政、工、团）的安全生产责任。在建立责任制时，可按照本单位职能部门的设置（如安全、设备、计划、技术、生产、基建、人事、财务、设计、档案、培训、党办、宣传、工会、团委等部门），分别对其在安全生产中应承担的责任作出规定。

企业在建立安全生产责任制时，在纵向方面至少应包括下列几类人员：

（1）企业主要负责人

企业的主要负责人是本单位安全生产的第一责任者，对安全生产工作全面负责。《安全生产法》将企业主要负责人的安全生产责任定为以下内容：

1）建立、健全并落实本单位安全生产责任制。

2）组织制定本单位安全生产规章制度和操作规程。

3）保证本单位安全生产投入的有效实施。

4）督促、检查本单位的安全生产工作，及时消除生产安全事故隐患。

5）组织制定并实施本单位的生产安全事故应急救援预案。

6）及时、如实报告生产安全事故。

企业可根据上述6个方面内容，结合本单位的实际情况对主要负责人的职责作出具体规定。

（2）企业其他负责人

企业其他负责人的职责是协助主要负责人搞好安全生产工作。不同的负责人分管的工作不同，应根据其具体分管工作，对其在安全生产方面应承担的具体职责作出规定。

（3）企业职能管理机构负责人及其工作人员

各职能部门都会涉及安全生产责任，应根据各部门职责分工作出具体规定：各职能部门负责人的职责是按照本部门的安全生产责任，组织有关人员做好本部门安全生产责任制的落实，并对本部门职责范围内的安全生产工作负责；各职能部门的工作人员则是在各自职责范围内做好有关安全生产工作，并对自己职责范围内的安全生产工作负责。

（4）班组长

班组安全生产是搞好安全生产工作的关键。班组长全面负责本班组的安全生产，是安全生产法律、法规和规章制度的直接执行者。班组长的主要职责是贯彻执行本单位对安全生产的规定和要求，督促本班组人员遵守有关安全生产规章制度和安全操作规程，切实做到不违章指挥，不违规作业，遵守劳动纪律。

（5）岗位工人

岗位工人对本岗位的安全生产负直接责任。岗位工人要接受安全教育培训，遵守有关安全生产规章制度和操作规程，不违规作业，遵守劳动纪律。特种作业人员必须接受专门的培训，经考试合格取得操作资格证书后，方可持证上岗作业。

6.2 班组安全工作台账、作业票证审核制度

6.2.1 安全工作台账和作业票证

企业的安全管理制度是要求企业从业人员共同遵守的、按一定程序办事的规程，它是企业从业人员在安全生产中的行为规范。企业的安全工作台账是企业安全管理活动的真实记载，承担着总结安全生产经验、吸取安全生产教训、传递安全生产信息、优化安全管理工作等诸多功能，也是企业安全管理规范化、标准化、程序化、系列化的集中体现，更能反映出企业的安全管理水平、安全工作素质和安全生产技能。企业的安全作业票证是企业安全基础工作的重要组成部分，是从业人员在作业过程中程序化、标准化的具体体现，是一种精细管理、集约管理的方法和手段。建立企业的安全管理制度、安全工作台账、安全作业票证是企业安全生产最基础的工作和最起码的要求。因此，每一个企业都应该建立和健全安全管理制度、安全工作台账和安全作业票证。

安全工作台账不是主观臆造的。人们在安全工作实践中从最原始、最朴素的免遭身体受到伤害的良好愿望出发，将所从事的安全工作中的经验和教训积累起来，并记录在笔记本中或一些零散的记录纸上。当人们遭受一次次事故的痛苦后，有意或无意中翻看这些零散的记录纸或记录本时，发现原来曾经受过类似事故的伤害，或者曾经用一些办法遏制了某些事故，取得过改进的成效，于是人们试图用一种标准的表格形式，按照生产作业过程中遇到的各种情况，分门别类，做成最原始的安全工作台账。随着科学技术的进步，生产自动化、机械化程度提高，人们的安全生产经验不断丰富，逐渐

把安全工作台账补充、完善起来，将其作为安全生产工作的真实记载。"历史是一面镜子"，利用过去的安全工作情况这面"镜子"，"照一照"现在从事的安全工作还存在什么不足，还需要有什么改进，还应该增补什么内容，使安全工作台账越来越丰富，成为服务安全生产不可缺少的物质基础。

安全作业票证完全是从事故的教训中产生的。人们在自由操作中受到了各种各样事故的伤害，痛定思痛，就会反思作业过程中为什么会造成这种结果，并在反思分析中发现，人们在作业过程中程序不一样，操作方式不同，随心所欲、想当然的情况多，因而产生的不安全行为骤增，这才是造成各种伤害的直接原因。于是，人们想方设法用一种标准的方式作业，用一种规范的程序行事，用一种既简便又实用且安全的作业标准来从事各种作业，以减少人为失误，形成规范作业，于是产生了"安全作业票"。例如，登高作业，有"高处安全作业票"；用电作业，有"电气安全作业票"；检修作业，有"检修作业安全许可证"；入罐作业，有"罐内安全作业票"；动火作业，有"动火证"，并根据危险程度的不同，分为特殊、一类、二类3种"动火证"；断路作业，有"断路安全联络票"；起重作业，有"起重吊运安全票"等。这些安全票证的产生，从根本上解决了自由操作、自由作业的问题，使作业过程中事故的发生率大幅度下降，在服务安全生产方面起到了十分重要的作用。因此，人们在安全生产实践中达成了共识：安全管理制度、安全工作台账、安全作业票证均是为安全生产服务的，并且在安全生产方面发挥了巨大的作用。

6.2.2 实行安全工作台账和作业票证的作用

安全管理制度、安全工作台账、安全作业票证对企业的安全管理有十分重要的作用，是被安全生产实践证明了的有效的管理办法，应该作为企业从业人员的安全行为准则。企业从业人员在工作中，会遇到各种各样复杂的情况，也会由于个人素质的不同、认识能力和技术水平的差异，出现不同的安全生产结果。他们必须以安全管理制度、安全工作台账、安全作业票证为依托，将认识统一在安全管理制度中，将智慧集中在安全工作台账里，将行为规范在安全作业票证上。这样就形成了安全生产的向心力和凝聚力，做到了遵章有制度、记录有标准、作业有规范，如此才能实现安全生产。

企业千差万别、性质各异、特点不同，而法律、法规不可能包罗万象，企业的安全管理制度、安全工作台账、安全作业票证正好是安全生产法律、法规在企业安全生产工作中的补充和完善，对那些法律未涉及的地方，可用企业安全管理制度来弥补。企业的安全管理制度是企业在执行国家法律的基础上，针对自身特点而制定的，与国家法律非但不矛盾，反而形成优势互补。在企业中，有些工作是安全管理制度也未涉及的，这时，可用安全工作台账和安全作业票证来完善，因为安全工作台账就是企业自身工作的真实记载，安全作业票证就是企业所从事的各种作业的行为规范。所以，在企业的安全生产中，安全生产法律、法规必须不折不扣地执行，企业安全管理制度、安全工作台账、安全作业票证也必须完全、彻底地落实，它们共同构成了企业安全生产法律、法规、制度、标准的体系。

在企业安全管理中，制度、台账、票证是安全生产的基础，它们之间相互联系、一脉相承。制度是规范从业人员的安全准则，是要求从业人员的安全规则，是引导从业人员的安全标准；台账是从业人员安全工作的记载，是从业人员安全活动的集合，是从业人员安全水平的体现；票证是提高从业人员安全意识的"钥匙"，是优化从业人员安全技能的根本，是夯实从业人员安全基础的"磐石"。它们之间互为联系，又各有侧重，三位一体，缺一不可，三者形成了企业安全管理基础建设的共同体，呈现出扭合共进、螺旋上升的安全管理功能。因此，建立科学的安全管理制度，健全完善的安全工作台账，执行严密的安全作业票证，是班组安全建设基础工作的主体。

6.3 班组长安全生产责任

6.3.1 班组长的重要地位

班组是最基层的生产组织,是企业实现安全生产的基础。

班组安全工作的好坏,直接影响企业的安全生产和经济效益,而班组安全建设的成效大小,取决于班组长对安全生产的认识程度及其所具备的安全技术知识和实际的组织协调能力。

一个企业要发展,就需要安全,企业要安全,就离不开车间、班组,离不开班组长的安全管理。在企业安全管理中,班组长在管理层与最基层从业人员之间起到了重要的桥梁纽带作用。

班组长的行为对班组成员能起到示范表率作用。班组长时时、事事、处处为班组成员做出表率,对班组形成遵章守纪的良好安全习惯和氛围有重要作用。班组长如果只说不做,便没有号召力,班组成员便会出现马虎、应付现象。

班组长作为班组的核心人物,既是班组生产活动的组织者,又是具体行动的参与者;既是指挥员,又是战斗员,即所谓的"兵头将尾",其不可代替的特殊身份决定了班组长的特殊地位和作用。班组是企业生产的基本单位,班组长是班组安全、生产、质量、效益的"第一责任人",对班组各项管理工作负有不可推卸的责任。班组长又是企业各项管理制度的执行者和监督者,国家的安全生产方针政策、法规、标准和企业的安全管理规定,最终都要由班组长来部署、落实。

班组长在上级管理层的领导下,具体承担并组织、管理班组成员共同完成安全生产任务,班组长与班组成员既是危险、有害因素的承受者,又是危险、有害因素的直接控制者。因此,班组长在企业安全生产中具有十分重要的作用,只有充分发挥班组长的作用,将各项安全任务在班组中落实，形成强有力的群防群治安全网络，才能真正实现安全生产。

6.3.2 班组长应具备的素质

（1）个人素质

班组长应具备良好的思想素质、业务素质、身心素质，提高自身德、智、体、能、绩等方面的素质。

作为管理人员，班组长应具备并提高以下3个方面的管理能力：

1）见识，判断事物本质和预见未来的能力。

2）人情，人际协调和人际沟通的能力。

3）技术，专业技术能力。

班组长应提高技术方面的管理能力。班组长作为"兵头将尾"，首先应是业务尖子、行家里手，只有这样，说话才能有分量、有权威。班组长要提高自己的管理权威：对于班组成员，做到办事公道、关心班组成员、及时指导；对于管理，应做到目标明确。除此之外，班组长还应提高自己在班组中的影响力，做到以德服众。

（2）安全素质

班组长在安全生产中发挥作用的大小，取决于自身的安全素质。班组长安全素质的高低直接决定着班组其他成员的安全素质，也决定着班组集体的安全氛围。如果班组长安全素质低下，安全意识不高，那么他在具体组织生产活动或参与活动的过程中，就不能对活动方案、生产作业环境和作业者行为的安全性做出正确的判断，也不可能采取正确的安全防范措施，甚至自己带头违章指挥、违规作业。

安全素质差的班组长不可能严格要求班组成员。班组集体的安全氛围不好，造成人员伤亡的概率就大，有的事故甚至直接对班组长造成伤害。

班组长应着重从班组生产的特点考虑，提高安全素质，并注意以下几点：

1）班组管理最突出的特点就是直接针对最基层从业人员，强调现场管理。

2）班组作为一个整体，每位班组成员的安全行为直接影响班组的群体安全行为。

3）要控制和减少事故，就必须将安全管理延伸到班组每一位成员，要建立、健全班组安全管理制度，强化现场安全管理，建立自保互保体系，控制和减少违章。

4）班组作为一个集体，存在着领导与被领导及同事之间的分工与合作等关系。班组成员如果在思想和生活上能够互相关心和帮助，团结和睦、齐心协力，则会大大增强班组的凝聚力和向心力。

所以，班组安全管理既是一项系统工程，也是一项复杂的管理艺术，这就要求班组长要有一定的管理能力。班组长要做到对班组安全生产全员、全过程、全方位的安全管理，就要有较高的安全责任意识及较全面的安全生产知识和技能，同时还要有一定的安全管理能力。班组长作为生产活动的直接组织者和参与者，要懂生产、懂技术，更要有高度的事业心和安全责任感。

6.3.3 班组长和班组安全员的安全生产责任

班组长的特殊地位，使其成为企业安全管理中的关键人物。班组长参与安全管理，才能使安全管理紧紧围绕生产第一线，切切实实地解决问题。

（1）班组长的安全生产责任

1）对本班组的安全工作负全面责任。

2）带头及督促本班组认真执行安全生产政策、法规及本单位的各项安全生产规章制度，正确使用机器设备、工具、安全设施、劳动防护用品等，并检查设施设备等是否处于良好状态。

3）经常检查并保持工作地点的文明生产，保持成品、半成品、材料及废物的合理放置，负责对分管的危险控制点实行控制管理。

4）每周组织一次安全活动，开好班前会，开展班组工前危险预知活动，制定安全措施，进行安全交底。组织班组成员制定"三不伤害"措施，并检查落实。

5）有权拒绝上级的违章指挥和制止本班组成员违规操作，遇有事故险情时，有权立即指挥人员撤离现场。

6）发生伤亡事故立即组织抢救、报告和保护现场，并如实提供事故发生的情况，按规定参加事故的调查处理。

（2）班组安全员的安全生产责任

1）协助班组长对本班组的安全生产负责，搞好本班组的安全管理，配合班组长组织好安全活动、制定"三不伤害"措施和开展危险预知活动。

2）督促检查本班组成员执行各项安全制度，发现问题有权进行制止、批评和上报。

3）负责填写危险源检查表。

4）接受上级安全管理机构或人员的业务指导，并有义务向其如实汇报本班组安全生产情况。

6.3.4 班组长安全管理工作方法

班组长要履行好自己在班组安全生产中的职责，还应该掌握一定的工作方法。由于各班组成员的情况不同，班组所处的环境和工作性质有差异，班组长进行安全管理的工作方法也各异，较常用的方法如下：

（1）从思想到行动，要坚持"管生产经营必须管安全"的原则

班组长是生产班组安全生产的第一责任人。首先，班组长要在思想上认识"管生产经营必须管安全"的原则，不断地学习国家的安全生产方针、政策和法规，学习上级部门有关安全生产的指示和规定，学习安全生产责任制和各项安全管理制度等，通过自身自觉

的再学习，造就过硬的安全素质。

其次，要在行动上坚持这一原则，正确处理安全与生产的关系。有些班组长只在口头上讲安全，一旦安全与生产发生矛盾，安全就盲目服从于生产，结果出了事故。在行动上违反"管生产经营必须管安全"的原则，就会给安全生产埋下隐患。

（2）与班组成员齐心协力组建安全网

安全生产工作光靠班组长与班组安全员是根本无法完成的。有人曾把班组比喻为一张网，每一位班组成员都是这张网上的一个节点，只有网上的每一个节点都结实可靠，这张网才可称为"安全网"。

班组长要履行自己的安全管理职责，就必须与班组成员齐心协力建立自己的"安全网"。建立、健全、落实安全生产岗位责任制，是建立安全网的首要工作；其次是全员、全面、全过程，即把班组里的每一个人，不论工作岗位重要与否，都发动起来，在本班组工作的所有方面和全过程中，都始终坚持"安全第一"的方针，形成人人讲安全、个个反"三违"的好风气。

（3）要关心每一位班组成员

班组长必须了解、关心、信任班组成员，其中了解是最重要的，只有做到了这一条，才有可能做到后两条。

班组成员的精神状况将会直接影响安全生产，而影响班组成员精神状况的原因是很多的，可以是社会的、家庭的、婚恋的、上下级的、班组成员间的等。班组长是否能及时了解影响班组成员精神状况的原因，取决于平时的工作，以及班组长对班组成员的了解程度及与他们关系的融洽程度。

谈心活动也叫作"心灵接触"，是班组长经常采用的工作方法。要使谈心活动产生预期的效果，班组长首先要以诚相待，并应对班组成员的性格特征、家庭状况、文化程度、爱好等有一个比较全面的了解。这种谈话如能抓住症结，晓之以理、动之以情、循循善诱，往往能起到良好效果。

谈心活动应经常进行，通过经常性的"心灵接触"，交流思想感情，使某些分歧、观点得到统一，彼此的关系就会日趋融洽，工作起来也会配合默契。

要真正了解班组成员，家访也是很重要的。班组长可利用业余时间，到班组成员家里串门，唠家常，从而了解班组成员的生活情况、思想情况。在家访中发现班组成员有困难需要帮助的，班组长应尽力给予帮助，在必要的时候，可向上一级部门反映情况，请求帮助，以解其安全生产的后顾之忧。

"家和万事兴。"这句俗语同样适用于班组。那么如何使班组成员和睦团结，使大家感到集体的温暖，使班组产生极大的凝聚力呢？这就需要班组长关心每一位班组成员，尤其是那些性格内向或孤僻，或对班组工作及班组长有意见的班组成员。对前一种情况，班组长要主动接近、关心、帮助他们，为他们积极创造和提供参加集体活动的机会；对后一种情况，班组长要胸怀宽广，以大局为重，多做自我批评，以情动人，加强团结，但切忌对错误思想以讨好、附和的办法来缓和矛盾，求得暂时的和解、妥协。

（4）要发挥每位班组成员的特长

每个人的性格有差异，能力有大小，班组长应根据每个人的性格特点和能力大小安排工作，尽量发挥班组成员的特长。

（5）发扬民主，尊重班组成员，增加工作透明度

我国有句俗话，"一个篱笆三个桩，一个好汉三个帮"。班组安全工作要搞好，要靠班组的每一位成员。要使班组成员参与安全工作，首先需要班组成员了解安全工作，而不是武断地行使职权，发号施令。

班组长在提出问题或安排工作时，应与班组成员商量，这样班组成员就会感受到班组长对他们的尊重。由于尊重是互相的，班组成员也会尊重班组长，并会动脑筋、想办法，竭尽全力地为班组长

排忧解难。经过集思广益，班组长既能获得最佳的办事方法，又能获得大家的赞成、支持和配合。

将问题交给群众，群策群力解决难题，是班组长必须掌握的工作方法。除了工作上的民主外，在有关班组成员的政治荣誉、经济利益、工作安排、矛盾解决等方面，班组长都应尊重班组成员，发扬民主，广泛听取意见，使每位班组成员都切切实实地感受到自己在这个班组里是占有一定地位的，感到这个班组的一切对自己来说是"透明"（没有自己不知道的事）的。这样做的结果，不但不会使班组长失去"权威性"，相反，会使班组长更具"权威性"。

（6）既要敢于坚持原则，不徇私情，又要有一定的灵活性

班组长在处理班组工作上，要一视同仁，要不怕得罪人，对违章违规行为要敢于斗争；而对班组成员的不足之处，则要动之以情，晓之以理，耐心帮助。

第 7 讲

班组生产现场安全管理

在班组生产现场，也就是安全生产工作最终要落实的地方，应该制定安全基本管理目标，使企业安全管理的计划与措施落到实处，并可作为考核依据。班组的安全管理提倡动态的，甚至是闭环的系统化模式，在这一方面，国内外很多优秀的企业已经探索出了许多可操作和可效仿的先进管理理念、方式方法。通过现场安全环境的改善和设备设施的运用，以及对从业人员行为的规范，尤其是反"三违"制度的不断完善，可以最终实现安全班组建设。

7.1 生产班组安全基本管理

7.1.1 班组安全目标管理

安全目标管理是许多企业安全管理的重要内容之一。在安全目标管理中，按照目标的层次性、可分性、多样性和阶段性原理，企业安全管理总目标需要分解成各层次、各部门的分目标，由上至下，层层下达至班组，由下至上，一级保一级。分目标的有效实施可保证企业安全管理总目标的实现。班组安全目标管理是指根据企业安全管理总目标和上一层次分目标的要求，把班组承担的各项安全管理责任转化为班组安全管理目标。

(1) 班组制定安全管理目标应遵循的原则

1) 根据上一层次安全管理的分目标或子目标及班组自身的实际情况，与班组成员一起制定。班组安全管理目标应与上一层次和本部门目标协调一致,以保障上一层次目标的实现。

2) 班组安全管理目标应使整个班组的安全管理工作与每一位班组成员应承担的具体安全生产责任充分地融为一体,即安全管理目标的建立与班组及个人的安全生产责任相结合,并形成规范化的管理制度,以所制定的安全管理目标来要求和规范班组成员的安全行为。

3) 目标管理是一种动态管理过程,通过检查、监督、信息反馈及对目标的调整来保证总目标和分目标的完成。

4) 安全管理目标要切合实际,要分清主次,突出重点,内容明确,具有可操作性。

5) 对安全管理目标的实施结果,应进行评比、考核,确定奖惩办法,激励班组成员自觉地遵守各项安全生产规章制度和操作规程,形成良好的安全习惯。

(2) 班组安全管理目标的制定

班组制定安全管理目标,应注意把握以下环节:

1) 企业安全管理总目标与车间安全管理目标是制定班组安全管理目标的基本依据,也就是说,企业安全管理总目标与车间安全管理目标、车间安全管理目标与班组安全管理目标是全局与局部的关系,局部必须服从全局,即车间安全管理目标必须服从企业安全管理总目标,班组安全管理目标必须服从车间安全管理目标。因此,班组在制定安全管理目标时,首先要了解企业、车间安全管理目标的内容和要求,然后再规划班组安全管理目标。

2) 确定的安全管理目标要切合实际。班组的安全管理目标值是其技术与管理水平的综合反映,应从实际出发,恰如其分地确定。如果安全管理目标值过低,不费力气即可以达到,便失去了鼓舞作用,唤不起班组成员的激情;如果安全管理目标值过高,则会脱离实际,无法实现,也容易使大家失去信心。因此,在制定班组安全管理目标时,应由班组长及安全员根据班组生产性质、近年安全实绩、安全管理基础、人员素质、设备状况等拟订班组安全管理目标的初步设想,将控制要求分解,具体列出目标限额,如确定不发生的差错和违章以及安全管理目标同期内违章扣分的控制指标,运行班组缺陷上报率、定期巡回检查到位率、检修班组的消缺率、检修率、施工班组的设备、材料、机具、千元以上经济损失事件的控制指标,安全施工作业票的合格率,安全工器具的数量、配套率及完好率,全年度的安全活动、运行分析、反事故演练、消防训练的次数等。在班组成员充分讨论、提出建议的基础上,制定出本班组的安全管理目标,并贴在醒目的地方,公之于众。

3)在班组安全管理目标的基础上,班组成员应制定出自己的安全管理目标和措施。制定过程中,班组长应根据每位成员的实际情况,如安全意识、业务技术水平、工种、制度熟悉情况、实际工作中的安全状况、所管辖设备的实际状况等,提出问题加以解决。每个人都应明确自己在目标体系中的地位和作用,以及为实现班组集体目标所承担的责任。

4)各班组及班组各成员的安全管理目标、措施要因组而异、因人而异,不应相互抄袭,要坚持实事求是的原则,通过安全管理目标的制定,促进班组安全状况的改进,杜绝班组成员"三违"现象。

(3)班组安全管理目标的实现

要保证安全管理目标的实现,必须有相应的实施计划,在分析有利因素和不利因素的基础上,提出保证目标实现的各种措施。从一些班组的经验教训来看,要保证安全管理目标的实现,主要应抓好以下几个方面的工作:

1)解决人、物、环境三者之间存在的问题,即提出问题和解决问题。

①人的方面。主要解决的问题:如何提高班组成员的安全意识、责任意识和业务技术水平,如何落实"三不伤害",如何减少"三

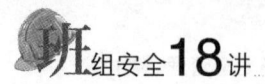

违"现象,在安全管理上如何运用科学的管理手段,如何做好开工安全交底和收工安全小结,如何抓好班组安全评价、记分考核等。

②物的方面。主要解决的问题:如何提高设备的安全可靠性,如何落实工艺质量标准和加强设备巡回检查、加强工器具使用管理、及时发现和消除事故隐患。认真制订安全技术措施、反事故技术措施计划并及时上报,对已经批准的安全技术措施、反事故技术措施计划立即着手实施。安全技术措施计划就是安全技术、劳动保护措施计划,是为消除生产过程中的不安全因素,防止伤害和职业危害,改善劳动条件和保障生产安全所采取的技术组织措施;反事故技术措施计划,是企业以防止设备发生事故及由此引发的人身伤害事故、保障设备安全可靠运行为目的所采取的技术组织措施。

③环境的方面。主要解决的问题:如何加强现场安全和文明生产管理,如何提高作业现场安全设施可靠性,如何做到现场不留隐患等。

2)要把做好每一项工作都与实现年度安全管理目标联系起来。实现年度安全管理目标不是一朝一夕的事情,而要通过一步步的努力。抓好每个阶段或各项工作任务的安全管理工作,实际上就向年度安全管理目标靠近了一步。所以,班组长必须通过抓好日常安全管理工作来保障年度安全管理目标的实现。

3)搞好目标成果的评估。班组应坚持每月、每季和每半年对目标成果进行评估,看到成绩,找出经验,发现不足,吸取教训,并制定出具体的整改措施,明确下一步的工作重点和努力方向。

(4)班组安全管理的考核

班组安全管理考核要与安全生产责任制挂钩,要避免考核时重"硬"轻"软"的倾向,更不能以"硬"指标掩盖或取代"软"指标。具体做法如下:安全检查,即每月对安全管理情况进行检查,由车间组织专人查或工会组长牵头查;安全考核,考核中要从严从实,认真把关。对于经济技术指标和班组安全管理指标,要严格按照定量要求进行考核,做到不降标准、不漏项目;对于安全文化建设方面的定性指标,则要特别注意考核知识技能、进取精神、劳动态度、团结协作精神等。

有的班组在安全管理实施和考核上的做法值得借鉴,具体如下:以安全生产责任制促进安全目标的落实,把考核个人的主要经济技术指标与安全管理目标纳入岗位安全生产责任制中,以百分制或其他方式进行考核;以指标单项竞赛促进安全管理目标的实施,应用激励的方法,组织班组成员开展"比学赶帮超"活动,如安全生产竞赛、岗位练兵、提安全合理化建议、查隐患堵漏洞等。

(5)班组安全保证体系的形成

班组必须有确定的安全保证体系,即组织网络保证、物质措施保证等。为此,企业和车间领导要充分认识班组在安全管理工作中的地位和作用,把心沉下去,树立为生产一线、为班组服务的思想;基层班组则要配备具有高度事业心和责任感的班组长。班组长既要懂生产、精技术、通安全、会管理,又要有一套灵活的工作方法。同时,企业和车间领导要注意关心班组长的工作和生活,使他们真正有职、有责、有权、有利。

总之,班组安全目标管理是整个班组安全建设中的一个重要组成部分,只有把班组的安全管理目标实现了,企业的安全基础才能坚实,才能保障企业的安全生产。

7.1.2 班组动态安全管理

动态安全管理是指在整个生产过程中,对生产工艺流程和生产作业过程进行安全跟踪、预测控制,使安全生产在每时、每班、每个环节都得到保证。对于班组来说,动态安全管理要做到5个方面的控制,即制度控制、作业控制、重点控制、跟踪控制、群防控制。动态安全管理的核心与基本思路是安全生产全员参与、全过程跟踪、全方位控制和全天候管理。通过安全责任的分解,将安全责任落实到人，做到事事有安全标准、人人有安全职责，保障安全生产目标的实现。

(1) 动态安全管理的核心与基本思路

动态安全管理的核心和基本思路可以集中概括如下：安全生产全员到位，安全目标总体推进，安全过程全程跟踪，安全工作科学运作。

1) 安全生产全员到位。全员到位的内涵：确立"安全第一"的地位，真正使之居于班组生产作业的首位，班组成员在工作过程中先讲安全、先抓安全、先管安全。在"第一"的位置上，明确每位班组成员的安全基本职责和安全考核指标，坚持"安全生产、人人有责"的原则。

2) 安全目标总体推进。总体推进的内涵：认识到安全管理的复杂性，认识到"安全生产、人人有责"，班组全体成员要围绕安全生产目标，脚踏实地、循序渐进地加以实现。

3) 安全过程全程跟踪。全程跟踪的内涵：班组为了实现安全生产，需要积极行动起来，把保障安全生产变成自己的自觉行动，大家共同关心安全生产，群策群力，把事故隐患消灭在萌芽状态。

4) 安全工作科学运作。科学运作的内涵：在班组安全管理中，要利用安全科学技术。例如，对于安全教育，可利用现代信息技术中的多媒体电化教育；对于安全检查，可利用安全检查表；对于事故分析，可利用因果分析图、故障树分析、事件树分析；对于安全检修，可利用危险度预测、安全评价等。

(2) 动态安全管理的实施

1) 全力控制人的行为。生产中最活跃的因素是人，而人的行为又取决于人的思维观念，即思维意识。因此，从人的动态思维出发，以转变人的思维导向为手段，从而控制人的行为，是动态安全管理的第一要素。

2) 采用重复记忆的方法进行宣传教育。实施动态安全管理，可用班组成员身边发生的各类事故和亲身经历,进行现身说法、自我教育,并采用重复记忆的方法强化宣传教育效果。一方面吸取安全生产中失误的教训,做到警钟长鸣;另一方面总结安全生产中的成功经验,增强班组成员的自豪感,提高其安全生产积极性。

3) 严肃做好事故处理,实行责任追究。认真落实安全生产责任,是动态安全管理的重中之重。在一个企业,安全生产责任制是严肃事故处理的重要依据,因此,推行"一岗一责、人人有责"的责任制是责任追究的必然要求。要对发生事故的单位和个人坚持"四不放过"的原则,做到"事故原因一清二楚,事故处理不讲感情,事故教训铭心刻骨,事故整改举一反三"。

4) 安全检查是动态安全管理的有效手段。实践证明,企业经常开展的各种形式的安全检查,是发现隐患、消灭事故的有效手段。在安全检查中要注意解决实际问题,消除可能造成事故的各种隐患。

5) 开展多种形式的安全活动。在企业动态安全管理中,开展多种形式的安全活动是必要的,是促进安全生产顺利进行的载体。例如,建立持证上岗制度,能有效杜绝安全技能差的人员从事专业性强的作业;建立设备包机制,能将设备的安全运行托付给设备责任人;建立巡检挂牌制,能使整个运行过程处于有效的控制中;开展班前安全讲话、班中安全操作、班后安全讲评活动,能使班组安全生产落到实处;开展安全抵押承包活动,能把经济利益同安全生产挂起钩来,形成安全生产利益共同体;开展安全技术比武活动,能迅速提高班组成员的安全技能;开展互保对子活动,能规范后进班组成员的安全行为;开展安全明星活动,评选出"安全明星班组""安全明星个人",能形成"比学赶帮超"的安全氛围,这些都是动态安全管理的实施办法。

(3) 班组在动态安全管理中的控制方法

动态安全管理首先就是要发现、鉴别、判明可能导致事故发生的各种因素,尤其是事故隐患,并积极消除和控制这些因素,这就是通常所说的超前控制和超前预防。超前预防就是应用现代科学的安全管理方法和工程技术对生产的全过程系统地、全面地进行事前分析，判断出各种危险因素，并对可能产生或发展成事故的因素给予科学的验证和预报，找出最佳的预防措施，避免事故的发生和发展，使生产处于安全状态，从而达到班组安全生产的科学化、规范化和制度化。班组在动态安全管理中要采取制度控制、作业控制、重点控制、跟踪控制和群防控制的方法，这些方法已被实践证明是行之有效的。

1）制度控制。动态安全管理必须有一套严密完备的规章制度做保障。许多企业伤亡事故多的重要原因之一，就是安全生产规章制度不完善、不健全。要对班组实行动态安全管理，就要在不断完善和充实规章制度上下功夫，建立一套符合本企业特点的安全生产规章制度，使安全管理向科学化、规范化、标准化发展。执行制度要严在贯彻上，严在动态管理上，严在事故发生前，使规章制度起到安全生产的导向作用。

2）作业控制。作业控制就是经常分析生产作业中的危险因素，有针对性地采取控制对策，按班、按日检查落实情况，发现问题及时解决，这也就是常说的过程安全控制。作业控制最有效的方法，是依据工作性质的不安全状态和信息反馈的因素，对安全检查的对象加以分析，把大系统分成若干子系统，确定安全检查项目，再把检查项目按照大系统和子系统的顺序编制成班组安全检查表，每班对照检查，确保检查有规律、检查项目全、内容底数清、问题责任明、整改落实快，从而达到安全作业的目的。

3）重点控制。这里所说的重点就是危险源，如有毒有害作业场所、易燃易爆生产场所、立体交叉作业场所、高处作业和其他特种作业等。对于重点场所，要设置各种醒目的安全标志，做到"有眼必有盖，有边必有栏，有空必有网，有线必有杆"。

4）跟踪控制。跟踪控制就是按照事故"四不放过"的原则，对已发生的事故和出现的事故苗头狠抓不放、跟踪控制，从事故和事故苗头中寻找失控点，制定控制对策，杜绝类似事故发生。

5）群防控制。班组实施动态安全管理意味着管理密度增大，也就是实行集约管理、精细管理。工作量显著增大，只靠少数几个人远远不够，必须采取宏观控制和微观控制相结合、专业管理和班组成员自主管理相结合的方法。只有班组成员行动起来，在生产作业过程中做到个人不违章、岗位无隐患、过程无危险，才能实现班组乃至整个企业的安全生产。

7.2 生产作业现场管理

7.2.1 生产作业现场定置管理方法

班组生产作业现场定置管理是全面质量管理的一种方法，它强调生产现场中人、物的有机结合，各种原料、材料、工具、器具实行分类管理、定置摆放，做到人定岗、物定位，以利于提高工效，提高产品质量。把定置管理移植到车间、班组安全管理上，能进一步深化安全生产工作。生产作业现场定置管理在实践中取得了良好的效果，表明这种管理方法是可行的、有效的。

（1）定置管理的实施步骤

一般来说，生产作业现场中人与物的相互关系处于 3 种状态：一是人与物处于立即结合状态，即需要时随手可以拿到的状态；二是人与物处于欲结合状态，即找一找就能拿到的状态；三是人与物处于无关状态，即现场的某些物品在生产中和人是无关系的或是多余的。班组定置管理最重要的一条是确定与人处于无关状态的物品，并把它从生产现场清除出去；同时对人与物欲结合状态进行改善，使其达到人与物立即结合状态，并保持下去，形成标准化作业程序。

定置管理的实施应分为两步：第一步是整理现场，即对现场放置的全部物品进行清点整理，不需要的物品予以清除或送到指定地点，需要的物品全部进行擦洗，按人与物的结合状态划分区域和物品定置位置。整理后的现场应清洁、整齐、合理、有序。第二步是实施"五定"，即物品定置，人员定岗，控制点定标志，危险品定储量，A、B、C、D定状态。

(2) 定置管理中的"五定"内容

"五定"是定置管理的核心与重点，"五定"不明确，定置管理就无法实施。现对"五定"内容进行具体说明。

1) 物品定置。即根据定量管理的要求，按照"要用的东西随手可得，不用的东西随手可丢"的原则，把不同类型和不同用途的物品放在指定位置或区域，使操作人员能够做到忙而不乱、紧张有序。

2) 人员定岗。即人与操作岗位的有机结合。岗位既定，操作人员就不得随意串岗或脱岗。对于某些危险品生产区，要有严格的定员、定量规定，保障危险工序必需的操作人员，发生燃烧爆炸事故时尽可能把伤亡和损失降到最低。

3) 控制点定标志。即对一、二、三级危险点的控制设置明显的标志牌，标明安全要求、危险等级和安全负责人，以利于随时提醒操作人员安全作业、形成条件反射，避免操作失误，同时也有利于安全管理机构对重点危险部位进行监督和控制。

4) 危险品定储量。即对易燃易爆或有毒物品规定其存放数量，并写在醒目的标志牌上，经常警告人们注意安全，也便于安全管理机构监督检查。

5) A、B、C、D定状态。即按照定置管理要求和人与物的联系紧密程度，把作业现场经过定置后的物品划分成A、B、C、D 4种状态，以便于区分和寻找。A、B、C、D 4个字母是状态信息标志。操作人员、检验人员、管理人员在工作中应能够做到保持优良的A状态（在加工），迅速寻到B状态（待加工），及时处C状态（已加工），不断清理 D 状态（报废或返修），从而进一步提高工作效率，保持作业场所的整洁、文明。

（3）实施定置管理要达到的效果

实施以"五定"为主要内容的定置管理，是指把安全管理和质量管理有机地结合起来，使操作人员在一个良好的、有安全保障的环境中进行操作，能够达到如下 6 个方面的良好效果：

1）使生产现场的"人、机、料、法、环"始终处于一个科学合理的紧密结合状态，为实现安全文明生产奠定良好的基础。

2）彻底改变某些车间、班组原来的脏、乱、差面貌，使人流、物流、人员岗位、物品位置都清清楚楚、井井有条、一目了然，一切都按一定的程序进行和发展。

3）使车间、班组的安全、质量、工艺、设备、物资等管理融合在一起，同时进行、互相促进，形成全方位的安全管理。

4）整洁有序的物品摆放和规范化的现场管理能给操作人员创造良好的心理环境，使操作人员普遍感到"看起来顺眼，说起来顺口，干起来顺心，拿起来顺手"，大大减少人机事故。

5）使班组成员养成良好的清洁习惯，不仅在生产现场能够做到定置，办公室的用品和家庭的个人用品也能定量定位，提高人员素质。

6）增强班组成员维护和保持作业场所文明生产的责任感，提高班组成员为集体增光的荣誉感。

7.2.2 生产作业现场"5S"管理方法

"5S"是从日本丰田公司的现场管理实践中总结出来的管理方法，随后在其他企业得到了广泛普及，目前已经在世界许多国家得到推广和应用。"5S"既是一种现场管理方法，又是一种安全文明生产活动。开展"5S"活动有助于改善作业环境，提高从业人员的素质，对提高工作效率、保证产品质量、降低生产成本、保证交货期具有重要的作用。

"5S"是指整理、整顿、清扫、清洁和自律。这5个词用罗马字母（seiri、seiton、seisou、seiketsu、sitsuke）拼写时，其第一个字母都是"S"，所以简称为"5S"。在我国，有些企业也称"5S"为"五常法"，之后有人将"安全"补充进去，称为"6S"。

(1) "5S"的含义和"5S"活动的目标

"5S"所指的整理、整顿、清扫、清洁和自律，各有其含义。

1) 整理。明确区分需要的和不需要的物品，在生产现场保留需要的物品，清除不需要的物品。

2) 整顿。对所需物品有条理地定置摆放，使这些物品始终处于任何人都能方便取放的位置。

3) 清扫。生产现场始终处于无垃圾、无灰尘的整洁状态。

4) 清洁。经常进行整理、整顿和清扫，使现场始终保持整洁的状态，其中包括个人清洁和环境清洁。

5) 自律。自觉执行企业的规定和规则，养成良好的习惯。

"5S"没有什么复杂、高深的内容，但只要长期坚持下去，就会使现场管理水平有质的飞跃。在现场开展"5S"活动最终要达到5个目标：一是保证质量，提高工效；二是降低消耗，降低成本；三是保证机器设备的正常运转；四是改善工作环境，消除事故隐患，提高工作的满意度；五是拓宽班组长和班组成员现场改进能力的途径。

(2) 整理的目的和方法

1) 整理的目的。整理是对物品进行区分和归类，将经常使用的物品放在使用场所附近，而将不经常使用或很少使用的物品放在高处、远处乃至仓库中。在具体实施中，可根据重要程度、使用频率、价值以及物品使用部门来区分。总的来说，整理的目的：一是腾出空间，充分利用空间；二是防止误用无关的物品；三是创造清爽的工作环境。

2) 整理的方法。整理的方法主要有以下几种：

①分类并清除不需要的东西。整理前，应首先考虑以下内容：为什么要整理以及如何整理；规定整理的日期和规则；整理前要预先明确现场应放置的物品；区分要保留的物品和不需要的物品，并说明保留物品的理由；划定保留物品安置的地方。

分类的方法有许多种，如按种类、性能、数量、使用频率等进行分类。最常用的分类方法是按使用频率分类，可以一日或一周为单位计算使用频率，这种分类方法是最有效的。

②用拍照的方法确认整理的效果。将未整理的现场照片和整理后的现场照片对比，整理的效果就会一目了然。具体程序如下：选择适当的位置和角度，将作业现场拍摄下来；进行整理后，用同样的方法再拍摄一遍；将前后拍摄的照片进行对比，看做了哪些调整及效果如何。

③保管和保存。整理出来的物品有保管与保存两种处置方法。短期暂时存放称为保管，长期存放称为保存。根据不同对象，可具体明确保管和保存的标准。

一般使用量较大、使用频率较高的物品，宜保管在作业现场附近；而使用量小、使用频率低的物品，则可以放入仓库或不固定保存场所保存。需要保存的物品可以远离现场。需要保管的材料、产品备件、工具和消耗品等应确定保管的位置和空间。对体积不大的物品，可放在货架和柜子上、抽屉内，对垃圾箱、灭火器材、清洁用具、危险品等要确定专用的放置场所。

④整理结果的标识。完成整理后，为使需要的物品能立即得到，可利用标牌、指示牌或黑板等予以标识：在确定的保管场所标注区域和名称，明晰整个场地的划分和布置；必要时，将放置方法和排列的条件用指示板予以说明；对能够区分的物品，用记号或序号进行标示；物品可用图示符号或图片将其特征表示出来。

指示牌内容应简明扼要，如物品名称、分类、数量、存放位置及由谁使用等。在成品仓库里，不仅可用型号代码区别不同产品，而且可使用不同大小、不同颜色或不同形态的指示牌标明箱中的物品。总而言之，标识的目的是明确"是什么"和"在哪里"，让人一目了然。

(3) 整顿的目的和方法

1) 整顿的目的。整顿是将现场所需物品有条理地定位与定量放置，让这些物品始终处于任何人都能随时方便取用的位置。整顿的目的：一是使工作场所物品一目了然；二是作业时，节省寻找物品的时间；三是消除过多的积压物品；四是创造整齐的工作环境。

2) 整顿的方法。整顿的方法主要有以下几种：

①用"5W1H"分析法发现存在的问题。"5W1H"分析法也称"六何分析法"，是一种思考方法，也是一种创造技法，在企业管理和日常工作生活和学习中得到广泛的应用。"5W1H"分析法是指对选定的项目、工序或操作，从原因（何因，why）、对象（何事，what）、地点（何地，where）、时间（何时，when）、人员（何人，who）、方法（何法，how）6个方面提出问题进行思考。首先，对现场的每件物品都要用"5W1H"分析法明确是什么物品、在哪里、在什么时间由谁使用或保管，从中发现物品的定置摆放是否合理。其次，对问题要追根究源，不仅依据现有资料，还要追溯到以前的情况，一旦了解问题的实质，就立即明确改进的方向。

②合理放置，方便取放。对制造业来说，作业的对象大多是流动的物品，整顿并不在于单纯地码放整齐，而是要使物品拿出容易、放回方便。方便取放的布局设计是整理的切入点，对工作效率有很大影响。在工作场地，使用的零件和材料有很多是相似的，整顿时要注意避免混淆。

3) 整顿提示。整顿提示主要有以下几点：

①设备摆放位置的改变会引起流程变化，对此要认真考虑。

②设置工作台、工件箱时，不仅要考虑固定式的，还要考虑带有脚轮的移动式的。安置工作台、货架等，可以考虑用从房顶垂直

起落的方式来减少占用空间。

③质量大、体积大的物品应该放置在下层，质量小的放在上层。

④使用频率高的物品放在易于取放的场所。

⑤货架、橱柜透明化。

⑥现场的货架和橱柜要尽量避免使用门，因为门会阻挡视线，延长寻找时间，从而影响工作效率。

（4）清扫的意义和步骤

1）清扫的意义。不管做什么工作，都会产生垃圾和废物，清扫可以使生产现场处于无垃圾、无灰尘的状态。清扫本身就是工作的一部分，而且是所有岗位都存在的工作。清扫的目的：一是消除不利于产品质量、成本、工效和环境的因素；二是保证设备良好运行，减少对从业人员健康的不良影响。

2）清扫的步骤。清扫不是指突击性的大扫除，而是要制度化、经常化，每人从身边做起，然后再拓展到现场的每个角落。清扫的具体步骤如下：

①将地面、墙壁和窗户打扫干净。清扫地面，擦拭墙壁、窗户，清除灰尘、垃圾和油污，保持作业环境清清爽爽，让从业人员每天都以愉快的心情投入工作。

②划出表示整顿位置的区域和界线。清扫后，接着是处理好美观和高效的矛盾。这主要是按整理、整顿阶段的规定，划分作业的场地和通道，标识物品放置位置。对空闲区域、小件物品区域、危险和贵重物品区域等也要设法用标识的颜色予以区别。

③将可能产生污染的污染源清理干净。最有效的清扫是杜绝污染源。发现和清除污染源应用手摸、眼看、耳听、鼻闻，要动脑筋、想办法才能做到。

污染大部分是外来的，如刮大风时带来的灰尘或沙粒，搬运散装物品过程中出现的泄漏等。为杜绝外来污染，首先要将窗户密封，不留缝隙；在搬运切屑和废弃物时不要撒落；在运送水和油料等液体时，要准备合适的容器；在作业现场，要经常检查各种管道以防止泄漏；对擦拭用的棉纱、脏的材料、工具等，要定点放置。

④对设备进行清扫、润滑，对电气设备和操作系统进行彻底检修。设备被污染后容易出故障，并缩短使用寿命。为此，要定期清扫、检查设备和工具。现代化大生产中，设备越大，自动化程度越高，清扫和检修所花费的时间就越多。

(5) 清洁的含义和方法

清洁主要是指维持和巩固整理、整顿和清扫的效果，保持生产现场任何时候都处于整齐、干净的状态。实施清洁的方法主要有以下几种：

1) 制定专门的手册。整理、整顿、清扫的最终结果是形成清洁的工作环境。要做到这一点，动员从业人员参加整理、整顿非常重要。所有人都要清楚该干什么，在此基础上，将大家都认可的各项工作和应保持的状态汇集成文，形成专门的手册或类似的文件和规定。手册要明确以下内容：作业场所地面的清扫程序、方法和清扫后的状态，确立区域和界线的原则，设备的清扫、检查程序和完成后的状态，设备的动力部分、传动部分、润滑、油压、气压等部位清扫检查的程序及完成后的状态，清扫计划、责任者及日常的检查。

2) 明确清洁的状态。清洁的状态包含3个要素，即干净、高效、安全。

清洁的状态具体包括以下内容：地面的清洁、窗户和墙壁的清洁、操作台的清洁、工具和工装的清洁、设备的清洁、货架和放置物品场所的清洁。

3) 定期检查。除了日常工作中的自检外，还要组织定期检查。一是检查现场的清洁状态，二是检查现场的图表和指示牌设置是否有利于高效作业以及现场物品数量是否适宜。

4) 环境色彩明亮化。厂房、车间、设备、工作服都应采用明亮的色彩，一旦产生污渍就容易被发现。明亮的工作环境会使人产生良好的工作情绪。

(6) 自律的含义、目的和实施要点

1) 自律的含义。"5S"中的自律活动是指培养人达到整洁有序、自觉执行企业的规定和规则的状态,使人养成良好的习惯。通过自律提高每个人的"行为美"水平,可为搞好"5S"活动提供保障。

2) 自律的目的。开展自律活动,主要目的在于培养从业人员自觉并正确执行企业各项规定的良好习惯,自愿实施整理、整顿、清扫、清洁这"4S"活动,高标准、严要求维护现场环境的整洁和美观。自律是"4S"得以持续、自觉、有序地开展下去的重要保障。

3) 自律的实施要点。要做到自律,必须做好以下几个方面的工作:经常积极参与整理、整顿、清扫活动,认真贯彻整理、整顿、清扫、清洁状态的标准,养成遵守作业指导书、手册和规则的习惯。

自律所包含的内容有很多,但最基本的是养成良好习惯,做到按规章办事和自我规范行为,进而延伸到仪表美、行为美等。近年来,有专家提出实施自律时不妨灵活运用一些工具,如标语、醒目的标识、值班图表、照片、录像、新闻、手册等。

(7) 现场开展"5S"活动的方法

从日本众多企业的现场管理经验来看,"5S"是促使企业获得成功的重要活动之一。我国许多企业目前也广泛开展了"5S"活动,并且取得了明显的成效。"5S"活动并不局限于生产企业,其他各行各业、各类组织都可以在生产和工作现场大力推广"5S",以保证工作质量,提高工作效率,美化工作环境。

现场开展"5S"活动可以从以下3个方面入手:

1) "5S"活动要持之以恒。"5S"活动只有坚持不懈地进行,才会取得预期的效果。开展"5S"活动如果搞"一阵风",就难以找到"5S"活动的感觉,这样不仅活动没有好的效果,反而有负面影响,使大家认为"5S"活动没有作用。任何管理方法都不是灵丹妙药,都需要长期的努力和探索。因此,开展"5S"活动要有长期坚持的思想准备。在企业以及班组里要养成这种风气，而个人良好习惯的养成和企业以及班组的风气又是相辅相成的。良好的风气能够促进个人良好习惯的形成，个人良好的习惯又有利于企业良好风气的养成。

2)"5S"活动要经常教育。人的良好习惯需要培养，开展"5S"活动也要有条不紊地进行。"5S"工作的推进就意味着要不断地发展。企业要教育从业人员不断地思考如何改进"5S"工作，脚踏实地地推进"5S"活动，同时还需要鼓励从业人员不断地提出合理化建议，并对这种合理化建议给予奖励，以不断地鼓励和推动"5S"工作的进行。

3)遵守规定和规则。遵守规定虽然道理很浅显，但未必人人都能做到，问题的关键是缺乏遵守规定的自觉性。企业要教育从业人员，凡是企业的规定都应该遵照执行，这不仅仅是"5S"的要求，也是大工业生产的基本前提。

(8) 对"5S"活动的评价

定期对"5S"活动进行评价，是确保"5S"活动持之以恒的有效措施。对"5S"活动进行评价，可以采取评价表的方式进行，这样既可以进行自我评价，也便于相互横向比较。多种形式的"5S"活动评价要求见表7-1。

表7-1 多种形式的"5S"活动评价要求

	自我评价	相互评价	专职人员评价	领导检查	安全巡查
目的	让每一位从业人员具有自主性，使其充分认识"5S"活动，从而由自主性发展为自律性	从业人员相互评价，以达到互相启发的目的	由第三者根据公平的基准进行客观评价，以确认自我评价、相互评价的水平，并进行调整	领导可通过与外企业进行比较，针对现场存在的差距进行指导，使"5S"活动更充实，从而提高自身水平	通过对安全卫生的评价，促使企业和每一位从业人员提高积极性，确保安全，推进企业"5S"活动

续表

	自我评价	相互评价	专职人员评价	领导检查	安全巡查
评价者	初期由部门经理、车间主任和班组长评价，之后逐渐由从业人员自己评价	车间主任、班组长	"5S"活动的推进组织确定的专职人员	企业的高层领导、部门经理	安全卫生委员会
初期（1个月）评价频率	每日一次	每周一次	每周一次	每日一次	每月一次
基本稳定阶段（90%达到要求）评价频率	每周一次	每周一次	每月一次	随时	每月一次
稳定阶段（95%以上）评价频率	每周一次	每月一次	每月一次	随时	每月一次
评价要点	①有无超出规定位置 ②放置位置是否合适 ③有无不用的物品 ④垃圾、物品有无乱放	①有无超出规定位置 ②放置位置是否合适 ③标识、画线是否合适 ④有无不用的物品	①有无超出规定位置 ②放置位置是否合适 ③标识、画线是否合适 ④有无不用的物品	①安全卫生状况 ②现场的纪律 ③改进活动状况	①安全卫生状况 ②现场的纪律
有无检查表	有	有	有	无	有
报告的对象	车间主任	"5S"的推进组织	"5S"的推进组织	—	安全卫生委员会

续表

	自我评价	相互评价	专职人员评价	领导检查	安全巡查
报告内容	①整顿水平 ②指出问题	①整顿水平 ②指出问题（改进建议） ③感想	①整顿水平 ②指出问题（改进建议） ③感想	—	①安全卫生状况 ②现场纪律 ③改进建议
评价后处置	①评价后立刻改进 ②不能马上改进，要制订改进计划	①根据对方提出的意见进行改进 ②帮助对方改进 ③从对方得到启发	①根据提出的意见进行改进 ②问题很多时，改进后再进行评价	确认改进的情况和检查计划的完成情况	①有关安全卫生的问题要优先改进 ②班组长对现场纪律进行指导

7.2.3 "三点"控制法

"三点"是指危险点、危害点、事故高发点。这"三点"是班组安全生产的要点、主控点和注意点，有效地控制了"三点"，班组安全生产就有了保障。因此，"三点"控制法是实施班组安全管理的一个具体办法。

（1）危险点的控制

危险点是相对于其他作业点和岗位更危险的岗位。危险点固有的危险性使它成为安全控制的要点。危险点发生事故的概率很大，但这并不表明它时时处处都会发生事故，只要安全措施到位、防范办法周密，是可以把危险点变成非危险点的，这就要求班组在如何控制危险点上下功夫。控制危险点的办法如下：

1）编制危险点应急救援预案。

2）所有危险点的作业人员必须经安全培训教育合格，取证后方能上岗。

3）由班组长对危险点进行巡检，每天至少 2 次。

4）对危险点必须设立现代监控、监测设备，有条件的实行计算机管理。

5）危险点必须配备消防水和数量足够的消防灭火器材。

6）危险点现场必须有明显的安全标志和安全告知牌。

7）危险点现场必须保持安全通道的畅通。

8）危险点要设有良好的防雷接地装置和防洪排水设施。

9）危险点现场必须使用防爆电气设备。

10）危险点现场要经常保持整洁、清洁、文明。

11）必须每年向车间或者企业报告危险点运行情况。

（2）危害点的控制

危害点和危险点一样，是相对于其他作业点更具危害性的作业点。危害点具有危害性，如化工企业有毒有害气体岗位就是危害点，毫无疑问，它是班组安全生产的主控点。要控制危害点的危害性，除了进行安全设计以外，还必须使班组的每位成员了解危害点的性质、预防办法、紧急情况下的应急措施等。控制危害点的办法如下：

1）编制危害点应急救援预案。

2）所有危害点的生产作业人员必须接受有针对性的安全教育，取证后方能上岗。

3）对危害点的巡检，班组长每班至少 2 次，生产作业人员每小时 1 次。

4）危害点必须配足过滤式防毒面具，每个危害点至少配 2 具氧气呼吸器。

5）危害点现场必须配有压力表、温度计、液位计等就地监测设施。

6）危害点严禁储罐超储、库房超存、工艺过程超压。

7）危害点的生产作业人员应配备一定数量的便携式可燃气体、有毒有害气体监测仪。

8）危害点现场通道必须保持通畅。

9）危害点现场必须使用防爆电气设备。

10）危害点现场应保持整洁、清洁、文明。

（3）事故高发点的控制

顾名思义，事故高发点就是指曾经发生事故或多次发生事故的作业点或岗位，是班组安全生产的注意点。"前事不忘，后事之师。"对于事故高发点，除了采取切实可行的措施外，主要是吸取事故教训，杜绝重复性事故发生。具体控制办法如下：

1）要在事故高发点现场挂上警示牌，说明这个点曾经多次发生事故，警示大家要引以为戒。

2）重新审定操作规程，针对已发事故的分析结果改进操作方式。

3）对事故高发点加强监控，增加安全检查频率。

4）对事故高发点完善设施和装备，如增加安全设施、改进工作环境等。

5）把事故高发点作为现场安全教育基地。

6）对事故高发点建立、健全3个系统，分别是组织保障系统、人员职责系统和管理功能系统。

7.3 作业安全

7.3.1 反"三违"

（1）"三违"

违章不一定出事（故），出事（故）必是违章。违章是发生事故的起因，事故是违章导致的后果。"三违"内容如下：

1）违章指挥。企业负责人和有关管理人员法制观念淡薄，缺乏安全知识，思想上存有侥幸心理，对国家、集体的财产和人民群众的生命安全不负责任,明知不符合安全生产有关条件,仍指挥作业人员冒险作业。

2) 违规作业。作业人员没有安全生产常识,不懂安全生产规章制度和操作规程,或者在知道基本安全知识的情况下,在作业过程中违反安全生产规章制度和操作规程,不顾国家、集体的财产和他人、自己的生命安全,擅自作业,冒险蛮干。

3) 违反劳动纪律。作业人员不知道劳动纪律,或者不遵守劳动纪律,违反劳动纪律进行冒险作业,造成不安全因素。

(2) "三违"的常见原因

落实班组生产作业标准化,可以有效防治"三违",进而控制生产安全事故的发生。生产现场中,"三违"发生的常见原因有以下几种:

1) 侥幸心理。有一部分人在几次违章未发生事故后,慢慢滋生了侥幸心理,忽视了几次违章未发生事故的偶然性和长期违章迟早要发生事故的必然性。

2) 省能心理。人们嫌麻烦、图省事、降成本,总想以最小的代价取得最好的效果,甚至将时间和物质成本压缩到极限,降低了系统的可靠性。尤其是在生产任务紧迫和眼前利益的诱因下,极易产生省能心理。

3) 自我表现心理(或逞能)。有的人自以为技术好、有经验,常满不在乎,虽能预见有危险,但是轻信能避免危险,用冒险蛮干当作表现自己的技能。有的新人技术差、经验少,可谓初生牛犊不怕虎,急于表现自己,以自己或他人的痛苦验证安全制度的重要作用,用鲜血和生命证实安全规程的科学性。

4) 从众心理。"别人做了没事,我福大命大造化大,肯定更没事。"尤其是在安全秩序不好、管理混乱的场所,这种心理像瘟疫一样,严重威胁企业的生产安全。

5) 逆反心理。在人与人之间关系紧张的时候,人们常常产生这种心理。不把同事的善意提醒当回事,对领导的严格要求阳奉阴违,气大于理,置安全规程于不顾,以致酿成事故。

(3) 反"三违"的常用方法

1) 舆论宣传。反"三违"首先要充分发挥舆论工具的作用,广泛开展反"三违"宣传。利用各种宣传工具、方法,大力宣传遵章守纪的必要性、重要性和违章违纪的危害性。表彰安全生产中遵章守纪的好人好事;谴责那些违章违纪给人民生命和国家财产造成严重损害的恶劣行为,并结合典型事故案例进行普法宣传,形成视"三违"如过街老鼠、人人喊打的局面。宣传可使从业人员认真贯彻"安全第一、预防为主、综合治理"的方针,牢记安全,珍惜生命,自觉遵章守纪。

2) 教育培训。从业人员安全意识、技术素质的高低及防范"三违"的自觉程度和应变能力都与教育培训密切相关。安全教育培训要采取多种形式,除经常性的安全法律、法规、方针、组织纪律、安全知识、工艺规程的教育外,应重点抓好法制教育、主人翁思想教育,特别要注意抓好新干部上岗前、新工人上岗前、工人转换工种(岗位)时的安全规程教育。教育培训、考核管理工作应做到制度化、经常化,以提高从业人员的安全意识和安全操作技能,增强防范事故的能力,为反"三违"打下坚实的基础。

3) 重点人员管理。将企业领导、企业班组及班组长、特种作业人员、青年职工作为反"三违"的重点,进行重点教育、培训、管理,并分别针对其特点加以引导和采取相应的措施,可有效控制"三违"行为,降低事故发生率。

①企业领导。开展反"三违"要以领导为龙头,从各级领导抓起。一方面,从提高各级领导自身安全意识、安全素质入手,针对个别领导容易出现的重生产、重效益而忽视安全的不良倾向,进行普法宣传,使他们真正树立"安全第一、预防为主、综合治理"的思想,自觉坚持"管生产经营必须管安全"的原则,以身作则,做

反"三违"的带头人。另一方面,要求各级领导运用现代管理方法,按照"分级管理、分线负责"的原则,对"三违"实行"四全"(全员、全方位、全过程、全天候)综合治理,把反"三违"纳入安全生产责任制之中。

②企业班组。班组是企业的"细胞",既是安全管理的重点,也是反"三违"的主要阵地。一方面,要抓好日常安全意识教育。针对"违章不一定出事故"的侥幸心理,用正反两方面的典型案例分析其危害性,启发从业人员自觉遵章守纪,增强自我保护意识。通过自查自纠、自我揭露,同时查纠身边的不安全行为、事故苗头和事故隐患,实现从"本身无违章"到"身边无事故"。另一方面,要抓好岗位培训。要使从业人员掌握作业标准、操作技能、设备故障处理技能、消防知识和规章制度;向先进水平挑战,做到"不伤害自己,不伤害他人,不被他人伤害"。

③三种人群。班组长:企业生产一线的指挥员,是班组管理的领头羊。班组安全工作的好坏主要取决于班组长。班组长敢于抓"三违",就能带动一批人,管好一个班。特种作业人员:他们都在关键岗位,或者从事危险性较大的作业,随时有危及自身和他人安全的可能,是事故多发之源。青年职工:他们多为新工人,往往安全意识较差,技术素质较低,好奇心、好胜心强,极易发生违章违纪现象。

4)现场管理。现场是生产的场所,是从业人员生产活动与安全活动交织的地方,也是发生"三违"和出现伤亡事故的地方,因此狠抓现场安全管理尤为重要。要抓好现场安全管理,安全管理人员要经常深入现场,在第一线查"三违"疏而不漏,纠违章铁面无私,抓防范举一反三,搞管理新招迭出,居安思危,防患于未然,把各类事故消灭在萌芽状态,确保安全生产顺利进行。

5)良好习惯。人们在工作、生活中,某些行为、举止或做法,一旦养成习惯就很难改变。俗话说,习惯成自然。在实际工作中,违章违纪恶习势必酿成事故,后患无穷,严重威胁着安全生产。要改变这种局面,除了需要对不安全行为乃至成为习惯的主观因素进行认真分析,有针对性地采取矫正措施,克服不良习惯外,还要利用站班会、班组学习来提高从业人员的安全意识;开展技术问答、技术练兵,提高安全操作技能;严格标准,强调纪律,规范操作行为;实行"末位淘汰制",促使从业人员养成遵章守纪、规范操作的良好习惯。

6) 教罚并举。凡是事故,都要按照"四不放过"的原则,认真追查分析,根据情节轻重和造成危害的程度对责任人给予帮教处罚。对导致发生伤亡事故的责任者,依据规定,严肃查处,触犯法律的交司法部门处理。要做到一视同仁,实现从"人治"到"法治"的转变。

7) 群防群治。在企业安全生产工作中,"企业负责、群众监督"是两项同抓并举的任务。"群众监督"是实现"企业负责"搞好安全生产的可靠保障,也是搞好反"三违"工作的可靠保障。要搞好群众监督,就应特别注意发挥各级工会对安全生产的监督作用,不断提高从业人员的安全监督能力,广泛发动从业人员依法进行监督,开展以"群防、群查、群治"反"三违"的监督检查活动,确保生产安全事故不会发生。

7.3.2 相关方安全

《安全生产法》规定:两个以上生产经营单位在同一作业区域内进行生产经营活动,可能危及对方生产安全的,应当签订安全生产管理协议,明确各自的安全生产管理职责和应当采取的安全措施,并指定专职安全生产管理人员进行安全检查与协调。生产经营单位不得将生产经营项目、场所、设备发包或者出租给不具备安全生产条件或者相应资质的单位或者个人。生产经营项目、场所发包或者出租给其他单位的,生产经营单位应当与承包单位、承租单位签订专门的安全生产管理协议，或者在承包合同、租赁合同中约定各自的安全生产管理职责；生产经营单位对承包单位、承租单位的安全生产工作统一协调、管理。

企业应执行承包商、供应商等相关方管理制度，对其资格预审、选择、服务前准备、作业过程、提供的产品、技术服务、表现评估、续用等进行管理。

企业应建立合格相关方的名录和档案，根据服务作业行为定期识别服务作业行为风险，并采取行之有效的控制措施。企业应对进入同一作业区的相关方进行统一安全管理，不得将项目委托给不具备相应资质或条件的相关方。企业和相关方的项目协议应明确规定双方的安全生产责任和义务。

7.3.3 变更安全

变更是指管理、人员、工艺、设备设施、材料、作业过程和场所等永久性或暂时性的变化。变更管理是指对这些变化进行有计划的控制，清除或减少由于变更而引起的潜在事故隐患，提高工作质量，避免或减轻对安全生产的影响。变更会带来新的风险，为了消除或减少由于变更而引起的潜在事故隐患，企业应建立变更管理制度，规范变更管理，分析并控制变更中所产生的风险，严格履行变更程序。变更程序一般包括变更申请、变更审批、变更实施、变更验收等。

变更申请应制定统一的变更申请表，明确变更名称、时间、变更部门和负责人、变更说明及依据、风险分析、控制措施等内容。变更申请表填写好后，应逐级上报职能主管部门和主管领导审批。职能主管部门组织有关人员按变更原因和生产的实际需要确定是否进行变更。

变更批准后，由相关职能主管部门负责实施。实施部门应将变更的内容及时传送给相关人员，对有关人员进行培训，实施变更。

变更应该在批准的范围和时限内进行，超过原批准范围和时限的任何临时性变更，都必须重新进行申请和批准。

变更实施结束后，变更主管部门应对变更情况进行验收，确保变更达到计划要求。变更主管部门应及时将变更结果通知相关部门和人员。

第 8 讲

班组安全生产标准化

安全生产标准化体现了"安全第一、预防为主、综合治理"的方针，代表了现代安全管理的发展方向，是先进安全管理思想与我国传统安全管理方法、企业具体实际的有机结合。开展安全生产标准化活动，能进一步落实企业安全生产主体责任，改善安全生产条件，提高安全管理水平，预防事故。

安全生产标准化以隐患排查治理为基础，强调任何事故都是可以预防的理念，将传统的事后处理转变为事前预防。开展安全生产标准化工作，就是要求企业加强安全生产基础工作，建立严密、完整、有序的安全管理体系和规章制度，完善安全生产技术规范，使安全生产工作经常化、规范化和标准化。总之，安全生产标准化建设是企业安全管理工作的重要主体责任之一，要求企业将建设工作落实到生产一线、落实到生产班组，建立、健全并严格执行岗位标准，杜绝违章指挥、违规作业和违反劳动纪律现象，切实保障生产班组每一位从业人员的生命财产安全。

8.1 安全生产标准化的定义

8.1.1 企业标准化和安全管理

在安全管理中，技术标准是安全法规的技术基础，管理标准是安全管理的系统化措施，工作标准是消除不安全行为的手段。因此，标准化是安全管理的基础。

(1) 技术标准是安全法规的技术基础

安全生产标准是我国标准化工作的重点领域。安全问题涉及的范围很广,而且每个行业和专业又都有各自的特殊性,所以,安全生产标准中既有横跨各专业的共性标准,也有各专业领域特定的安全生产标准,大多是以安全条款或安全要求的形式存在于有关产品标准和其他标准(如食品标准、工具标准、设备标准等)中。

安全生产标准的种类很多,主要有以下几种:

1)劳动安全卫生标准。劳动安全卫生标准是以创造安全的作业环境,保护从业人员安全健康为目的而制定的标准,如为防止职业危害和职业病而对作业环境质量(如有毒有害物质、粉尘浓度)、作业设备等制定的标准。

2)特种设备安全标准。除以往的锅炉、压力容器之外,还有压力管道、输送设备(如皮带运输机、登山索道、电梯)、大型游乐设施(如过山车)等相关安全标准。

3)电气安全标准。许多国家还实施了安全性产品质量认证制度,只有经检验符合安全法律、法规或标准的产品,才赋予安全标志,准许进入市场流通。

4)公共安全标准。如交通安全、运输安全、金融安全、通信安全、医药安全、国防安全、核安全等。

5)消费品安全标准。这类产品是人民群众日常生活的必需品,同群众的切身利益直接相关。广大消费者有了标准这个武器,既可用于识别产品(如食品标签等),又可在人身安全、健康受到损害时,维护自身的合法权益。

此外,大量的安全测试方法和测试技术标准、安全基础标准(如采光、照明、人机设计等工效学标准)、安全标志和图形符号标准以及重要工艺(如焊接)和建筑施工安全生产标准都是安全生产标准体系的组成部分。

(2) 工作标准是消除不安全行为的手段

工作标准的对象是人在特定岗位所从事的工作或作业。任何一个组织的生产和服务活动，都是利用一定的设备或设施，通过人的劳动（脑力的和体力的），把原材料加工成产品的活动。三要素（设备或设施、人、信息）的有机结合，便是推动社会进步的生产力。

在生产力诸要素中，人是首要的、能动的要素，可与其他要素结合起来充分发挥作用。人的状态如何，对三要素的结合程度有直接的影响。在有人参与的过程中，人居于特别重要的地位。就企业管理来说，最重要也最难管理的要素是人所从事的工作。人与其他要素的区别，除了人是有思想的生命体这一点之外，人在生产作业活动中有着与机器设备截然不同的特点，主要如下：

1）个体差别。从事同种工作的人之间在体力、劳动技能、动作速度、注意力、理解力、耐力以及应变能力等方面互有差别，这种差别很大；而设备不然，同类机器设备之间有可能做到各项工况参数相对一致。在生产过程中，机器体系越庞大、越复杂，参与的人越多，人的个体差别对生产系统的影响越大，不安全因素越多。

2）可变性。这是指人之间不仅互有差别，而且同一人的作业参数（行走速度、搬运的质量、动作的幅度、作业的效率）以及注意力、反应能力等是可变的，在很大程度上随劳动时间、疲劳程度、熟练程度、对环境的适应程度而发生变化。而机器设备却能做到运转速度始终一致，功率均衡输出，节奏均匀不变。人与机器设备之间的这种差异是一种潜在的危险，许多不安全行为和事故原因都与此有关。

3）随意性。这是指人按自己的意愿和理解操作，尤其是在紧急情况下，不按科学方法和科学规则行事，常常酿成生产安全事故。恶性人身伤害事故通常是小概率事件，一次、两次，甚至多次不安全行为可能不会造成伤害，从而助长了一些人的侥幸心理、图省事的惰性心理以及非理智的逞能心理。在缺乏制度约束的环境下，极易滋生随意性。

4）可靠性。这是指人的操作动作的准确性、精确性、重复性、稳定性受健康状况、疲劳程度、心理状态、有无充分准备、熟练程度、责任感、工作热情以及紧急情况下的敏感、反应及处置能力的影响。人的因素的可靠性是可变的，难以预测、难以控制，随机性很大，差异也很大。

由于人的作业活动有上述的一些特点，同物的因素相比，人的不安全因素是比较难控制的。所以，对人的因素的管理是安全管理的重点，尤其在那些无章可循、管理混乱、随意操作的单位更是如此。在工作现场，人和物是结合的，抓人的管理的同时，必须加强对物的管理。

研究和实践都已证明，人对某项作业或操作是否已经形成习惯，其动作的熟练程度和可靠性也大不相同。习惯是怎样形成的呢？一般来说，同一件事按同一程序重复多次，就可能变成习惯。倘若通过分析研究，设计出科学合理的工作流程和作业方法，将其制定为标准，用以约束同一工种的所有从业人员遵照执行，这样不仅可以加速个人习惯的形成，而且是形成群体习惯的有效方法。所以，工作（作业）标准化的过程是形成群体习惯和群体行为准则的过程，是缩小个体差别、提高整体素质的过程。它不仅能有效地消除不必要的、不合理的作业程序、作业方法和作业动作，而且能促使从业人员克服已形成的不合理的、随意性的操作习惯，防止个体差别和可变因素影响的扩大，增进人的作业的可靠性，从而降低人的因素对安全系统的负作用。

通过标准的贯彻实施，各岗位从业人员都按标准规定的程序、方法和动作重复地操作，这种重复的结果必能使人的动作达到熟练并最终形成习惯，从而避免人在作业中的随意性和各种不安全行为。工作标准化既可控制人的安全因素，又能控制和优化物的安全因素，是实施安全管理，保障生产系统安全、高效运行的基础工作。

8.1.2 安全生产标准化与企业标准化

安全生产标准化是指通过建立安全生产责任制，制定安全管理制度和操作规程，排查治理隐患和监控重大危险源，建立预防机制，规范生产行为，使各生产环节符合有关安全生产法律、法规和标准、规范的要求，人、机、物、环境处于良好的生产状态，并持续改进，不断加强企业安全生产规范化建设。

安全生产标准化的这一定义涵盖了企业安全生产工作的全局，是企业开展安全生产工作的基本要求和衡量尺度，也是企业加强安全管理的重要方法和手段。而《中华人民共和国标准化法》中的"标准化"，主要是通过制定、实施国家、行业标准等，来规范各种生产行为，以获得最佳生产秩序和社会效益的过程，二者有所不同。

企业标准化工作就是在企业生产经营和全部活动中，全面贯彻执行国家、地区、行业颁发的各项规程、规章、标准，按标准组织生产经营活动，按标准从事各项管理工作，按标准进行作业，按标准对企业各个环节进行持续改进和自我完善。同时，要依据这些标准，结合企业实际，建立起科学、严格的企业内部技术标准、质量标准、工作标准、管理标准、作业标准及其他各项基础管理制度等，使企业的各项活动、每项工作和作业工序、环节、岗位及每位从业人员的工作都有标准可供遵循，都在标准的指导和约束下进行，从而提高企业的工作质量、产品质量、服务质量，降低成本，提高效率，增加效益，进而增强市场竞争能力。

而企业安全生产标准化，就是将标准化工作引入和延伸到安全工作中来，它是企业全部标准化工作中最重要的组成部分。其内涵就是企业在生产经营和全部管理过程中，要自觉贯彻执行安全生产法律、法规、规程、规章和标准，并将这些内容细化，制定本企业安全生产方面的规章、制度、规程、标准、办法，使其在企业生产经营管理工作全过程、全方位、全员、全天候切实得到贯彻实施，使企业的安全生产工作得到不断加强并持续改进，本质安全水平不断得到提升，人、机、环境始终保持和谐并在最好的安全状态下运行，进而保障和促进企业在安全的前提下健康快速发展。

8.2 安全生产标准化建设基本规范

8.2.1 标准建设概况

2010年4月15日，国家安全生产监督管理总局发布了《企业安全生产标准化基本规范》（AQ/T 9006—2010，以下简称《基本规范》），自2010年6月1日起实施。该标准的制定，意味着我国广大企业的安全生产标准化工作正式得到规范。

自标准实施以来，国家高度重视企业安全生产标准化工作的推动、实施，在各级安全生产监督管理部门和相关行业管理部门的大力推动下，广大企业积极开展安全生产标准化创建工作。经过不断探索与实践，企业安全生产标准化工作在增强安全发展理念、强化安全生产红线意识、夯实企业安全生产基础、推动落实企业安全生产主体责任、提升安全管理水平等方面发挥了重要作用，取得了显著成效。特别是《安全生产法》已将推进企业安全生产标准化建设写入法律条文，安全生产标准化建设成为企业的法定职责。企业安全生产标准化建设越来越受到企业的重视，成为提高企业本质安全水平、推进隐患排查治理和风险防控的基本措施；越来越受到各级政府的重视，成为衡量企业负责人是否履行安全生产主体责任的重要依据。为进一步引导推动广大企业自主开展安全生产标准化建设，建立安全管理体系，健全完善安全生产长效机制，提升企业安全管理水平，《基本规范》被列为国家标准修订、实施。

2017年4月1日，修订后的《企业安全生产标准化基本规范》

(GB/T 33000—2016，以下简称新版《基本规范》）国家标准正式实施。该标准由国家安全生产监督管理总局提出，全国安全生产标准化技术委员会归口，中国安全生产协会负责起草。该标准实施后，安全生产行业标准《基本规范》废止。

8.2.2 标准的主要特点

(1)《基本规范》的主要特点

1)《基本规范》采用了国际通用的策划（P，plan）、实施（D，do）、检查（C，check）、改进（A，act）动态循环的 PDCA 现代安全管理模式。通过企业自我检查、自我纠正、自我完善这一动态循环的管理模式，能够更好地促进企业安全绩效的持续改进和安全生产长效机制的建立。

2) 对各行业、各领域具有广泛适用性。《基本规范》总结归纳了煤矿、危险化学品、金属非金属矿山、烟花爆竹、冶金、机械等已经颁布的有关安全生产行业标准中的共性内容，提出了企业安全管理的共性基本要求，既适应各行业安全生产工作的开展，又避免了自成体系的局面。

3) 体现了企业主体责任与外部监督相结合的思想。《基本规范》要求企业对安全生产标准化工作进行自主评定，自主评定后申请外部评审定级，并由安全生产监督管理部门对评审定级进行监督。

(2) 新版《基本规范》的主要特点

新版《基本规范》在总结企业安全生产标准化建设工作实践经验的基础上，突出体现以下 3 个主要特点：

1) 突出了企业安全管理系统化要求。新版《基本规范》贯彻落实国家法律、法规、标准、规范的有关要求，进一步规范从业人员的作业行为，提升设备现场本质安全水平，促进风险管理和隐患排查治理工作，有效夯实企业安全基础，提升企业安全管理水平；更加注重安全管理系统的建立、有效运行并持续改进，引导企业自主进行安全管理。

2) 调整了企业安全生产标准化管理体系的核心要素。为使一级要素的逻辑结构更具系统性，新版《基本规范》将原13个一级要素梳理为8个：目标职责、制度化管理、教育培训、现场管理、安全风险管控及隐患排查治理、应急管理、事故管理和持续改进。新版《基本规范》强调了落实企业领导层责任、全员参与、构建双重预防机制等安全管理核心要素，指导企业实现安全健康管理系统化、岗位操作行为规范化、设备设施本质安全化、作业环境器具定置化，并持续改进。

3) 提出安全生产与职业健康管理并重的要求。《中共中央 国务院关于推进安全生产领域改革发展的意见》中要求，企业对本单位安全生产和职业健康工作负全面责任，要严格履行安全生产法定责任，建立、健全自我约束、持续改进的内生机制。建立企业全过程安全生产和职业健康管理制度，坚持管安全生产必须管职业健康。新版《基本规范》将安全生产与职业健康要求一体化，强化企业职业健康主体责任的落实。同时，新版《基本规范》实现了企业安全生产标准化体系与国际通行的职业健康管理体系的对接。

新版《基本规范》作为企业安全管理体系建立的重要依据，以国家标准发布实施，将在企业安全生产标准化实践中发挥积极的推动作用，指导和规范广大企业自主进行安全管理，深化企业安全生产标准化建设成效，引导企业科学发展、安全发展，做到安全不是"投入"而是"投资"，实现企业生产质量、效益和安全的有机统一，能够产生广泛而实际的社会效益和经济效益。

8.2.3 标准的一般要求

(1) 原则

企业开展安全生产标准化工作，应遵循"安全第一、预防为主、综合治理"的方针，落实企业主体责任。以安全风险管理、隐患排查治理、职业病危害防治为基础,以安全生产责任制为核心,建立安全生产标准化管理体系,全面提升安全管理水平,持续改进安全生产工作,不断提升安全生产绩效,预防和减少事故的发生,保障人身安全健康,保证生产经营活动的有序进行。

(2) 建立和保持

企业应采用"策划、实施、检查、改进"的 PDCA 动态循环模式,依据标准的规定,结合企业自身特点,自主建立并保持安全生产标准化管理体系;通过自我检查、自我纠正和自我完善,构建安全生产长效机制,持续提升安全生产绩效。

(3) 自评和评审

企业安全生产标准化管理体系的运行情况,采用企业自评和评审单位评审的方式进行评估。

8.2.4 标准的核心要素

新版《基本规范》内容全面,共有 8 个体系的核心技术要求,并实现了安全管理、安全现场环境、岗位操作和过程控制标准化的闭环建设与管理。新版《基本规范》的核心技术要求(以下简称核心要素)见表 8-1。

表 8-1　　新版《基本规范》的核心要素

序号	一级核心要素	二级核心要素	三级核心要素
1	目标职责	目标	—
		机构和职责	机构设置
			主要负责人及领导层职责
		全员参与	—
		安全生产投入	—
		安全文化建设	—
		安全生产信息化建设	—

续表

序号	一级核心要素	二级核心要素	三级核心要素
2	制度化管理	法规、标准识别	—
		规章制度	—
		操作规程	—
		文档管理	记录管理
			评估
			修订
3	教育培训	教育培训管理	—
		人员教育培训	主要负责人和安全管理人员
			从业人员
			外来人员
4	现场管理	设备设施管理	设备设施建设
			设备设施验收
			设备设施运行
			设备设施检维修
			检测检验
			设备设施拆除、报废
		作业安全	作业环境和作业条件
			作业行为
			岗位达标
			相关方
		职业健康	基本要求
			职业危害告知
			职业病危害项目申报
			职业病危害检测与评价
		警示标志	—

续表

序号	一级核心要素	二级核心要素	三级核心要素
5	安全风险管控及隐患排查治理	安全风险管理	安全风险辨识
			安全风险评估
			安全风险控制
			变更管理
		重大危险源辨识和管理	—
		隐患排查治理	隐患排查
			隐患治理
			验收与评估
			信息记录、通报和报送
			预测预警
6	应急管理	应急准备	应急救援组织
			应急预案
			应急设施、装备、物资
			应急演练
			应急救援信息系统建设
		应急处置	—
		应急评估	—
7	事故管理	报告	—
		调查和处理	—
		管理	—
8	持续改进	绩效评定	
		持续改进	

8.3 班组安全生产标准化的实施

8.3.1 企业安全生产标准化建设流程

企业安全生产标准化建设流程包括策划准备及制定目标、教育培训、现状梳理、管理文件制修订、实施运行及整改、企业自评、评审申请、外部评审 8 个阶段。

(1) 策划准备及制定目标

策划准备阶段要成立领导小组，由企业主要负责人担任领导小组组长，所有相关职能部门的主要负责人作为成员，为安全生产标准化建设提供组织保障；成立执行小组，由各部门负责人、工作人员共同组成，负责处理安全生产标准化建设过程中的具体问题。

制定安全生产标准化建设目标，并根据目标来制定推进方案，分解落实达标建设责任，确保各部门在安全生产标准化建设过程中任务分工明确，顺利完成各阶段工作目标。

(2) 教育培训

安全生产标准化建设需要全员参与。教育培训首先要解决企业领导层对安全生产标准化建设工作重要性的认识问题，加强其对安全生产标准化工作的理解，从而使企业领导层重视该项工作，加大推动力度，监督检查执行进度；其次要解决执行部门、人员操作的问题，培训内容包括评定标准的具体条款要求，本部门、本岗位、相关人员的具体工作，以及如何将安全生产标准化建设和企业日常安全管理工作相结合。

同时，要加大安全生产标准化工作的宣传力度，充分利用企业内部资源，广泛宣传安全生产标准化的相关文件和知识，加强全员参与度，解决安全生产标准化建设的思想认识和关键问题。

(3) 现状梳理

对照相应专业评定标准（或评分细则），对企业各职能部门及下属各单位安全管理情况、现场设备设施状况进行现状摸底，摸清各单位存在的问题和缺陷。对于发现的问题，定责任部门、定措施、定时间、定资金，及时进行整改并验证整改效果。现状摸底的结果作为企业安全生产标准化建设各阶段任务的针对性依据。

企业要根据自身经营规模、行业地位、工艺特点及现状摸底结果等因素，及时调整达标目标，注重建设过程，确保真实、有效、可靠，不可盲目一味追求达标等级。

(4) 管理文件制修订

安全生产标准化对安全管理制度、操作规程等的要求，核心在其内容的符合性和有效性，而不是对其名称和格式的要求。企业要对照评定标准，对主要安全管理文件进行梳理，结合现状摸底所发现的问题，准确判断管理文件亟待加强和改进的薄弱环节，提出有关文件的制修订计划。以各部门为主，自行对相关文件进行制修订，由标准化执行小组对管理文件进行把关。

(5) 实施运行及整改

根据制修订后的安全管理文件，企业要在日常工作中进行实际运行。根据运行情况，对照评定标准的条款，按照有关程序，将发现的问题及时进行整改及完善。

(6) 企业自评

企业在安全生产标准化系统运行一段时间后，依据评定标准，由标准化执行小组组织相关人员，开展自主评定工作。

企业对自主评定中发现的问题进行整改，整改完毕后，着手准备安全生产标准化评审申请材料。

(7) 评审申请

企业要与相关安全生产监督管理部门或评审组织单位联系，严格按照相关行业规定的评审管理办法，完成评审申请工作。企业在自评材料中,应当将每项考评内容的得分及扣分原因进行详细描述,要通过申请材料反映企业工艺及安全管理情况;根据自评结果确定拟申请的等级,按相关规定到属地或上级安全生产监督管理部门办理外部评审推荐手续后,正式向相应的评审组织单位(承担评审组织职能的有关部门)递交评审申请。

(8) 外部评审

在外部评审过程中,接受外部评审的单位应积极主动组织,由参与安全生产标准化建设执行部门的有关人员参加外部评审工作。企业应对评审报告中列举的全部问题,形成整改计划,及时进行整改,并配合评审单位上报有关评审材料。外部评审时,可邀请属地安全生产监督管理部门派员参加,便于安全生产监督管理部门监督评审工作,掌握评审情况,督促企业整改评审过程中发现的问题和隐患。

8.3.2 班组作业安全标准化的重点内容

(1) 作业过程标准化

从时间因素来看,任何一个作业过程都是一定的要素在一定的空间和时间里交替作用的结果。因此,作业过程标准化首先体现在作业程序的标准化,这种程序标准包括宏观和微观两个方面。宏观方面有工序衔接的标准、作业人员轮班(交接班)的标准等;微观方面主要是某个操作的程序标准,如起吊作业中某个物件起吊过程应包括准备、开动行车、开到吊物位置、落钩挂吊、起吊、运行、到达指定位置、落钩、升钩等程序。其次,作用过程标准化还体现在作业方法标准化上。作业方法标准比作业程序标准更为综合,它主要是指完成某项任务过程中各要素的配置情况,如人员、手段、器具、材料、运作方式、作业组织等的配置情况。

(2) 人员行为标准化

人员行为标准化对安全具有重要意义,因为很多事故是人为失误引起的。人既是作业过程的一个参与要素，同时又控制作业进程和运作方式。从操作者自身来说，穿戴应符合作业规范，使用劳动防护用品也应标准化。作为作业过程的指挥者，其指挥动作应标准化（对不同的作业应有不同的标准）。指挥动作的标准应符合安全、准确、经济原则。例如，指挥的位置、姿势、动作幅度、速度、动作要素、运动轨迹和安全要点等都应标准化，满足安全、舒适、准确、高效的要求。

作业中的交流应标准化，包括交流手势（即体态语言）标准，语言、口令标准，交流方式标准等，一般应使用普通话。操作中具体使用的语言、口令应按一定的规则设计，尤其对险情信号的交流更应标准化，并且每一个人都应进行训练。

（3）作业环境标准化

作业环境标准化，即做到作业现场标准化，要求作业设备装置性能良好，安装合格；按标准配备性能良好的安全设施，装设安全标志及安全标志牌；工具材料摆放整齐、标准化；作业环境卫生标准化；文明生产等。

（4）作业设备检修标准化

设备运行过程应按一定的要求进行监护，这种监护应程序化、标准化。对各种类型的设备，应根据其特点制定出检查、维护、定期修理的标准。同时，检查、维修过程也应标准化。

（5）作业管理标准化

作业管理标准化包括管理制度标准化、安全信息标准化、安全业务活动标准化。

管理制度标准化就是使安全管理制度的执行标准化。安全管理制度包括安全检查制度、安全教育制度、事故分析制度、隐患处理制度、紧急事故处理程序、职工安全准则、班组安全工作制度等。这些制度要求内容齐全、职责分明、具体可行，形成事故预测预防体系。

安全信息标准化是指对信息类型、格式、项目含义的理解，相对指标的计算方法、统计分析方法等应符合统一规定。安全信息标准化工作应遵循的原则：信息准确、全面，适用范围广；为信息加工处理创造条件；有利于提高安全管理水平；实事求是。

安全业务活动标准化是指安全活动的程序、内容要求有较固定的模式和优化的方法，如危险预知活动、安全竞赛活动、安全文化建设等，都应做到活动规范、内容具体并有针对性。

8.3.3 班组制定作业标准的原则和程序

（1）班组制定作业标准的原则

1）符合政策。作业标准应贯彻国家有关安全生产的政策和法规，符合上级的有关制度、标准、文件和规定，不得与之发生抵触。

2）保持连续。要充分考虑过去的安全管理基础，总结经验，吸取教训。要把安全操作规程、岗位技术规程、设备维护检修规程以及其他有关的法规、制度等作为制定作业标准的主要依据。

3）立足科学。要以安全作业分析作为制定作业标准的主要方法，使作业标准建立在科学分析的基础之上。标准力求定量化，只能定性时，表述也要准确简练。标准的内容、表达方式、书写格式、语言文字及使用的名词、术语、符号等均应符合标准化原理的要求，做到精简、统一、协调、优化。

4）总结经验。要重视总结操作人员的实践经验，特别是技术熟练人员的操作经验。制定的作业标准要经受得住实际操作的检验。

5）结合实际。制定作业标准要从实际出发。同类型作业的作业标准应协调统一，但不同岗位若情况不同应允许其适当变动。

（2）班组制定作业标准的程序

1）调查了解生产过程、作业种类。

2）制定作业分类体系，系统反映出各种作业类型（通用作业、专项作业）。

3) 对每种作业进行安全作业分析并总结实践经验。
4) 初步制定作业标准。
5) 上下协商讨论,反复修改完善。
6) 付诸实施,反复实践修改,直至定型。

8.3.4 班组作业标准化的落实

作业标准化的推进,必然促进从业人员教育培训和生产、安全管理水平的提高。但是,要使作业标准化能够顺利进行,关键是要改变企业从业人员的思想观念,使他们认识到作业标准化符合他们的根本利益。同时,应明确,标准是法规的一种形式,具有强制执行的性质。企业自定的作业标准虽然不是国家立法,但同样具有法规的性质。在企业内部,作业标准是每位从业人员必须遵守的行动准则,如果从业人员因违反作业标准而导致事故,就要承担责任。因此,应加强作业标准化的宣传,统一企业从业人员对实际作业标准化的认识,并通过组织培训,使广大从业人员掌握制定作业标准的科学方法,特别是要重点培训一批骨干力量,在此基础上,按上述方法与内容具体制定作业标准。制定好的作业标准,应组织岗位练兵,推广实施,使从业人员逐步掌握标准化作业的方法。为了保证作业标准能真正发挥作用,必须制定相应的奖惩制度,并严格考核。

第9讲

安全教育培训

安全教育培训工作是贯彻"安全第一、预防为主、综合治理"安全生产方针，实现安全生产和文明生产，提高从业人员安全意识和安全素质，防止产生不安全行为，减少人为失误的重要途径。进行安全教育培训，首先要增强企业从业人员的安全生产责任感和自觉性，认真学习有关安全生产法律、法规和安全生产基本知识；其次要普及和提高从业人员的安全技术知识，增强安全操作技能，强化安全意识，从而保护自己和他人的安全与健康。

安全教育培训是企业安全生产工作的重要内容，坚持安全教育培训制度，搞好对全体从业人员的安全教育培训，对提高企业安全生产水平具有重要作用。国家通过立法对企业安全教育培训工作提出了具体的要求，企业需要落实安全教育培训有关的法律责任，在做好相关工作的同时，逐步提升安全生产水平。

9.1 企业安全教育培训管理

9.1.1 基本要求

根据《安全生产培训管理办法》，安全培训工作实行统一规划、归口管理、分级实施、分类指导、教考分离的原则。

安全培训应当按照规定的安全培训大纲进行。安全监管监察人员，危险物品的生产、经营、储存单位与非煤矿山、金属冶炼单位的主要负责人和安全管理人员、特种作业人员以及从事安全生产工作的相关人员的安全培训大纲,由应急管理部组织制定。煤矿企业的主要负责人和安全管理人员、特种作业人员的培训大纲由国家煤矿安全监察局组织制定。除危险物品的生产、经营、储存单位和矿山、金属冶炼单位以外其他企业的主要负责人、安全管理人员及其他从业人员的安全培训大纲,由省级安全生产监督管理部门、省级煤矿安全培训监管机构组织制定。

企业从业人员的安全培训,由企业负责。危险化学品登记机构的登记人员和承担安全评价、咨询、检测、检验的人员及注册安全工程师、安全生产应急救援人员的安全培训,按照有关法律、法规、规章的规定进行。

对从业人员的安全培训,具备安全培训条件的企业应当以自主培训为主,也可以委托具备安全培训条件的机构进行安全培训。不具备安全培训条件的企业,应当委托具有安全培训条件的机构对从业人员进行安全培训。企业委托其他机构进行安全培训的,保证安全培训的责任仍由该企业负责。

企业应当建立安全培训管理制度,保障从业人员安全培训所需经费,对从业人员进行与其所从事岗位相应的安全教育培训;从业人员调整工作岗位或者采用新工艺、新技术、新设备、新材料的,应当对其进行专门的安全教育和培训。未经安全教育和培训合格的从业人员,不得上岗作业。企业使用被派遣劳动者的,应当将被派遣劳动者纳入本单位从业人员统一管理,对被派遣劳动者进行岗位安全操作规程和安全操作技能的教育和培训。劳务派遣单位应当对被派遣劳动者进行必要的安全教育培训。企业接收中等职业学校、高等学校学生实习的,应当对实习学生进行相应的安全教育培训,提供必要的劳动防护用品。学校应当协助企业对实习学生进行安全教育培训。从业人员安全培训的时间、内容、参加人员以及考核结果等情况,企业应当如实记录并建档备查。

企业从业人员的培训内容和培训时间,应当符合《生产经营单

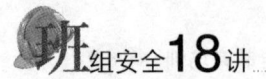

位安全培训规定》和有关标准的规定。

中央企业的分公司、子公司及其所属单位和其他企业，发生造成人员死亡的生产安全事故的，其主要负责人和安全管理人员应当重新参加安全培训。特种作业人员对造成人员死亡的生产安全事故负有直接责任的，应当按照《特种作业人员安全技术培训考核管理规定》重新参加安全培训。

国家鼓励企业实行师傅带徒弟制度。矿山新招的井下作业人员和危险物品企业新招的危险工艺操作岗位人员，除按照规定进行安全培训外，还应当在有经验的从业人员带领下实习满2个月后，方可独立上岗作业。

国家鼓励企业招录职业院校毕业生。职业院校毕业生从事与所学专业相关的作业，可以免予参加初次培训，实际操作培训除外。

安全培训机构应当建立安全培训工作制度和人员培训档案。安全培训相关情况，应当如实记录并建档备查。安全培训机构从事安全培训工作的收费，应当符合法律、法规的规定。法律、法规没有规定的，应当按照行业自律标准或者指导性标准收费。国家鼓励安全培训机构和企业利用现代信息技术开展安全培训，包括远程培训。

9.1.2 安全培训的考核与发证

(1) 安全培训的考核

安全监管监察人员，从事安全生产工作的相关人员及依照有关法律、法规应当接受安全生产知识和管理能力考核的企业主要负责人和安全管理人员、特种作业人员，其安全培训的考核，应当坚持教考分离、统一标准、统一题库、分级负责的原则，分步推行有远程视频监控的计算机考试。安全监管监察人员，危险物品的生产、经营、储存单位及非煤矿山、金属冶炼单位主要负责人、安全管理人员和特种作业人员，以及从事安全生产工作的相关人员的考核标准，由国务院安全生产监督管理部门统一制定。

煤矿企业的主要负责人、安全管理人员和特种作业人员的考核标准，由国家煤矿安全监察局制定。除危险物品的生产、经营、储存单位和矿山、金属冶炼单位以外其他企业主要负责人、安全管理人员及其他从业人员的考核标准，由省级安全生产监督管理部门制定。

国务院安全生产监督管理部门负责省级以上安全生产监督管理部门的安全生产监管人员、各级煤矿安全监察机构的煤矿安全监察人员的考核；负责中央企业的总公司、总厂或者集团公司的主要负责人和安全管理人员的考核。省级安全生产监督管理部门负责市级、县级安全生产监督管理部门的安全生产监管人员的考核；负责省属企业和中央企业分公司、子公司及其所属单位的主要负责人和安全管理人员的考核；负责特种作业人员的考核。市级安全生产监督管理部门负责本行政区域内除中央企业、省属企业以外的其他企业主要负责人和安全管理人员的考核。省级煤矿安全培训监管机构负责所辖区域内煤矿企业的主要负责人、安全管理人员和特种作业人员的考核。除主要负责人、安全管理人员、特种作业人员以外的企业其他从业人员的考核，由企业按照省级安全生产监督管理部门公布的考核标准，自行组织考核。

安全生产监督管理部门、煤矿安全培训监管机构和企业应当制定安全培训的考核制度，建立考核管理档案备查。

（2）安全培训的发证

接受安全培训人员经考核合格的，由考核部门在考核结束后10个工作日内颁发相应的证书。

安全生产监管人员经考核合格后，颁发安全生产监管执法证；煤矿安全监察人员经考核合格后，颁发煤矿安全监察执法证；危险物品的生产、经营、储存单位和矿山、金属冶炼单位主要负责人、安全管理人员经考核合格后，颁发安全合格证；特种作业人员经考核合格后，颁发"中华人民共和国特种作业操作证"（以下简称特种作业操作证);危险化学品登记机构的登记人员经考核合格后,颁发上岗证;其他人员经培训合格后,颁发培训合格证。

安全生产监管执法证、煤矿安全监察执法证、安全合格证、特种作业操作证和上岗证的式样,由国务院安全生产监督管理部门统一规定。培训合格证的式样,由负责培训考核的部门规定。安全生产监管执法证、煤矿安全监察执法证、安全合格证的有效期为3年。有效期届满需要延期的,应当于有效期届满30日前向原发证部门申请办理延期手续。

特种作业人员的考核发证按照《特种作业人员安全技术培训考核管理规定》执行。特种作业操作证和省级安全生产监督管理部门、省级煤矿安全培训监管机构颁发的主要负责人、安全管理人员的安全合格证,在全国范围内有效。

承担安全评价、咨询、检测、检验的人员和安全生产应急救援人员的考核、发证,按照有关法律、法规、规章的规定执行。

9.2 安全教育培训的内容与时间

9.2.1 基本要求

根据《生产经营单位安全培训规定》,企业负责本单位从业人员的安全培训工作。企业从业人员是指企业主要负责人、安全管理人员、特种作业人员及其他从业人员;从事安全生产工作的相关人员是指从事安全教育培训工作的教师、危险化学品登记机构的登记人员和承担安全评价、咨询、检测、检验的人员及注册安全工程师、安全生产应急救援人员等。

企业应当按照《安全生产法》和有关法律、行政法规和《生产经营单位安全培训规定》,建立、健全安全培训工作制度。企业应当进行安全培训的从业人员包括主要负责人、安全管理人员、特种作业人员和其他从业人员。企业从业人员应当接受安全培训,熟悉有关安全生产规章制度和安全操作规程,具备必要的安全生产知识,掌握本岗位的安全操作技能,增强预防事故、控制职业危害和应急处理的能力。未经安全生产培训合格的从业人员,不得上岗作业。

企业应当将安全培训工作纳入本单位年度工作计划,保证本单位安全培训工作所需资金。企业应建立、健全从业人员安全培训档案,详细、准确记录培训考核情况。企业安排从业人员进行安全培训期间,应当支付工资和必要的费用。

9.2.2 主要负责人、安全管理人员的安全培训

(1) 培训内容

企业主要负责人和安全管理人员应当接受安全培训,具备与所从事的生产经营活动相适应的安全生产知识和管理能力。

煤矿、非煤矿山、危险化学品、烟花爆竹等企业主要负责人和安全管理人员,必须接受专门的安全培训,经安全监管监察部门对其安全生产知识和管理能力考核合格,取得安全资格证书后,方可任职。

1) 企业主要负责人安全培训应当包括下列内容:

①国家安全生产方针、政策和有关安全生产的法律、法规、规章及标准。

②安全管理基本知识、安全生产技术、安全生产专业知识。

③重大危险源管理、重大事故防范、应急管理和救援组织以及事故调查处理的有关规定。

④职业危害及其预防措施。

⑤国内外先进的安全管理经验。

⑥典型事故和应急救援案例分析。

⑦其他需要培训的内容。

2) 企业安全管理人员安全培训应当包括下列内容:

①国家安全生产方针、政策和有关安全生产的法律、法规、规章及标准。
②安全管理、安全生产技术、职业卫生等知识。
③伤亡事故统计、报告及职业危害的调查处理方法。
④应急管理、应急预案编制以及应急处置的内容和要求。
⑤国内外先进的安全管理经验。
⑥典型事故和应急救援案例分析。
⑦其他需要培训的内容。

(2) 培训时间和培训大纲

1) 企业主要负责人和安全管理人员初次安全培训时间不得少于32学时,每年再培训时间不得少于12学时。

煤矿、非煤矿山、危险化学品、烟花爆竹等企业主要负责人和安全管理人员初次安全培训时间不得少于48学时,每年再培训时间不得少于16学时。

2) 企业主要负责人和安全管理人员的安全培训必须依照安全监管监察部门制定的安全培训大纲实施。

非煤矿山、危险化学品、烟花爆竹等企业主要负责人和安全管理人员的安全培训大纲及考核标准由国务院安全生产监督管理部门统一制定。

煤矿主要负责人和安全管理人员的安全培训大纲及考核标准由国家煤矿安全监察局制定。

煤矿、非煤矿山、危险化学品、烟花爆竹以外的其他企业主要负责人和安全管理人员的安全培训大纲及考核标准,由省(自治区、直辖市)安全生产监督管理部门制定。

9.2.3 其他从业人员的安全培训

(1) 培训的人员

煤矿、非煤矿山、危险化学品、烟花爆竹等企业必须对新上岗的临时工、合同工、劳务工、轮换工、协议工等进行强制性安全培训，保证其具备本岗位安全操作、自救互救以及应急处置所需的知识和技能后，方能安排上岗作业。

加工、制造业等生产单位的其他从业人员，在上岗前必须经过厂（矿）、车间（工段、区、队）、班组三级安全培训教育。

企业可以根据工作性质对其他从业人员进行安全培训，保证其具备本岗位安全操作、应急处置等知识和技能。

（2）培训的时间

企业新上岗的从业人员，岗前培训时间不得少于24学时。

煤矿、非煤矿山、危险化学品、烟花爆竹等企业新上岗的从业人员，安全培训时间不得少于72学时，每年接受再培训的时间不得少于20学时。

（3）培训的内容

1）厂（矿）级岗前安全培训应当包括以下内容：

①本单位安全生产情况及安全生产基本知识。

②本单位安全生产规章制度和劳动纪律。

③从业人员安全生产权利和义务。

④有关事故案例等。

煤矿、非煤矿山、危险化学品、烟花爆竹等企业厂（矿）级安全培训除包括上述内容外，应当增加事故应急救援、事故应急预案演练及防范措施等内容。

2）车间（工段、区、队）级岗前安全培训应当包括以下内容：

①工作环境及危险因素。

②所从事工种可能遭受的职业伤害和伤亡事故。

③所从事工种的安全职责、操作技能及强制性标准。

④自救互救、急救方法、疏散和现场紧急情况的处理。

⑤安全设备设施、劳动防护用品的使用和维护。

⑥本车间（工段、区、队）安全生产状况及规章制度。

⑦预防事故和职业危害的措施及应注意的安全事项。
⑧有关事故案例。
⑨其他需要培训的内容。
3)班组级岗前安全培训应当包括以下内容：
①岗位安全操作规程。
②岗位之间工作衔接配合的安全与职业卫生事项。
③有关事故案例。
④其他需要培训的内容。

从业人员在企业内调整工作岗位或离岗一年以上重新上岗时，应当重新接受车间（工段、区、队）级和班组级的安全培训。企业实施新工艺、新技术或者使用新设备、新材料时，应当对有关从业人员重新进行有针对性的安全培训。

企业的特种作业人员，必须按照国家有关法律、法规的规定接受专门的安全培训，经考核合格，取得特种作业操作证后，方可上岗作业。

🎯 9.3 特种作业人员安全技术培训考核

9.3.1 基本要求

(1) 培训考核工作原则

根据《特种作业人员安全技术培训考核管理规定》，特种作业人员的安全技术培训、考核、发证、复审工作实行统一监管、分级实施、教考分离的原则。特种作业是指容易发生事故，对操作人员本人、他人的安全健康及设备设施的安全可能造成重大危害的作业。特种作业共11个作业类别、51个工种，具体可查询参阅《特种作业人员安全技术培训考核管理规定》的附件《特种作业目录》。这些特种作业具备以下特点：一是独立性，有独立的岗位，由专人操作，操作人员必须具备一定的安全生产知识和技能；二是危险性，作业危险性较大，如果操作不当，容易对操作人员本人、他人或物造成伤害，甚至发生重大伤亡事故；三是特殊性，从事特种作业的人员不能很多，总体上讲，每个类别的特种作业人员一般不超过该行业或领域全体从业人员的30%。

（2）特种作业人员

特种作业人员是指直接从事特种作业的从业人员，应当符合下列条件：

1）年满18周岁，且不超过国家法定退休年龄。

2）经社区或者县级以上医疗机构体检健康合格，并无妨碍从事相应特种作业的器质性心脏病、癫痫病、美尼尔氏症、眩晕症、癔病、震颤麻痹症、精神病、痴呆症以及其他疾病和生理缺陷。

3）具有初中及以上文化程度（危险化学品特种作业人员应当具备高中或者相当于高中及以上文化程度）。

4）具备必要的安全技术知识与技能。

5）相应特种作业规定的其他条件。

特种作业人员必须经专门的安全技术培训并考核合格，取得特种作业操作证后，方可上岗作业。

（3）监督管理

国务院安全生产监督管理部门指导、监督全国特种作业人员的安全技术培训、考核、发证、复审工作；省（自治区、直辖市）人民政府安全生产监督管理部门指导、监督本行政区域特种作业人员的安全技术培训工作，负责本行政区域特种作业人员的考核、发证、复审工作；县级以上地方人民政府安全生产监督管理部门负责监督检查本行政区域特种作业人员的安全技术培训和持证上岗工作。

国家煤矿安全监察局指导、监督全国煤矿特种作业人员（含煤矿矿井使用的特种设备作业人员）的安全技术培训、考核、发证、复审工作；省（自治区、直辖市）人民政府负责煤矿特种作业人员考核发证工作的部门或者指定的机构指导、监督本行政区域煤矿特种作业人员的安全技术培训工作,负责本行政区域煤矿特种作业人员的考核、发证、复审工作。

省(自治区、直辖市)人民政府安全生产监督管理部门和负责煤矿特种作业人员考核发证工作的部门或者指定的机构(以下统称考核发证机关)可以委托设区的市人民政府安全生产监督管理部门和负责煤矿特种作业人员考核发证工作的部门或者指定的机构实施特种作业人员的考核、发证、复审工作。

对特种作业人员安全技术培训、考核、发证、复审工作中的违法行为,任何单位和个人均有权向国务院安全生产监督管理部门、煤矿安全监察局和省(自治区、直辖市)及设区的市人民政府安全生产监督管理部门、负责煤矿特种作业人员考核发证工作的部门或者指定的机构举报。

9.3.2 培训

特种作业人员应当接受与其所从事的特种作业相应的安全技术理论培训和实际操作培训。已经取得职业高中、技工学校及中专以上学历的毕业生从事与其所学专业相应的特种作业,持学历证明经考核发证机关同意,可以免予相关专业的培训。跨省(自治区、直辖市)从业的特种作业人员,可以在户籍所在地或者从业所在地参加培训。

对特种作业人员的安全技术培训,具备安全培训条件的企业应当以自主培训为主,也可以委托具备安全培训条件的机构进行培训。不具备安全培训条件的企业,应当委托具备安全培训条件的机构进行培训。企业委托其他机构进行特种作业人员安全技术培训的,保证安全技术培训的责任仍由本单位负责。

从事特种作业人员安全技术培训的机构(以下统称培训机构),应当编制相应的培训计划、教学安排,并按照相关部门制定的特种作业人员培训大纲和煤矿特种作业人员培训大纲进行特种作业人员的安全技术培训。

9.3.3 考核取证

特种作业人员的考核包括考试和审核两部分。考试由考核发证机关或其委托的单位负责，审核由考核发证机关负责。国务院安全生产监督管理部门、煤矿安全监察局分别制定特种作业人员、煤矿特种作业人员的考核标准，并建立相应的考试题库。考核发证机关或其委托的单位应当按照国务院安全生产监督管理部门、煤矿安全监察局统一制定的考核标准进行考核。

参加特种作业操作资格考试的人员，应当填写考试申请表，由申请人或者申请人的用人单位持学历证明或者培训机构出具的培训证明向申请人户籍所在地或者从业所在地的考核发证机关或其委托的单位提出申请。考核发证机关或其委托的单位收到申请后，应当在60日内组织考试。特种作业操作资格考试包括安全技术理论考试和实际操作考试两部分。考试不及格的，允许补考1次。经补考仍不及格的，重新参加相应的安全技术培训。

考核发证机关委托承担特种作业操作资格考试的单位应当具备相应的场所、设施、设备等条件，建立相应的管理制度，并公布收费标准等信息。考核发证机关或其委托承担特种作业操作资格考试的单位，应当在考试结束后10个工作日内公布考试成绩。符合规定并经考试合格的特种作业人员，应当向其户籍所在地或者从业所在地的考核发证机关申请办理特种作业操作证，并提交身份证复印件、学历证书复印件、体检证明、考试合格证明等材料。

收到申请的考核发证机关应当在5个工作日内完成对特种作业人员所提交申请材料的审查，作出受理或者不予受理的决定。能够当场作出受理决定的，应当当场作出受理决定；申请材料不齐全或者不符合要求的，应当当场或者在5个工作日内一次告知申请人需要补正的全部内容，逾期不告知的，视为自收到申请材料之日起即已受理。对已经受理的申请，考核发证机关应当在20个工作日内完成审核工作。符合条件的，颁发特种作业操作证；不符合条件的，应当说明理由。

特种作业操作证有效期为6年，在全国范围内有效。特种作业操作证由国务院安全生产监督管理部门统一式样、标准及编号。特种作业操作证遗失的，应当向原考核发证机关提出书面申请，经原考核发证机关审查同意后，予以补发。特种作业操作证所记载的信息发生变化或者损毁的，应当向原考核发证机关提出书面申请，经原考核发证机关审查确认后，予以更换或者更新。

9.3.4 复审

特种作业操作证每3年复审1次。特种作业人员在特种作业操作证有效期内，连续从事本工种10年以上，严格遵守有关安全生产法律、法规的，经原考核发证机关或者从业所在地考核发证机关同意，特种作业操作证的复审时间可以延长至每6年1次。

特种作业操作证需要复审的，应当在期满前60日内，由申请人或者申请人的用人单位向原考核发证机关或者从业所在地考核发证机关提出申请，并提交以下材料：社区或者县级以上医疗机构出具的健康证明，从事特种作业的情况，安全培训考试合格记录。

特种作业操作证有效期届满需要延期换证的，应当按照规定申请延期复审。特种作业操作证申请复审或者延期复审前，特种作业人员应当参加必要的安全培训并考试合格。安全培训时间不少于8学时，主要培训法律、法规、标准、事故案例和有关新工艺、新技术、新装备等知识。

申请复审的，考核发证机关应当在收到申请之日起20个工作日内完成复审工作。复审合格的，由考核发证机关签章、登记，予以确认；不合格的，说明理由。申请延期复审的，经复审合格后，由考核发证机关重新颁发特种作业操作证。
特种作业人员有下列情形之一的,复审或者延期复审不予通过:
(1) 健康体检不合格的。
(2) 违章操作造成严重后果或者有 2 次以上违章行为,并经查证确实的。
(3) 有安全生产违法行为,并给予行政处罚的。
(4) 拒绝、阻碍安全监管监察部门监督检查的。
(5) 未按规定参加安全培训,或者考试不合格的。
(6) 具有按规定应当依法被撤销操作证的情形的。
特种作业操作证复审或者延期复审符合上述第(2)项至第(5)项情形的,按照规定经重新安全培训考试合格后,再办理复审或者延期复审手续。再复审、延期复审仍不合格,或者未按期复审的,特种作业操作证失效。申请人对复审或者延期复审有异议的,可以依法申请行政复议或者提起行政诉讼。

9.3.5 特种作业操作证的管理和法律责任

(1) 特种作业操作证的管理
有下列情形之一的,考核发证机关应当撤销特种作业操作证:
1) 超过特种作业操作证有效期未延期复审的。
2) 特种作业人员的身体条件已不适合继续从事特种作业的。
3) 对发生生产安全事故负有责任的。
4) 特种作业操作证记载虚假信息的。
5) 以欺骗、贿赂等不正当手段取得特种作业操作证的。
有下列情形之一的,考核发证机关应当注销特种作业操作证:
1) 特种作业人员死亡的。
2) 特种作业人员提出注销申请的。
3) 特种作业操作证被依法撤销的。
离开特种作业岗位 6 个月以上的特种作业人员,应当重新进行实际操作考试，经确认合格后方可上岗作业。

企业应当加强对本单位特种作业人员的管理，建立、健全特种作业人员培训、复审档案，做好申报、培训、考核、复审的组织工作和日常的检查工作。特种作业人员在劳动合同期满后变动工作单位的，原工作单位不得以任何理由扣押其特种作业操作证。跨省（自治区、直辖市）从业的特种作业人员，应当接受从业所在地考核发证机关的监督管理。

企业不得印制、伪造、倒卖特种作业操作证，或者使用非法印制、伪造、倒卖的特种作业操作证。特种作业人员不得伪造、涂改、转借、转让、冒用特种作业操作证或者使用伪造的特种作业操作证。

（2）相关法律责任

企业未建立、健全特种作业人员档案的，给予警告，并处1万元以下的罚款。

企业使用未取得特种作业操作证的特种作业人员上岗作业的，责令限期改正；可以处5万元以下的罚款；逾期未改正的，责令停产停业整顿，并处5万元以上10万元以下的罚款，对直接负责的主管人员和其他直接责任人员处1万元以上2万元以下的罚款。煤矿企业使用未取得特种作业操作证的特种作业人员上岗作业的，依照《国务院关于预防煤矿生产安全事故的特别规定》的规定处罚。

企业非法印制、伪造、倒卖特种作业操作证，或者使用非法印制、伪造、倒卖的特种作业操作证的，给予警告，并处1万元以上3万元以下的罚款；构成犯罪的，依法追究刑事责任。

特种作业人员伪造、涂改特种作业操作证或者使用伪造的特种作业操作证的，给予警告，并处1 000元以上5 000元以下的罚款。特种作业人员转借、转让、冒用特种作业操作证的，给予警告，并处2 000元以上1万元以下的罚款。

9.4　企业班组安全教育培训

9.4.1　安全教育培训的目的

（1）统一思想，提高认识

通过教育，把企业从业人员的思想统一到"安全第一、预防为主、综合治理"的方针上来，使企业的经营管理者和各级领导真正把安全摆在第一位，在从事企业生产经营管理活动中坚持"五同时"的基本原则；使广大从业人员认识安全生产的重要性，从"要我安全"向"我要安全""我会安全"转变，做到"三不伤害"，即"我不伤害自己，我不伤害他人，我不被他人伤害"；提高企业自觉抵制"三违"现象的能力。

（2）提高企业的安全管理水平

安全管理包括对全体从业人员的安全管理，对设备设施的安全技术管理和对作业环境的劳动卫生管理。安全教育培训可提高各级领导干部的安全生产政策水平，掌握有关安全生产法规、制度，学习应用先进的安全管理方法、手段，提高全体从业人员在各自工作范围内对设备设施和作业环境的安全管理能力。

（3）提高全体从业人员的安全知识水平和安全技能

安全知识包括对生产活动中存在的各类危险因素和危险源的辨识、分析、预防、控制知识。安全技能包括安全操作的技巧、紧急状态下应变能力以及事故状态下急救、自救和处理能力。安全教育培训可使广大从业人员掌握安全知识，提高安全操作水平，发挥自防自控的自我保护及相互保护作用，有效地防止事故发生。

鉴于企业经济实力和科技水平，设备设施的安全状态尚未达到本质安全的程度，坚持不断地进行安全教育培训，减少和控制人的不安全行为，就显得尤为重要。

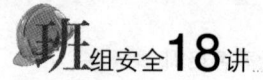

9.4.2 安全教育培训的内容

安全教育培训的内容主要包括思想教育、法制教育、知识教育和技能训练。

思想教育主要是安全生产方针政策教育、形势任务教育和重要意义教育等。形式多样、丰富多彩的安全教育培训可使各级领导牢固地树立起"安全第一"的思想，正确处理各自业务范围内安全与生产、安全与效益的关系，主动采取事故预防措施；同时提高全体从业人员的安全意识，激励其安全动机，自觉采取安全措施。

法制教育主要是法律法规教育、执法守法教育、权利义务教育等。法制教育可使企业的各级领导和全体从业人员知法、懂法、守法，以法规为准绳约束自己，履行自己的义务；以法规为武器维护自己的权利。

知识教育主要是安全管理、安全技术和劳动卫生知识教育。知识教育可使企业的经营管理者和各级领导了解和掌握安全生产规律，熟悉自己业务范围内必需的安全管理理论和方法及相关的安全技术、劳动卫生知识，提高安全管理水平；使全体从业人员掌握各自必要的安全科学技术，提高企业的整体安全素质。

技能训练主要是针对各个不同岗位或工种的工人所必需的安全生产方法和手段的训练，如安全操作技能训练、危险预知训练、紧急状态事故处理训练、自救互救训练、消防演练、逃生救生训练等。技能训练可使从业人员掌握必备的安全生产技能与技巧。

9.4.3 安全教育培训的形式

安全教育培训方法与一般教学方法一样，多种多样，各有特点。在实际应用中，要根据培训内容和培训对象灵活选择。安全教育培训可采用讲授法、实际操作演练法、案例研讨法、读书指导法、宣传娱乐法等。

安全教育培训应利用各种教育形式和教育手段，以生动活泼的方式，来实现安全生产目标。安全教育培训形式大体可分为以下几种：

(1) 广告式

广告式包括安全广告、标语、宣传画、标志、展览、黑板报等形式。它以精练的语言、醒目的方式，在醒目的地方展示，提醒人们注意安全和怎样才能安全。

(2) 演讲式

演讲式包括教学、讲座、讲演、经验介绍、现身说法、演讲比赛等形式。它可以是系统教学，也可以是专题讨论，用以丰富人们的安全知识，提高对安全生产的重视程度。

(3) 会议讨论式

会议讨论式包括事故现场分析会、班前班后会、专题座谈会等，以集体讨论的形式，使与会者在参与过程中进行自我教育。

(4) 竞赛式

竞赛式包括口头、书面知识竞赛，安全、消防技能竞赛，其他各种安全教育培训活动评比等。竞赛式可激发人们学安全、懂安全、会安全的积极性，促使从业人员在竞赛活动中树立"安全第一"的思想，丰富安全知识，掌握安全技能。

(5) 声像式

用电影、录像等现代手段，使安全教育培训寓教于乐。声像式主要有安全方面的广播、电影、电视、录像等。

(6) 文艺演出式

以安全为题材编写和演出的相声、小品、话剧等文艺演出的教育形式。

(7) 学历教育

利用国家或企业办的大学、中专、技校，开办安全工程专业，或将安全课程渗透于其他专业学科。

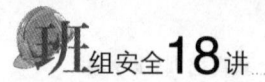

9.4.4 班组常见几种重要的安全教育制度

要搞好企业及其班组的安全教育,实现教育目的,必须建立、健全一整套安全教育制度。目前,我国企业中涉及班组所建立的安全教育制度主要有三级安全教育、特种作业人员安全教育、复工教育、安全员教育、班组长教育、工人复训教育等制度,以及相应的安全教育管理制度。

(1) 三级安全教育制度

这是企业安全教育的基本制度。教育对象是新进厂人员,包括新进厂的工人、干部、学徒工、临时工、合同工、季节工、代培人员和实习人员。三级安全教育是指厂级安全教育、车间级安全教育和班组级安全教育。

三级安全教育的有关人员和内容与时间等要求,详见本讲第二节。

(2) 特种作业人员安全教育制度

特种作业是指容易发生事故,对操作者本人、他人的安全健康及设备设施的安全可能造成重大危害的作业。

特种作业人员在劳动过程中担负着特殊任务,所承担的风险较大,一旦发生事故,便会给企业生产、人员生命安全带来较大损失。因此,对特种作业人员必须坚持进行专门的安全技术知识教育和安全操作技术训练,并经严格的考试。考试合格并取得特种作业安全操作许可证者,方可上岗工作。

特种作业人员的安全教育,一般采取按专业分批集中脱产、集体授课的方式。教育内容则根据不同工种、专业的具体特点和要求而定,但都应包括理论学习和实际训练两大部分。企业要建立特种作业人员安全教育卡档案。特种作业人员经理论及操作考试合格后,到有关部门办理领取操作证手续。之后,按国家规定定期履行复审手续。

特种作业人员培训考核相关管理内容,详见本讲第三节。

(3) 复工教育

复工教育包括工伤复工教育和离岗复工教育。从业人员因工负伤痊愈之后复工,必须到本企业安全管理机构接受复工教育,熟悉岗位工作情况,进一步吸取事故教训,稳定思想情绪,安全上岗。从业人员较长时间离开工作岗位,由于工作环境可能改变,或操作技术生疏,需要由所在车间会同安全技术人员进行一定的复工教育。离岗3个月以上6个月以下复工者,要重新进行岗位安全教育;离岗6个月以上复工者,重新进行车间、岗位安全教育。

(4) 全员安全教育

这是面向企业全体从业人员的定期安全教育,目的是全面落实企业的安全生产责任制,贯彻党和国家的安全生产方针、政策、法规、标准,不断增强"安全第一、预防为主、综合治理"的思想,提高从业人员的安全知识水平和安全技术素质。

(5) 安全教育管理制度

为了按计划、有步骤地进行全员安全教育,保证教育质量,取得好的教育效果,真正有助于提高从业人员的安全意识和安全技术素质,就要做好安全教育管理工作。该项制度包括以下内容:

1) 结合企业实际情况,编制企业年度安全教育计划,每个季度应有教育重点,每月要有教育内容。计划要有明确的针对性,要适应企业安全生产的特点和需要。

2) 严格按制度进行教育对象的登记、培训、考核、发证、资料存档等工作,环环相扣、层层把关。坚决做到不经培训者、考试(核)不合格者、没有安全教育部门签发的合格证者,不准上岗工作。

3) 要有相对稳定的教育培训大纲、培训教材和培训师资,确保教育时间和教学质量。

4) 经常监督检查,认真查处未经培训就上岗操作和特种作业人员无证操作的责任单位和责任人员。

第 10 讲

劳动防护用品和安全标志、职业病危害警示标识

当作业现场劳动安全卫生技术措施尚不能消除生产劳动过程中的危险、有害因素，达不到国家标准、行业标准及有关规定，也暂时无法进行技术改造时，使用劳动防护用品就成为既能完成生产劳动任务，又能保障从业人员安全与健康的唯一手段。根据《安全生产法》的规定，企业应按照有关规定和工作场所的安全风险特点，在有重大危险源、较大危险因素和严重职业病危害因素的工作场所，设置明显的、符合有关规定要求的安全标志和职业病危害警示标识。

在生产一线的班组，不仅要根据法律、法规的要求配备劳动防护用品，设置安全标志、职业病危害警示标识，还要按照企业的要求，依法依规地做好相应的维护和管理工作，使其能够发挥应有的安全防护功能。

10.1 劳动防护用品的分类

10.1.1 劳动防护用品及其特点

劳动防护用品是指由企业为从业人员配备的，使其在劳动过程中免遭或者减轻事故伤害及职业危害的个体防护装备。劳动防护用品是保护从业人员安全与健康必不可少的辅助措施，是防止从业人员受到职业毒害和伤害的最后一项有效措施。同时，劳动防护用品

与从业人员的福利待遇以及防护产品质量、产品卫生和生活卫生需要的非防护性工作用品有着原则性的区别。具体来说，劳动防护用品具有以下3个特点：

(1) 特殊性

劳动防护用品不同于一般的商品，是保障从业人员安全与健康的特殊用品，企业必须按照国家和省、市劳动防护用品有关标准进行选择和发放。尤其是特种劳动防护用品，因其具有特殊的防护功能，国家在生产、使用、购买等环节中都有严格的要求。

(2) 适用性

劳动防护用品的适用性既包括防护用品选择的适用性，也包括使用的适用性。选择的适用性是指必须根据不同的工种和作业环境以及使用者的自身特点等选用合适的防护用品。例如，耳塞和防噪声帽有大小型号之分，如果选择的型号太小，就无法很好地起到防护噪声的作用。使用的适用性是指防护用品须在进入工作岗位时使用，这不仅要求产品的防护性能可靠，确保使用者的安全，而且还要求产品适用性能好、方便、灵活，使用者乐于使用。因此，结构较复杂的防护用品，生产厂家应经过一定时间试用，对其适用性及推广应用价值进行科学评价后才能投产销售。

(3) 时效性

防护用品均有一定的使用寿命。例如，橡胶类、塑料等制品，长时间受紫外线及冷热温度影响会逐渐老化而易折断。有些护目镜和面罩，受光线照射和擦拭，或者受空气中酸、碱蒸气的腐蚀，镜片的透光率会逐渐下降而失去使用价值。绝缘鞋（靴）、防静电鞋和导电鞋等，随着鞋底的磨损，电学性能将会改变。一些防护用品的零件长期使用会磨损，影响力学性能。有些防护用品的保存条件也会影响其使用寿命，如温度及湿度等。

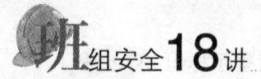

10.1.2 劳动防护用品具体分类

（1）按人体保护部位分类

《劳动防护用品分类与代码》（LD/T 75—1995）实行以人体保护部位划分的分类标准，将劳动防护用品分为头部防护用品、呼吸器官防护用品、眼（面）部防护用品、听觉器官防护用品、手部防护用品、足部防护用品、躯干防护用品、护肤用品、防坠落用品 9 大类。

1）头部防护用品包括一般防护服、安全帽、防尘帽、防静电帽等。

2）呼吸器官防护用品包括防尘口罩和防毒面罩。

3）眼（面）部防护用品包括防护眼镜和防护面罩。

4）听觉器官防护用品包括耳塞、耳罩和防噪声头盔等。

5）手部防护用品包括一般防护手套、防水手套、防寒手套、防毒手套、防静电手套、防高温手套、防 X 射线手套、防酸（碱）手套、防振手套、防切割手套、绝缘手套等。

6）足部防护用品包括防尘鞋、防水鞋、防寒鞋、防静电鞋、防酸（碱）鞋、防油鞋、防烫脚鞋、防滑鞋、防刺穿鞋、电绝缘鞋、防振鞋等。

7）躯干防护用品包括一般防护服、防水服、防寒服、防砸背心、防毒服、阻燃服、防静电服、防高温服、防电磁辐射服、耐酸（碱）服、防油服、水上救生衣、防昆虫服、防风沙服等。

8）护肤用品可分为防毒护肤用品、防腐护肤用品、防射线护肤用品、防油漆护肤用品等。

9）防坠落用品包括安全带和安全网。

（2）按防御的职业病危害因素分类

根据《用人单位劳动防护用品管理规范》，劳动防护用品分为以下 10 大类：

1) 防御物理、化学和生物危险、有害因素对头部伤害的头部防护用品。

2) 防御缺氧空气和空气污染物进入呼吸道的呼吸防护用品。

3) 防御物理和化学危险、有害因素对眼面部伤害的眼面部防护用品。

4) 防噪声危害及防水、防寒等的听力防护用品。

5) 防御物理、化学和生物危险、有害因素对手部伤害的手部防护用品。

6) 防御物理和化学危险、有害因素对足部伤害的足部防护用品。

7) 防御物理、化学和生物危险、有害因素对躯干伤害的躯干防护用品。

8) 防御物理、化学和生物危险、有害因素损伤皮肤或引起皮肤疾病的护肤用品。

9) 防止高处作业从业人员坠落或者高处落物伤害的坠落防护用品。

10) 其他防御危险、有害因素的劳动防护用品。

10.2 劳动防护用品管理

依据《用人单位劳动防护用品管理规范》和其他法律、法规的规定，企业应当依法为从业人员提供劳动防护用品，采取保障从业人员安全与健康的辅助性、预防性措施，不得以劳动防护用品替代工程防护设施和其他技术、管理措施。

10.2.1 劳动防护用品管理要求

（1）企业应当健全管理制度，加强劳动防护用品配备、发放、使用等管理工作。

（2）企业应当安排专项经费用于配备劳动防护用品，不得以货币或者其他物品替代。该项经费计入生产成本，据实列支。

（3）企业应当为从业人员提供符合国家标准或者行业标准的劳动防护用品。使用进口的劳动防护用品，其防护性能不得低于我国相关标准。

（4）从业人员在作业过程中，应当按照规章制度和劳动防护用品使用规则，正确佩戴和使用劳动防护用品。

（5）企业使用的劳务派遣工、接纳的实习学生应当纳入本单位人员统一管理，并配备相应的劳动防护用品。对处于作业地点的其他外来人员，必须按照与进行作业的从业人员相同的标准，正确佩戴和使用劳动防护用品。

10.2.2　劳动防护用品的选用

（1）企业劳动防护用品选择程序和依据

企业应按照识别、评价、选择的程序，结合从业人员作业方式和工作条件，并考虑其个人特点及劳动强度，选择防护功能和效果适用的劳动防护用品。劳动防护用品选择程序如图10-1所示。

1）接触粉尘、有毒有害物质的从业人员应当根据不同粉尘种类、粉尘浓度及游离二氧化硅含量和毒物的种类及浓度配备相应的呼吸器（详见表10-1）、防护服、防护手套和防护鞋等。具体可参照《呼吸防护　自吸过滤式防颗粒物呼吸器》（GB 2622—2019）、《呼吸防护用品的选择、使用与维护》（GB/T 18664—2002）、《防护服装　化学防护服的选择、使用和维护》（GB/T 24536—2009）、《手部防护　防护手套的选择、使用和维护指南》（GB/T 29512—2013）和《个体防护装备　足部防护鞋（靴）的选择、使用和维护指南》（GB/T 28409—2012）等标准。

2）接触噪声的从业人员，当暴露于80 dB$\leqslant L_{\text{EX,8h}}<$85 dB的工作场所时，企业应当根据从业人员需求为其配备适用的护听器；当

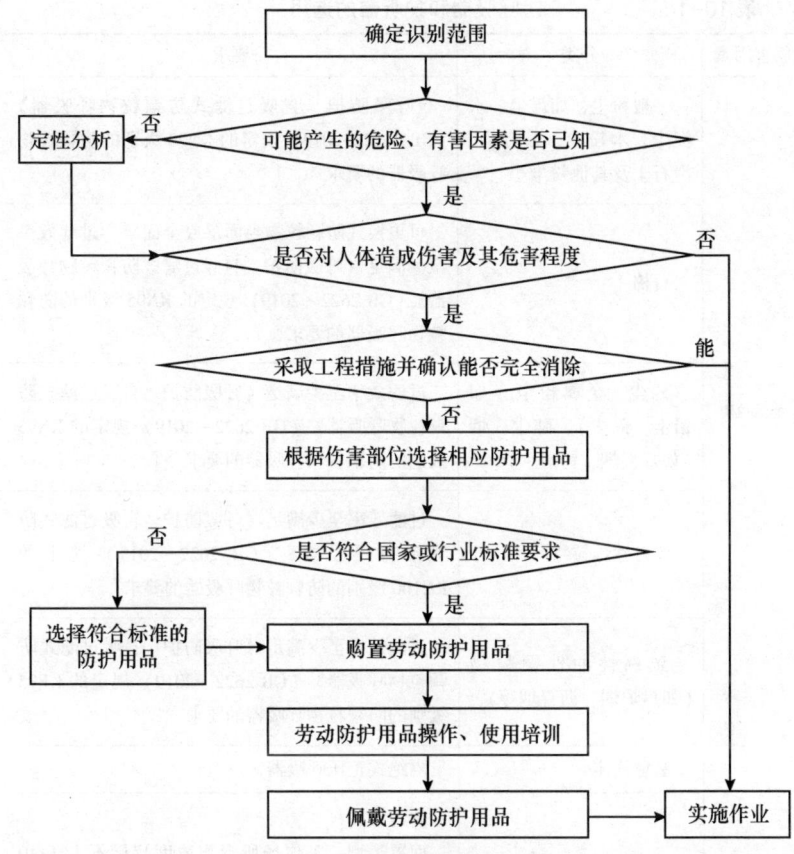

图 10-1 劳动防护用品选择程序

暴露于 $L_{EX,8h} \geqslant 85$ dB 的工作场所时,企业必须为从业人员配备适用的护听器,并指导从业人员正确佩戴和使用(详见表 10-1)。具体可参照《护听器的选择指南》(GB/T 23466—2009)。

3)工作场所中存在电离辐射危害的,经危害评价确认从业人员须佩戴劳动防护用品的,企业可参照电离辐射的相关标准及《个体防护装备配备基本要求》(GB/T 29510—2013)为从业人员配备劳动防护用品,并指导从业人员正确佩戴和使用。

表 10-1　　　　　　　　呼吸器和护听器的选用

危害因素	分类	要求
颗粒物	一般粉尘，如煤尘、水泥尘、木粉尘、云母尘、滑石尘及其他粉尘	《呼吸防护　自吸过滤式防颗粒物呼吸器》（GB 2622—2019）规定的 KN90 级别的防颗粒物呼吸器的要求
	石棉	可更换式防颗粒物半面罩或全面罩，过滤效率至少满足《呼吸防护　自吸过滤式防颗粒物呼吸器》（GB 2622—2019）规定的 KN95 级别的防颗粒物呼吸器的要求
	矽尘、金属粉尘（如铅尘、镉尘）、砷尘、烟（如焊接烟、铸造烟）	过滤效率至少满足《呼吸防护　自吸过滤式防颗粒物呼吸器》（GB 2622—2019）规定的 KN95 级别的防颗粒物呼吸器的要求
	放射性颗粒物	过滤效率至少满足《呼吸防护　自吸过滤式防颗粒物呼吸器》（GB 2622—2019）规定的 KN100 级别的防颗粒物呼吸器的要求
	致癌性油性颗粒物（如焦炉烟、沥青烟等）	过滤效率至少满足《呼吸防护　自吸过滤式防颗粒物呼吸器》（GB 2622—2019）规定的 KP95 级别的防颗粒物呼吸器的要求
化学物质	窒息气体	隔绝式正压呼吸器
	无机气体、有机蒸气	防毒面具 面罩类型：工作场所毒物浓度超标不大于 10 倍，使用送风或自吸过滤半面罩；工作场所毒物浓度超标不大于 100 倍，使用送风或自吸过滤全面罩；工作场所毒物浓度超标大于 100 倍，使用隔绝式或送风过滤全面罩
	酸、碱性溶液、蒸气	防酸碱面罩、防酸碱手套、防酸碱服、防酸碱鞋
噪声	从业人员暴露于工作场所 $80\ dB \leq L_{EX,8h} < 85\ dB$ 的	企业应根据从业人员需求为其配备适用的护听器

续表

危害因素	分类	要求
噪声	从业人员暴露于工作场所 $L_{EX,8h} \geq 85$ dB 的	企业应为从业人员配备适用的护听器，并指导从业人员正确佩戴和使用。从业人员暴露于工作场所 $L_{EX,8h}$ 为 85~95 dB 的，应选用护听器 SNR（单值噪声降低数）为 17~34 dB 的耳塞或耳罩；从业人员暴露于工作场所 $L_{EX,8h} \geq 95$ dB 的，应选用护听器 SNR≥34 dB 的耳塞、耳罩或者同时佩戴耳塞和耳罩，耳塞和耳罩组合使用时的声衰减值，可按二者中较高的声衰减值增加 5 dB 估算

4）从事存在物体坠落、碎屑飞溅、转动机械等作业的从业人员，企业还可参照《个体防护装备选用规范》（GB/T 11651—2008）、《头部防护 安全帽选用规范》（GB/T 30041—2013）和《坠落防护装备安全使用规范》（GB/T 23468—2009）等标准，为从业人员配备适用的劳动防护用品。

（2）劳动防护用品选择的其他要求

1）同一工作地点存在不同种类的危险、有害因素时，应当为从业人员同时提供防御各类危害的劳动防护用品。需要同时配备的劳动防护用品，还应考虑其可兼容性。

2）从业人员在不同地点工作，并接触不同的危险、有害因素，或接触不同危害程度的危险、有害因素时，为其选配的劳动防护用品应满足不同工作地点的防护需求。

3）劳动防护用品的选择还应当考虑其佩戴的合适性和基本舒适性，根据个人特点和需求选择适合型号、式样。

4）企业应当在可能发生急性职业损伤的有毒有害工作场所配备应急劳动防护用品，放置于现场临近位置并设置醒目标识。

5）企业应当为巡检等流动性作业的从业人员配备随身携带的个人应急防护用品。

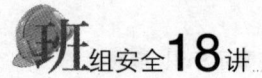

10.2.3 劳动防护用品的采购、发放、培训及使用

(1) 企业应当根据工作场所中存在的危险、有害因素种类及危害程度、劳动环境条件、劳动防护用品有效使用时间制定适合本单位的劳动防护用品配备标准,具体见表 10-2。

表 10-2　　　　企业劳动防护用品配备标准

岗位/工种	作业者数量	危险、有害因素类别	危险、有害因素浓度/强度	配备的防护用品种类	防护用品型号/级别	防护用品发放周期	呼吸器过滤元件更换周期

(2) 企业应当根据劳动防护用品配备标准制订采购计划,购买符合标准的合格产品。

(3) 企业应当查验并保存劳动防护用品检验报告等质量证明文件的原件或复印件。

(4) 企业应当按照本单位制定的配备标准发放劳动防护用品,并做好登记,具体见表 10-3。

表 10-3　　　　劳动防护用品发放登记表

单位/车间:

序号	岗位/工种	员工姓名	防护用品名称	型号	数量	领用人签字	备注

发放人:　　　　日期:　　年　　月　　日

(5) 企业应当对从业人员进行劳动防护用品使用、维护等专业知识的培训。

(6) 企业应当督促从业人员在使用劳动防护用品前，对劳动防护用品进行检查，确保外观完好、部件齐全、功能正常。

(7) 企业应当定期对劳动防护用品的使用情况进行检查，确保从业人员正确使用。

10.2.4　劳动防护用品维护、更换及报废

(1) 劳动防护用品应当按照要求妥善保存，及时更换，保证其在有效期内。公用的劳动防护用品应当由车间或班组统一保管，定期维护。

(2) 企业应当对应急劳动防护用品进行经常性的维护、检修，定期检测劳动防护用品的性能和效果，保证其完好有效。

(3) 企业应当按照劳动防护用品发放周期定期发放，对工作过程中损坏的，企业应及时更换。

(4) 安全帽、呼吸器、绝缘手套等安全性能要求高、易损耗的劳动防护用品，应当按照有效防护功能最低指标和有效使用期，到期强制报废。

10.3　安全标志、职业病危害警示标识

10.3.1　安全标志及其使用

(1) 安全色

安全色是指用以传递安全信息含义的颜色，包括红、蓝、黄、绿4种颜色。

1) 红色。用以传递禁止、停止、危险或者提示消防设备设施的信息，如禁止标志等。

2）蓝色。用以传递必须遵守规定的指令性信息，如指令标志等。

3）黄色。用以传递注意、警告的信息，如警告标志等。

4）绿色。用以传递安全的提示信息，如提示标志、车间内或工地内的安全通道等。

安全色普遍适用于公共场所、企业和交通运输、建筑、仓储等行业以及消防等领域所使用的信号和标志的表面颜色，但是不适用于灯光信号和航海、内河航运以及其他目的而使用的颜色。

（2）对比色

对比色是指使安全色更加醒目的反衬色，包括黑、白2种颜色。

安全色与对比色同时使用时，应按规定搭配使用。安全色的对比色见表10-4。

表10-4　　　　　　　安全色的对比色

安全色名称	对比色名称
红色	白色
蓝色	白色
黄色	黑色
绿色	白色

对比色使用时，黑色用于安全标志的文字、图形符号和警告标志的几何图形；白色作为安全标志红、蓝、绿色的背景色，也可用于安全标志的文字和图形符号；红色和白色、黄色和黑色间隔条纹，是两种较醒目的标示；红色与白色交替，表示禁止越过，如道路及禁止跨越的临边防护栏杆等；黄色与黑色交替，表示警告危险，如防护栏杆、吊车吊钩的滑轮架等。

（3）安全标志

安全标志是由安全色、几何图形和图形符号构成的，是用来表达特定安全信息的标记，分为禁止标志、警告标志、指令标志和提示标志4类。禁止标志的含义是禁止人们的不安全行为。警告标志的含义是提醒人们对周围环境引起注意，以避免可能发生的危险。指令标志的含义是强制人们必须做出某种动作或采取防范措施。提示标志的含义是向人们提供某种信息（如标明安全设施或场所等）。

（4）安全标志的使用与管理

《安全标志及使用导则》（GB 2894—2008）等规定了安全色、基本安全图形和符号，以及安全标志的使用与管理规定，详细请参阅国家标准有关内容。烟花爆竹等一些行业根据《安全标志及使用导则》的原则，还制定了有本行业特色的安全标志（图形或符号）。

10.3.2 职业病危害警示标识和告知卡管理

（1）职业病危害警示标识和告知卡

《职业病防治法》规定，产生职业病危害的用人单位，应当在醒目位置设置公告栏，公布有关职业病防治的规章制度、操作规程、职业病危害事故应急救援措施和工作场所职业病危害因素检测结果。对产生严重职业病危害的作业岗位，应当在其醒目位置，设置警示标识和中文警示说明。警示说明应当载明产生职业病危害的种类、后果、预防以及应急救治措施等内容。

向用人单位提供可能产生职业病危害的设备的，应当提供中文说明书，并在设备的醒目位置设置警示标识和中文警示说明。警示说明应当载明设备性能、可能产生的职业病危害、安全操作和维护注意事项、职业病防护以及应急救治措施等内容。向用人单位提供可能产生职业病危害的化学品、放射性同位素和含有放射性物质的材料的，应当提供中文说明书。说明书应当载明产品特性、主要成分、存在的有害因素、可能产生的危害后果、安全使用注意事项、职业病防护以及应急救治措施等内容。产品包装应当有醒目的警示标识和中文警示说明。储存上述材料的场所应当在规定的部位设置危险物品标识或者放射性警示标识。

工作场所（地点）是从业人员接触职业病危害最直接、最频繁的地点。企业工作场所（地点）中存在粉尘、毒物、噪声、高温、电离辐射以及有毒有害物质等职业病危害。因此，企业应当按照《工作场所职业病危害警示标识》（GBZ 158—2013）和《高毒物品作业岗位职业病危害告知规范》（GBZ/T 203—2007），结合企业存在的职业病危害实际情况，在醒目位置设置职业病危害警示标识、中文警示说明和职业病危害告知卡。

（2）职业病危害警示标识

职业病危害警示标识是指在工作场所中设置的可以提醒从业人员对职业病危害产生警觉并采取相应防护措施的图形标识、警示线、警示语句和文字说明以及组合使用的标识等。企业应在产生或存在职业病危害因素的工作场所、作业岗位、设备、材料（产品）包装、储存场所设置相应的警示标识。产生职业病危害的工作场所，应当在工作场所入口处及产生职业病危害作业岗位或设备附近的醒目位置设置警示标识。警示标识包括图形标识、警示语句、职业病危害告知卡等。

1）图形标识。根据《工作场所职业病危害警示标识》规定，图形标识分为禁止标识、警告标识、指令标识、提示标识和警示线，共5种。

①禁止标识。禁止不安全行为的图形，如禁止入内、禁止停留和禁止启动标识。

②警告标识。提醒注意周围环境，以避免可能发生危险的图形，如当心中毒、当心腐蚀、当心感染等标识。

③指令标识。强制做出某种动作或采用防范措施的图形，如戴防护镜、戴防毒面具、戴防尘口罩等标识。

④提示标识。提供相关安全信息的图形，如救援电话标识。

⑤警示线。警示线是界定和分隔危险区域的标识线，分为红色、黄色和绿色3种，见表10-5。按照实际需要，警示线可喷涂在地面或制成色带设置。

表 10-5　　　　　　警示线名称及图形符号

序号	名称及图形符号	设置范围和地点
1	红色警示线	高毒物品作业场所、放射作业场所、事故危害源的周边
2	黄色警示线	一般有毒物品作业场所、事故危害区域的周边
3	绿色警示线	事故现场救援区域的周边

生产、使用有毒物品工作场所应当设置黄色警示线。生产、使用高毒、剧毒物品工作场所应当设置红色警示线。警示线设在生产、使用有毒物品的车间周围外缘不少于 30 cm 处，警示线宽度不少于 10 cm。

室外、野外放射工作场所及室外、野外放射性同位素及其储存场所应设置相应警示线；开放性放射工作场所监督区设置黄色警示线，控制区设置红色警示线。

2) 警示语句。警示语句是一组表示禁止、警告、指令、提示或描述工作场所职业病危害的词语。警示语句可单独使用，也可与图形标识组合使用。基本警示语句见表 10-6。

3) 警示说明。使用可能产生职业病危害的化学品、放射性同位素和含有放射性物质的材料的，必须在使用岗位设置醒目的警示标识和中文警示说明，警示说明应当载明产品特性、主要成分、存在的有害因素、可能产生的危害后果、安全使用注意事项、职业病防护以及应急救治措施等内容。

使用可能产生职业病危害的设备的，除设置警示标识外，还应当在设备醒目位置设置中文警示说明。警示说明应当载明设备性能、

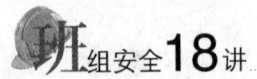

表 10-6　　　　　　　　基本警示语句

序号	语句内容	序号	语句内容
1	禁止入内	29	刺激皮肤
2	禁止停留	30	腐蚀性
3	禁止启动	31	遇湿具有腐蚀性
4	当心中毒	32	窒息性
5	当心腐蚀	33	剧毒
6	当心感染	34	高毒
7	当心弧光	35	有毒
8	当心辐射	36	有毒有害
9	注意防尘	37	遇湿分解放出有毒气体
10	注意高温	38	当心有毒气体
11	有毒气体	39	接触可引起伤害
12	噪声有害	40	皮肤接触可对健康产生危害
13	戴防护镜	41	对健康有害
14	戴防毒面具	42	接触可引起伤害和死亡
15	戴防尘口罩	43	麻醉作用
16	戴护耳器	44	当心眼损伤
17	戴防护手套	45	当心灼伤
18	穿防护鞋	46	强氧化性
19	穿防护服	47	当心中暑
20	注意通风	48	佩戴呼吸防护器
21	左行紧急出口	49	戴防护面具
22	右行紧急出口	50	戴防溅面具
23	直行紧急出口	51	佩戴射线防护用品
24	急救站	52	未经许可，不许入内
25	救援电话	53	不得靠近
26	刺激眼睛	54	不得越过此线
27	遇湿具有刺激性	55	泄险区
28	刺激性	56	不得触摸

可能产生的职业病危害、安全操作和维护注意事项、职业病防护以及应急救治措施等内容。

为企业提供可能产生职业病危害的设备或可能产生职业病危害的化学品、放射性同位素和含有放射性物质的材料的，应当依法在设备或者材料的包装上设置警示标识和中文警示说明。以甲醛为例，其职业危害中文警示说明见表10-7。

表10-7　　　　　　甲醛职业危害中文警示说明

甲醛	
分子式：HCHO　　相对分子质量：30.03	
理化特性	常温为无色、有刺激性气味的气体，沸点-19.5℃，能溶于水、醇、醚，水溶液称福尔马林，杀菌能力极强。15℃以下易聚合，置空气中氧化为甲酸
可能产生的危害后果	低浓度甲醛蒸气对眼、上呼吸道黏膜有强烈刺激作用，高浓度甲醛蒸气对中枢神经系统有毒性作用，可引起中毒性肺水肿。主要症状：眼痛流泪、喉痒及胸闷、咳嗽、呼吸困难、口腔糜烂、上腹痛、吐血、眩晕、恐慌不安、步态不稳，甚至昏迷。皮肤接触可引起皮炎、红斑、丘疹、瘙痒、组织坏死等
职业病危害防护措施	①使用甲醛设备应密闭，不能密闭的应加强通风排毒 ②注意个人防护，穿戴劳动防护用品 ③严格遵守安全操作规程
应急救治措施	①撤离现场，移至新鲜空气处，吸氧 ②皮肤黏膜损伤，立即用2%的碳酸氢钠（$NaHCO_3$）溶液或大量清水冲洗 ③立即与医疗急救单位联系抢救

（3）职业病危害告知卡

对产生严重职业病危害的作业岗位，除设置警示标识外，还应当按照《高毒物品作业岗位职业病危害告知规范》（GBZ/T 203—2007）的规定，在其醒目位置设置职业病危害告知卡（以下简称告知卡）。告知卡应当标明职业病危害因素名称、理化特性、健康危害、接触限值、防护措施、应急处理及急救电话、职业病危害因素检测结果及检测时间等。符合以下条件之一，即为产生严重职业病危害的作业岗位：

1）存在矽尘或石棉粉尘的作业岗位。

2）存在致癌、致畸等有害物质或者可能导致急性职业性中毒的作业岗位。

3）放射性危害作业岗位。

根据《高毒物品目录》的规定，存在《高毒物品目录》中化学毒物的工作场所也应当在醒目位置设置职业病危害告知卡。以苯为例，其职业病危害告知卡见表10-8。

表10-8　　　　　　　　苯职业病危害告知卡

有毒物品，对人体有害，请注意防护		
	健康危害	理化特性
苯 benzene	可吸入、经口和皮肤进入人体，大剂量会致人死亡，高浓度会引起嗜睡、眩晕、头痛、心跳加快、震颤、意识障碍和昏迷等，经口还会引起恶心、肠刺激等；长期接触会引起贫血、易出血、易感染，严重时会引起白血病和造血器官癌症	不溶于水，遇热、明火易燃烧、爆炸
	应急处理	
当心中毒 	急性中毒立即脱离现场至空气新鲜处，脱去污染的衣物，用肥皂水或清水冲洗污染的皮肤 立即与医疗急救单位联系	
	注意防护	

急救电话：120	职业卫生咨询电话：（此处填写真实电话号码）	

(4) 公告栏与职业病危害警示标识的设置与管理

1) 公告栏、中文警示说明和警示标识设置场所。公告栏和职业病危害警示标识的主要作用是使从业人员对职业病危害因素产生警觉，并自觉采取相应防护措施。企业职业卫生管理人员应熟悉掌握企业常见的职业病危害，掌握相应的职业病危害警示标识及如何设立。

①公告栏应设置在企业办公区域、工作场所入口处等方便从业人员观看的醒目位置。

②告知卡应设置在产生或存在严重职业病危害的作业岗位附近的醒目位置。

③企业多处场所都涉及同一职业病危害因素的，应在各工作场所入口处均设置相应的警示标识。

④工作场所内存在多个产生相同职业病危害因素的作业岗位的，临近的作业岗位可以共用警示标识、中文警示说明和告知卡。

⑤多个警示标识在一起设置时，应按禁止、警告、指令、提示类型的顺序，先左后右、先上后下排列。

⑥可能产生职业病危害的设备及化学品、放射性同位素和含放射性物质的材料（产品）包装上，可直接粘贴、印刷或者喷涂警示标识。

此外，公告栏和职业病危害警示标识设置的位置应具有良好的照明条件，不应设置在门窗上或可移动的物体上，且其前面不得放置妨碍认读的障碍物。

若工作场所出现了新的职业病危害因素，应判断是否需要增加新的警示标识。当国家或地方制定的工作场所职业病危害告知和警示规定发生变化时，应按照新的标准和要求设置警示标识。工作场所职业病危害告知和警示标识内容应列入企业职业卫生培训范围，职业卫生管理人员、从业人员均应了解和掌握相关内容，理解警示标识的含义和应对措施。

2）公告栏、告知卡和警示标识制作规格。公告栏和告知卡制作时应使用坚固材料，尺寸大小和内容应满足需要，内容通俗易懂、字迹清楚、颜色醒目，设置的高度应适合从业人员阅读。警示标识（不包括警示线）制作应选用坚固耐用、不易变形变质、阻燃的材料。有触电危险的工作场所则应使用绝缘材料。

警示标识的规格要求等按照《工作场所职业病危害警示标识》（GBZ 158—2003）执行，避免设置无效的警示标识。

3）公告栏与警示标识的维护与更换。公告栏和警示标识由于环境或人为影响，可能发生破损，公告栏内容和警示标识也会因相关工艺或国家标准变动需要及时更新，因此，职业卫生管理人员需要定期对其进行检查和更换，使从业人员掌握最新、最准确的职业病危害相关知识。

公告栏中公告内容发生变动后应及时更新，职业病危害因素检测结果应在收到检测报告之日起 7 日内更新。生产工艺发生变更时，应在工艺变更完成后 7 日内补充完善相应的公告内容与警示标识。

告知卡和警示标识应至少每半年检查一次，发现有破损、变形、变色、图形符号脱落等影响使用的问题时，应及时修整或更换。

企业应按照《国家安全监管总局办公厅关于印发职业卫生档案管理规范的通知》的要求，完善职业病危害告知与警示标识档案材料，并将其存放于本单位的职业卫生档案。

第 *11* 讲

班组作业现场安全检查

班组日常安全检查是按检查制度的规定,定时定期甚至每天都进行的、贯穿于生产过程的检查。在班组作业现场的安全检查,应本着突出重点的原则,对于危险性大、易发生事故、事故危害大的生产系统、部位、装置、设备等应加强检查,以查找事故隐患、排除危险因素。按照安全检查的类型及其内容,日常安全检查主要有车间安全员和安全生产技术人员的巡回检查。班组尤其是班组长、工会小组劳动保护检查员、班组安全员应该制定详细的检查程序和确定切实可行的方法。安全检查表经过实践证实,是安全检查中常用的一种方式方法,能够发现和排除生产过程中物的不安全状态和人的不安全行为,并对其加以控制。

11.1 安全检查的类型及其内容

安全检查是指对生产过程及安全管理中可能存在的隐患、危险与有害因素、缺陷等进行查证,以确定隐患或危险与有害因素、缺陷的存在状态及其转化为事故的条件,以便制定整改措施,消除隐患和危险与有害因素,确保生产安全。

安全检查是班组安全管理工作的重要内容,是消除隐患、防止事故发生、改善劳动条件的重要手段。安全检查可以发现生产班组作业现场在生产过程中的危险因素,以便有计划地制定纠正措施,保障生产安全。

11.1.1 安全检查的类型

(1) 定期安全检查

定期安全检查一般是通过有计划、有组织、有目的的形式来实现的,如年度安全检查、季度安全检查、月度安全检查、每周安全检查等。检查周期根据各单位实际情况确定。定期安全检查的面广,有深度,能及时发现并解决问题。

(2) 经常性安全检查

经常性安全检查则是采取个别的、日常的巡视方式来实现的。在施工(生产)过程中进行经常性安全检查,能及时发现隐患并消除,保障施工(生产)正常进行。

(3) 季节性及节假日前后安全检查

由各级生产单位根据季节变化,按事故发生的规律对易发的潜在危险,突出重点进行季节性安全检查,如冬季防冻保温、防火、防煤气中毒,夏季防暑降温、防汛、防雷电等检查。

由于节假日(特别是重大节日,如元旦、春节、劳动节、国庆节)前后容易发生事故,因而应进行有针对性的安全检查。

(4) 专业(项)安全检查

对危险较大的在用设备设施检查,对作业场所环境条件的管理性或监督性定量检测检验则属专业安全检查。专项安全检查是对某个专项问题或在施工(生产)中存在的普遍性安全问题进行的单项定性检查。

专业(项)安全检查具有较强的针对性和专业要求,用于检查难度较大的项目。专业(项)安全检查可发现潜在问题,研究整改对策,及时消除隐患,进行技术改造。

(5) 综合性安全检查

综合性安全检查一般是由主管部门对下属各企业或生产单位进行的全面综合性检查,必要时可组织进行系统的安全性评价。

(6) 不定期的职工代表巡视安全检查

由企业或车间工会负责人负责组织有关专业技术特长的职工代表进行巡视安全检查，重点查国家安全生产方针、法规的贯彻执行情况；查单位领导干部安全生产责任制的执行情况；查职工行使安全生产权利的情况；查事故原因、隐患整改情况；对责任者提出处理意见。此类检查可进一步强化各级领导安全生产责任制的落实，促进维护职工合法权益。

11.1.2 安全检查的内容

安全检查对象的确定应本着突出重点的原则，对于危险性大、易发生事故、事故危害大的生产系统、部位、装置、设备等应加强检查。一般应重点检查：易造成重大损失的易燃易爆危险物品、剧毒品、锅炉、压力容器、起重设备、运输设备、冶炼设备、电气设备、冲压机械、高处作业和本企业易发生工伤、火灾、爆炸等事故的设备、工种、场所及其作业人员；造成职业中毒或职业病的尘毒点及其作业人员；直接管理重要危险点和有害点的部门及其负责人。

安全检查的内容包括软件系统和硬件系统，具体主要是查思想、查管理、查隐患、查整改、查事故处理。

目前，对非矿山企业，国家有关规定要求强制性检查的项目如下：锅炉、压力容器、压力管道、高压医用氧舱、起重机、电梯、自动扶梯、施工升降机、简易升降机、防爆电器、厂内机动车辆、客运索道、游艺机及游乐设施等，作业场所的粉尘、噪声、振动、辐射、高温、低温、有毒物质的浓度等。矿山企业要求强制性检查的项目如下：矿井风量、风质、风速及井下温度、湿度、噪声、瓦斯、粉尘、矿山放射性物质及其他有毒有害物质、露天矿山边坡、尾矿坝，提升、运输、装载、通风、排水、瓦斯抽放、压缩空气和起重设备，各种防爆电器、电器安全保护装置；矿灯、钢丝绳等，瓦斯、粉尘及其他有毒有害物质检测仪器、仪表,自救器,救护设备,安全帽,防尘口罩或面罩,防护服,防护鞋,防噪声耳塞、耳罩。

11.2 安全检查的方法和工作程序

11.2.1 安全检查的方法

(1) 常规检查

常规检查是常见的一种检查方法。常规检查通常是由安全管理人员作为检查工作的主体,到作业场所的现场,通过感观或借助一定的简单工具、仪表等,对作业人员的行为、作业场所的环境条件、生产设备设施等进行的定性检查。安全检查人员通过这一手段,可及时发现现场存在的事故隐患并采取措施予以消除,纠正作业人员的不安全行为。

这种方法完全依靠安全检查人员的经验和能力,检查的结果直接受安全检查人员个人素质的影响。因此,常规检查对安全检查人员要求较高。

(2) 安全检查表法

为使检查工作更加规范,降低个人行为对检查结果的影响,常采用安全检查表法。

安全检查表(SCL)是为了系统地找出系统中的不安全因素,事先对系统加以剖析,列出各层次的不安全因素,确定检查项目,并把检查项目按系统的组成顺序编制成表,以便进行检查或评审。安全检查表是进行安全检查,发现和查明各种危险和隐患,监督各项安全生产规章制度的实施,及时发现事故隐患并制止违规行为的一个有力工具。

安全检查表应列举须查明的所有会导致事故的不安全因素。每个检查表均应注明检查时间、检查者、直接负责人等，以便分清责任。安全检查表的设计应做到系统、全面，检查项目应明确。

编制安全检查表的主要依据如下：

1) 有关标准、规程、规范及规定。
2) 国内外事故案例及本单位在安全管理及生产中的有关经验。
3) 通过系统分析确定的危险部位及防范措施。
4) 新知识、新成果、新方法、新技术、新法规和标准。

我国许多行业都编制并实施了适合行业特点的安全检查标准。例如，建筑、火电、机械、煤炭等行业都制定了适用于本行业的安全检查表。企业在实施安全检查工作时，根据行业颁布的安全检查标准，可以结合本单位情况制定更具可操作性的检查表。

（3）仪器检查法

机器、设备内部的缺陷及作业环境条件的真实信息或定量数据，只能通过仪器检查法来进行定量化的检验与测量，以发现事故隐患，从而为后续整改提供信息。因此，必要时需要实施仪器检查。由于被检查对象不同，检查所用的仪器和手段也不同。

11.2.2 安全检查的工作程序

安全检查工作一般包括以下几个步骤：

（1）安全检查准备

准备内容如下：

1) 确定检查对象、目的、任务。
2) 查阅、掌握有关法规、标准、规程的要求。
3) 了解检查对象的工艺流程、生产情况、可能出现的危险或危害的情况。
4) 制订检查计划，安排检查内容、方法、步骤。
5) 编写安全检查表或检查提纲。
6) 准备必要的检测工具、仪器、书写表格或记录本。

7) 挑选和训练检查人员,并进行必要的分工等。

(2) 实施安全检查

实施安全检查就是通过访谈、查阅文件和记录、现场检查、仪器测量的方式获取信息。

1) 访谈。与有关人员谈话,了解相关部门、岗位执行规章制度的情况。

2) 查阅文件和记录。检查设计文件、作业规程、安全措施、责任制度、操作规程等是否齐全,是否有效;查阅相应记录,判断上述文件是否被执行。

3) 现场检查。到作业现场寻找不安全因素、事故隐患、事故征兆等。

4) 仪器测量。利用一定的检测检验仪器、设备,对在用的设施、设备、器材状况及作业环境条件等进行检测,以发现事故隐患。

(3) 通过分析做出判断

掌握情况(获得信息)之后,就要进行分析、判断和检验。可凭经验、技能进行分析、判断,必要时可以通过仪器测量、检验得出正确结论。

(4) 及时做出决定进行处理

做出判断后应针对存在的问题做出采取措施的决定,即下达隐患整改意见和要求,包括要求进行信息反馈。

(5) 实现安全检查工作闭环

通过复查整改落实情况,获得整改效果的信息,以实现安全检查工作的闭环。

11.3 安全检查表

11.3.1 安全检查表及其分类

(1) 安全检查表的内容

为了系统地识别工厂、车间、工段或装置、设备以及各种操作管理和组织中的不安全因素,事先将要检查的项目,以提问的方式编制成表,以便进行系统检查和避免遗漏,这种表就是安全检查表。

安全检查表出现于 20 世纪 20 年代,是一种最基础、应用最广泛的风险评价方法。安全检查表种类多、适用面广、使用方便,可根据不同的要求制定不同的检查表进行检查,因此,它作为一种定性安全评价方法有着广泛的应用。

安全检查表法的核心是安全检查表的编制和实施。安全检查表必须包括系统或子系统的全部主要检查点,不能忽略那些主要的、潜在的危险因素,而且还应从检查点中发现与之有关的其他因素。

总之,安全检查表应列明所有可能导致事故发生的不安全因素和岗位的全部职责,其内容主要包括分类、序号、检查内容、回答、处理意见、检查人和检查时间、检查地点、备注等。

通常检查结果用"是(√)"(表示符合要求)或"否(×)"(表示还存在问题,有待进一步改进)来回答检查要点的提问。另外,也可用其他简单的参数来进行回答。有改进措施栏的,应填上整改措施意见。

检查表有各种形式,不论何种形式的检查表,其总体要求如下:一是内容必须全面,以避免遗漏主要的潜在危险;二是重点突出,简明扼要,否则容易掩盖主要危险,分散人们的注意力,反而使评价不确切。为此,重要的检查条款可进行标记,以便认真查对。

安全检查表主要有以下优点：

1）检查项目系统、完整，可以做到不遗漏任何可能导致危险的关键因素，因而能保证安全检查的质量。

2）可以根据已有的规章制度、标准、规程等，检查执行情况，得出准确的评价结论。

3）安全检查表采用提问的方式，有问有答，给人的印象深刻，能使人知道如何做才是正确的，因而可起到安全教育的作用。

4）编制安全检查表的过程本身就是一个系统安全分析的过程，可使检查人员对系统的认识更深刻，更便于发现危险因素。

(2) 安全检查表的分类

安全检查表的分类方法有许多种，如可按基本类型分类，可按检查内容分类，也可按使用场合分类。

目前，安全检查表有3种类型：定性检查表、半定量检查表和否决型检查表。定性检查表是列出检查要点并逐项检查，检查结果以"是""否"表示，检查结果不能量化。半定量检查表是给每个检查要点赋以分值，检查结果以总分表示，有了量的概念。这样，不同的检查对象可以相互比较，但缺点是对检查要点的准确赋值比较困难，而且个别十分突出的危险不能被充分地表现出来。我国原化工部1990—1992年安全检查表以及中国石油天然气总公司安全评价方法中的检查表即为此种类型。否决型检查表是对一些特别重要的检查要点进行标记，这些检查要点如不符合要求，检查结果视为不合格，即具有一票否决的作用，这样可以做到重点突出。

由于安全检查的目的、对象不同，检查的内容也有所区别，因而应根据需要制定不同的检查表。例如，日本消防厅的检查表侧重于事故发生后的消防活动，对安全措施进行检查；而日本劳动省的检查表则侧重于劳动灾害，对工艺过程的安全管理进行检查。我国原化工部1990—1992年发布的3个检查表侧重于安全管理；而中国石油天然气总公司安全评价方法中的检查表除包括安全管理的内容外，更多地涉及各类生产设备的选型、材质、结构及安全附件等。

安全检查表按其使用场合大致可分为以下几种：

1) 设计用安全检查表：主要供设计人员进行安全设计时使用，也可作为审查设计的依据。其内容主要包括厂址选择，平面布置，工艺流程的安全性，建筑物、安全装置、操作的安全性，危险物品的性质、储存与运输，消防设施等。

2) 厂级安全检查表：供全厂安全检查时使用，也可供安技、防火部门进行日常巡回检查时使用。其内容主要包括厂区内各种产品的工艺和装置的危险部位，主要安全装置与设施，危险物品的储存与使用，消防通道与设施，操作管理以及遵章守纪情况等。

3) 车间用安全检查表：供车间进行定期安全检查。其内容主要包括人员安全、设备布置、通道、通风、照明、噪声、振动、安全标志、消防设施及操作管理等。

4) 工段及岗位用安全检查表：主要用作自查、互查及安全教育。其内容应根据岗位的工艺与设备的防灾控制要点确定，要求内容具体易行。

5) 专业性安全检查表：由专业机构或职能部门编制和使用。其主要用于定期的专业检查或季节性检查，如对电气设备、压力容器、特殊装置与设备等的专业检查表。

11.3.2 安全检查表的编制

(1) 安全检查表的格式

一般地，安全检查表格式包括以下内容：

1) 序号（统一编号）。
2) 项目名称，如子系统、车间、工段、设备等。
3) 检查内容，在修辞上可用直接陈述句，也可用疑问句。
4) 检查标准，如标准要求、指标参数的允许范围。
5) 检查方法，如查记录、现场检查（包括使用必要的检测技与手段)。

6) 应得分或列出项目的相对重要程度,或注明必要项目。

7) 检查结果,实得分或"是/否"的回答。

8) 备注,可注明建议改进措施或情况反馈等事项。

9) 检查人与检查时间。

(2) 安全检查表的编制依据

编制安全检查表的依据主要有以下几个方面:

1) 有关规程、规定和标准。例如,编制采煤工艺过程和割煤机的安全检查表,应以《煤矿安全规程》及操作规程、作业规程中的相关规定作为依据,对检查涉及的工艺指标规定出安全的临界值,超过该指标的规定值即应报告并进行处理,以使检查表的内容符合法规的要求。

2) 本单位的经验。由本单位工程技术人员、生产管理人员、操作人员和安全技术人员共同总结生产操作的经验,分析导致事故的各种潜在的危险因素和外界环境条件。

3) 国内外事故案例。认真收集以往发生的事故案例以及在生产、研制和使用中出现的问题,包括国内外同行业、同类事故的案例和资料。

4) 系统安全分析的结果。根据其他系统安全分析方法(如事故树分析、事件树分析、故障类型及影响分析和预先危险性分析等)对系统进行分析的结果,将导致事故的各个基本事件作为防止灾害的控制点列入检查表。

(3) 安全检查表的编制方法

根据检查对象,安全检查表编制人员可由熟悉系统安全分析的本行业专家(包括生产技术人员)、管理人员以及生产第一线有经验的人员组成。主要编制步骤如下:

1) 确定检查对象与目的。

2) 剖切系统。根据检查对象与目的,把系统剖切成子系统、部件或元件。

3）分析可能的危险性。对各"剖切块"进行分析，找出被分析系统（部件或元件）存在的危险因素，评定其危险程度和可能造成的后果。

4）确定检查要点。根据危险性大小及重要度顺序，定出检查项目，以提问的形式列出要点并制成表格。

（4）安全检查表编制的注意事项

安全检查表应用后，要通过实践检验不断修改，使之逐步完善。检查表力求系统完整，不漏掉任何可能引发事故的危险关键因素。因此，编制安全检查表应注意以下问题：

1）安全检查表的编制是一个复杂、严谨的过程，应针对不同的检查对象和目的，组织技术人员、管理人员、操作人员等，在结合理论知识和实践经验的基础上，共同完成。

2）安全检查表的编制要依据适当的安全技术标准及有关法律规定，在充分了解系统的基础上进行。

3）检查项目要全面、具体、明确，检查表要条理清晰、重点突出、避免重复、简明扼要，尽早发现、排除事故隐患。

4）检查表的编制要有针对性，不同类别的检查表，其适用范围和侧重点都不同，不宜通用。专业与日常、重点与次要、管理者和操作者等检查内容要有区分，做到各负其责。

5）检查表中的检查项目要随着工艺和设备的改进而不断更新。

11.4 安全检查表实例

某生产型企业建立了安全检查制度，形成了企业级的综合安全检查表和专项安全检查表体系：公司级安全检查表，压力容器、压力管道安全检查表，锅炉安全检查表，起重机械安全检查表，危险化学品安全检查表，变配电所安全检查表，机械设备安全检查表，厂房、建筑物安全检查表，安全装置安全检查表，防火防爆及消防安全检查表，防尘防毒安全检查表，监测仪表安全检查表，工艺安全检查表，季节性安全检查表（春季），季节性安全检查表（夏季），季节性安全检查表（秋季），季节性安全检查表（冬季），安全管理月度检查表，节假日安全检查表。

其中，变配电所安全检查表见表11-1。

表11-1　　某生产型企业变配电所安全检查表

项目	基本要求和标准	检查结果（检查人填写并签字）
安全用具及消防设施	标示牌摆放整齐、有序	
	接地线符合规定要求，统一编号，并按编号摆放	
	绝缘手套、绝缘靴按规定试验，并有记录，按规定存放，不得与工具、油类接触，以防破损和变质	
	高压室内应铺有长条绝缘垫，保持清洁、防污防尘，厚度不小于5 cm，宽度不小于80 cm	
	绝缘台应经常检查，保持清洁完好，无损伤	
	验电器须放在匣内置于干燥处，不得沾染尘土和受潮	
	消防设备完好，摆放整齐、定期检验（并有检验时间），数量充足，至少有4个灭火器，有0.2 m³以上的灭火沙，并用易碎的沙袋装好	
	应配备调度电话和直通电话	
安全管理	变配电所有可靠的双回路电源和操作电源	
	工作票、操作票合格率100%	
	变配电所运行值班记录、交接班记录、工作票登记记录、设备检修试验记录、设备缺陷记录、蓄电池调整及充放电记录、继电保护装置和自动装置整定记录、事故记录、要害场所记录、干部上岗检查登记记录、安全活动记录齐全、无漏记，记录摆放整齐，笔迹工整	

续表

项目	基本要求和标准	检查结果（检查人填写并签字）
安全管理	岗位责任制、交接班制、停送电制度和操作规程、要害场所管理制度、领导干部上岗责任制度、事故处理规程、设备缺陷管理制度、倒闸操作制度、巡视检查制度齐全	
	有供电系统图、变配电所平面图、继电保护方式及定值图、巡视检查路线图、紧急拉闸顺序表	
	屋内、外配电装置的隔离开关与相应的断路器和接地刀闸之间应装设闭锁装置，屋内配电装置还应装设防止误入带电间隔的闭锁装置	
	变配电所的供用电设计资料（施工图、设计说明书），主要设备的技术资料，电气试验资料（有效期1年），各种继电保护的整定资料，历年重大事故的记录、分析、处理资料齐全	
	设备有铭牌、编号和用途标准牌、警示牌	
	指示仪表指示正确，继电器等无损坏	
	低压刀闸、开关等配备完整，无损坏	
	事故应急照明装置完好	
	电缆沟内无杂物和积水，不准有通往室内的孔洞，盖板齐全完好	
	排水设施完好，无堵塞现象	
	防鼠门完好齐全	
	排风扇完好	
	专用电话通畅完好	
	全国供用电规则，发电厂、变配电所安全工作规程，变压器运行规程，电力电缆运行规程，继电器保护及安全自动装置运行管理规程，电气测量仪表运行规程，变配电所运行规程，电气事故处理规程，动力系统调度管理规程，蓄电池运行规程，煤矿电气试验规程齐全	
	有可靠的防雷设施	

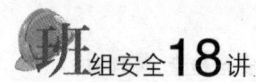

续表

项目	基本要求和标准	检查结果（检查人填写并签字）
变压器	各种保护齐全，动作灵敏可靠	
	油位指示器清晰、明显	
	变压器外壳应标明合格的编号	
	外壳与接地网的连接结实牢靠	
	变压器及套管不漏油、油面正常，吸潮剂不受潮，风冷装置完好	
	变压器运行声响正常	
	接触螺栓紧固，接触良好	
高压开关柜	有编号、名称、盘号和线路负荷名称	
	开关柜安装牢固，接地装置良好	
	装有断路器的开关之间有防火、防爆隔板，并装有闭锁装置	
	继电器、计量仪表试验合格，配备完整，运行正常	
	真空断路器无闪络、异常声响	
	电流、电压互感器接线良好	
	电源、负荷刀闸拉合正常，接触良好	
	分、合指示标志与实际位置相符	
	瓷绝缘部分无破损、掉瓷、放电痕迹，表面无污垢	
	部件连接处无腐蚀及过热现象	
	具有"五防"和通信功能	
母线	相别正确，涂相色漆完好	
	支架及金具完整，无锈蚀现象，有测试记录	
	软线无松散断股，弧垂适当	
	室外母线无杂物	

续表

项目	基本要求和标准	检查结果（检查人填写并签字）
隔离刀闸（室外）	刀闸拉合正常，接触良好	
	操作机构连锁装置开合到位，无失灵	
	相间距离符合要求，标示明确	
	瓷件无裂纹、脱瓷及闪络现象，表面清洁，测试合格，有测试记录	
	金具部分无锈蚀，螺栓压接紧固，接触点无烧痕，接触良好	
断路器（室外）	六氟化硫断路器保持闭锁压力符合要求	
	瓷件清洁，无裂纹及放电现象	
	本体固定牢固，外壳应接地	
	开合指示器标志与断路器的实际开合状态一致	
	测试合格	
	开、合闸应灵活，无缺陷	
互感器（室外）	二次侧应有带编号的接线板	
	二次侧绕组及外壳均应接地，接地线及螺栓均应牢固可靠	
	电压互感器高、低压侧都应有合格的熔断器	
	瓷件应完好、清洁，无裂纹、脱瓷及闪络现象	
	各连接处应连接紧密	
电力电容器	电容器无漏油、膨胀及瓷瓶碎裂等现象	
	有放电设备，放电回路连接可靠	
	三相电容器的电流平衡，不平衡电流超过5%时应查明原因并加以调整	
	电容器外壳绝缘子及支架表面清洁	
	电容器测试合格	
	电容器保险无熔断	

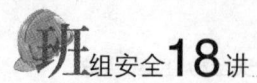

续表

项目	基本要求和标准	检查结果（检查人填写并签字）
蓄电池装置	单只电池电压符合要求，定期测量并记录	
	连接部分良好、可靠	
	各项仪表指示正常	
接地装置	无锈蚀现象	
	明敷接地线表面应涂黑漆	
	接地电阻符合要求，并有测试记录	
仪表、保护装置及二次线	按期做预防性试验及定期校验，且校验合格	
	继电保护操作电源可靠	
	二次回路接线整齐、清洁，连接紧固	
	接线端子、操作回路与信号回路的导线或电缆，以及保险均应编号	
	操作按钮、把手应有标明其符号或名称的标志	
防雷保护装置	避雷针及引下线无锈蚀，导电部分连接处紧密、牢固	
	避雷器安装牢固	
	瓷件无裂纹、清洁，铁件无生锈、损坏	
	接地引下线完好	
	按规定进行了预防性试验，有测试记录	
安全、功率因数、负荷率	安全运行无事故	
	功率因数不低于0.9	
环境管理	室内外环境清洁卫生、无杂物，门窗明亮、无损坏	
	各种设备整洁，无积尘、无油垢、无滴漏油，各种工具及消防器材等设备存放整齐、不缺件	
	室内外有充足的照明，巡视路线保持畅通无阻	

续表

项目	基本要求和标准	检查结果（检查人填写并签字）
环境管理	房屋不滴雨，高压室、主控室无孔洞。室外构架、铁件无严重锈蚀。定期进行防腐处理，基础牢固	
	电缆防腐良好，各连接头无渗漏油，电缆沟内干净、无积水，盖板齐全，放置平整	
	各种规程、图表悬挂整齐，各种记录簿整洁齐全、无缺页，字迹清楚，无涂改乱划。记录簿存放整齐，各种资料有专柜存放	
值班员	每班配备不少于 2 人	
	经培训考试合格，持证上岗	
	值班员应具有相当的业务技术水平，定期进行专业技术培训	

第 12 讲

作业现场危险源辨识与治理

危险源是指长期或临时地生产、加工、搬运、使用或储存危险物质,且危险物的数量等于或超过临界量的单元。此处的单元意指一套生产装置、设施或场所;危险物是指能导致火灾、爆炸或中毒、触电等危险的一种或若干物质的混合物;临界量是指国家法律、法规、标准规定的一种或一类特定危险物质的数量。

班组日常生产中,班组成员难免要接触生产设备设施、原材料、产品等,且身处在整个生产作业环境中,需要直面危险源,因此必须正确认识并能够辨识危险源,做到不受其直接或间接伤害。

12.1 危险源辨识

12.1.1 危险源辨识方法

危险源辨识是发现、识别系统中的危险源。危险源辨识非常重要,是危险源控制的基础,只有辨识了危险源,才能有的放矢地考虑如何采取措施控制危险源。

以前,人们主要根据以往的事故经验进行危险源辨识工作。例如,通过与操作人员交谈或到现场进行检查,查阅以往的事故记录等方式发现危险源。危险源是"潜在的"的危险因素,比较隐蔽,所以危险源辨识是件非常困难的工作。在系统比较复杂的场合,危险源辨识工作更加困难,需要利用专门的方法,还需要许多知识和经验。

危险源辨识方法主要分为对照法和系统安全分析法。

（1）对照法

对照法是与有关的标准、规范、规程或经验进行对照，通过对照来辨识危险源。有关的标准、规范、规程及常用的安全检查表，都是在大量实践经验的基础上编制而成的，因此，对照法是一种基于经验的方法，适用于有以往经验可供借鉴的情况。

（2）系统安全分析法

系统安全分析法主要是从安全角度进行系统分析，通过揭示系统中可能导致系统故障或事故的各种因素及其相互关联，来辨识系统中的危险源。系统安全分析法经常被用来辨识可能带来严重事故后果的危险源，也可以用于辨识没有事故经验的系统的危险源。

12.1.2 第一、第二类危险源理论

按照危险源在事故发生、发展过程中的作用，可以将危险源分为两类。第一类危险源是指作用于人体的过量的能量或干扰人体与外界进行能量交换的危险物质。在实际生产中，往往把产生能量的能量源或拥有能量的能量载体以及产生、储存危险物质的设备、容器或场所看作第一类危险源。为保障第一类危险源的安全，必须采取措施约束、限制能量，但约束、限制能量的措施可能失效而发生事故。因此，把导致对能量或危险物质的约束或限制措施破坏或失效的各种危险因素称为第二类危险源。

第一类危险源是事故发生的前提，它在发生事故时释放出的能量或危险物质是导致人员伤害或财物损失的能量主体，并决定事故后果的严重程度，也是主要研究和分析的对象。第二类危险源是第一类危险源导致事故的必要条件，并决定事故发生可能性的大小。两类危险源的危险性决定了危险源的危险性。可以将第一类危险源的危险性称为系统一类危险性，将第二类危险源的危险性称为系统二类危险性，两者决定了系统危险性。

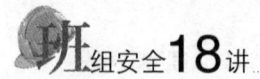

12.1.3 危险源控制

危险源控制是利用工程技术和管理手段消除、控制危险源,防止危险源导致事故、造成人员伤害和财产损失的工作。危险源控制的基本理论依据是能量意外释放论。控制危险源主要通过工程技术手段来实现。危险源控制技术包括防止事故发生的安全技术和减少或避免事故损失的安全技术。前者在于约束、限制系统中的能量,防止发生意外的能量释放;后者在于避免或减轻意外释放的能量对人或物的作用。显然,在采取危险源控制措施时,应该着眼于前者,做到防患于未然。针对后者,也应做好充分准备,以便发生事故时防止事故扩大或引起其他事故(二次事故),把事故造成的损失限制在尽可能小的范围内。

管理也是危险源控制的重要手段。管理的基本功能是计划、组织、指挥、协调、控制。通过一系列有计划、有组织的系统安全管理活动,控制系统中人的因素、物的因素和环境因素,以有效地控制危险源。

12.1.4 危险性评价

危险性评价是辨识危险源的基础。危险性是指某种危险源导致事故、造成人员伤亡或财物损失的可能性。一般地,危险性包括危险源导致事故的可能性和一旦发生事故造成人员伤亡或财物损失的后果严重程度两个方面。

系统危险性评价是对系统中危险源危险性的综合评价。危险源的危险性评价包括对危险源自身危险性的评价和对危险源控制措施效果的评价。

系统中危险源的存在是绝对的,任何工业生产系统中都存在着若干危险源。受实际的人力、物力等方面因素的限制,不可能完全消除或控制所有的危险源,只能集中有限的人力、物力资源消除、控制危险性较大的危险源。在危险性评价的基础上，按其危险性的大小把危险源分类、排序，可以为确定采取控制措施的优先次序提供依据。

采取了危险源控制措施后进行的危险性评价，可以判断危险源控制措施的效果是否达到了预期要求。如果采取控制措施后危险性仍然很高，则需要进一步研究对策，采取更有效的措施使危险性降低到预期标准。当危险源的危险性很小、可以被忽略时，则不必采取控制措施。危险性评价方法有相对的评价法和概率的评价法两大类。

12.1.5 危险源辨识、评价与控制的实施

按一般意义上的理解，应该在危险源辨识的基础上进行危险源的危险性评价，根据危险性评价的结果，采取危险源控制措施。但是在实际工作中，危险源的辨识、评价与控制这三项工作并非严格地按照程序分阶段独立进行，而是相互交叉、相互重叠进行的。

例如，某一个系统中存在着大量的危险因素，按定义都可被看作危险源，实际上受人力、物力等因素的制约，只能把其中一部分具有较高危险性的危险因素当作危险源来处理，忽略危险性较小的危险因素。因此，在辨识危险源的过程中，也需要进行危险性评价。在选择控制措施控制危险源时，也同样如此，需要对控制效果进行相应的评价，通过评价结果选择最有效的控制措施。这种评价通常是通过对比控制前和控制后危险源的危险性进行的。在采取危险源控制措施时，虽然可以控制原有的危险源，但危险源控制措施本身又可能带来新的危险源和危险性，因此，在进行危险源控制时仍然需要进行危险源辨识和评价工作。

12.2 危险源辨识技术

危险源辨识的目的,就是通过对系统的调查与分析,界定出系统中的哪些部分、哪些区域是危险源,其危险的性质、危害程度、存在状况、危险源能量,以及物质转化为事故的转化过程规律、转化的条件、触发因素等,以便有效地控制能量和物质的转化,防止危险源转化为事故。危险源辨识是利用科学方法对生产过程中能量和物质的性质、类型、构成要素、触发因素或条件以及后果进行分析与研究,做出科学判断,为控制事故发生提供必要的、可靠的依据。危险源辨识的理论方法主要有系统危险分析、危险评价等方法与技术。

在对危险源辨识的方法、步骤和程序上,涉及危险区域调查、危险源区域的划分原则、危险源辨识的组织程序、危险源辨识的技术程序等。通常来讲,一般的工业生产企业,在对危险源的辨识方面,主要涉及危险源辨识的组织程序和技术程序。

12.2.1 危险源辨识的组织程序

在企业实际生产管理中,对危险源的辨识与监控,可以采取以下组织程序:

(1) 对管理人员和技术人员进行专项培训。

(2) 确认本企业主要危险源和主要危险源区域。

(3) 组织生产班组和操作人员发现危险,进行危险辨识。

(4) 组织进行专项设备设施检查,参考有关事故案例和规程、标准,确认主要危险源。

(5) 安全管理人员对危险源进行调查汇总,对所发现的危险源进行审查确认。

(6) 对危险源进行管理分级,采取分级监控措施。

(7) 对危险源提出有针对性的安全措施，并不断进行补充完善。

(8) 填写危险源登记表，进行危险源分级监控管理。

12.2.2　危险源辨识的技术程序

危险源辨识的技术程序，按照危险源的调查、危险区域的界定、存在条件及触发因素的分析、潜在危险性分析、危险源等级划分等内容进行。

(1) 危险源的调查

在进行危险源调查之前，需要确定所要分析的系统，如整个企业、某个车间、某个生产工艺过程。然后对所分析的系统进行调查，调查的主要内容包括生产工艺设备及材料情况、作业环境情况、人员操作情况、事故发生情况、设备与作业安全防护等。

(2) 危险区域的界定

即划定危险源的范围。应对系统进行划分，可按设备、生产装置及设施划分子系统，也可按作业单元划分子系统。然后分析每个子系统中所存在的危险源，一般将产生能量或具有能量的物质，操作人员作业空间，危险物质产生或积聚的设备、容器作为危险源。再以危险源为核心，加上防护范围，即为危险区域，即危险源的区域。

(3) 存在条件及触发因素的分析

一定数量的危险物质或一定强度的能量，由于存在条件不同，所显现的危险性也不同，被触发转换为事故的可能性也不同。因此，存在条件及触发因素的分析是危险源辨识的重要环节。存在条件包括储存条件（如堆放方式、其他物品情况、通风等）、物理状态参数（如温度、压力等）、设备状况（如设备完好程度、设备缺陷、维修保养情况等）、防护条件（如防护措施、故障处理措施、安全标志等）、操作条件（如操作技术水平、操作失误率等）、管理条件等。

触发因素可分为人为因素和自然因素。人为因素包括个人因素

(如操作失误、不正确操作、粗心大意、漫不经心、心理因素等)和管理因素(如不正确的管理、不正确的训练、指挥失误、判断决策失误、错误安排等)。自然因素是指引起危险源转化的各种自然条件及其变化,如气候条件参数(气温、气压、湿度、大气风速)变化、雷电、雨雪、振动、地震等。

(4) 潜在危险性分析

危险源转化为事故,其表现是能量和危险物质的释放,因此危险源的潜在危险性可用能量的强度和危险物质的量来衡量。能量包括电能、机械能、化学能、核能等,危险源的能量强度越大,表明其潜在危险性越大。危险物质主要包括燃烧爆炸危险物质和有毒有害危险物质两大类。前者泛指能够引起火灾或爆炸的物质,如可燃气体、可燃液体、易燃固体、可燃粉尘、易爆化合物、自燃性物质、混合危险性物质等。后者是指直接加害于人体,造成人员中毒、致病、致畸、致癌等的化学物质。可根据使用的危险物质的量来描述危险源的危险性。

(5) 危险源等级划分

危险源等级一般按危险源在触发因素作用下转化为事故的可能性与发生事故的后果严重程度划分。危险源等级划分实质上是对危险源的评价。按发生事故的可能性大小,可将危险源分为非常容易发生、容易发生、较容易发生、不容易发生、难以发生和极难发生。根据事故后果严重程度,可将危险源分为可忽略的、临界的、危险的和破坏性的。此外,也可按单项指标划分等级。例如,高处作业根据高差指标将坠落事故危险源划分为4级(一级为2~5 m,二级为5~15 m,三级为15~30 m,特级为30 m以上),按压力指标可将压力容器划分为低压容器、中压容器、高压容器、超高压容器4级。从控制管理角度,通常根据危险源的潜在危险性、控制难易程度、事故可能造成的损失情况进行综合分级。

🎯 12.3 危险因素的分类

危险因素是指能够造成人员伤亡、影响人的身体健康、对物造成急性或慢性损坏的因素。严格地说，可分为危险因素（强调突发性和短时性）和危害因素（长时间的累积效应），但在此统称为危险因素。

危险因素的分类方法，根据生产过程和伤亡事故相关的国家标准不同，可分为3种。

12.3.1 根据危害性质分类

根据《生产过程危险和危害因素分类与代码》（GB/T 13861—2009）的规定，将生产过程的危险因素分为人的因素、物的因素、环境因素、管理因素4类。

12.3.2 根据伤亡事故类别分类

参照《企业职工伤亡事故分类》（GB 6441—1986），综合考虑起因物、引起事故发生的诱导性原因、致害物、伤害方式等，将危险因素分为20类。

12.3.3 参照职业病致病因素分类

参照职业病致病因素，可将危险因素分为毒物、粉尘、噪声与振动、高温、低温、致病微生物、辐射（电离辐射、非电离辐射）、其他有害因素8类。

🎯 12.4 危险源的分类

危险源是指一个系统中具有潜在能量和物质释放危险的、在一定的触发因素作用下可转化为事故的部位、区域、场所、空间、岗位、设备及其位置。也就是说，危险源是能量、危险物质集中的核心，是能量传递或爆发的来源。危险源存在于确定的系统中，系统范围不同，危险源的区域也不同。例如，从全国范围来说，对于危险行业（如石油、化工等），具体的一个企业（如炼油厂）就是一个危险源；而从一个企业系统来说，可能某个车间、仓库就是危险源；对于一个车间系统，可能某台设备是危险源。因此，分析危险源应按系统的不同层次来进行。

依据上述认识，危险源应由3个要素构成：潜在危险性、存在条件和触发因素。危险源的潜在危险性是指一旦触发事故可能带来的危害程度或损失大小，或者说危险源可能释放的能量强度或危险物质的量。危险源的存在条件是指危险源所处的物理、化学状态和约束条件状态，如物质的压力、温度、化学稳定性，盛装容器的坚固性，周围环境障碍物等情况。触发因素虽然不属于危险源的固有属性，但它是危险源转化为事故的外因，而且每一类危险源都有相应的敏感触发因素。例如，对于易燃易爆物质，热能是其敏感触发因素；对于压力容器，压力升高是其敏感触发因素。因此，一定的危险源总是与相应的触发因素相关联。在触发因素的作用下，危险源转化为危险状态，继而转化为事故。

危险源是可能导致事故发生的、潜在的危险因素。实际上，生产过程中的危险源即危险因素种类繁多、非常复杂，它们在导致事故发生、造成人员伤害和财产损失方面所起的作用不相同。相应地，控制它们的原则、方法也不相同。根据危险源在事故发生、发展中的作用，把危险源划分为两大类，即第一类危险源和第二类危险源。

12.4.1 第一类危险源分析

现实世界中充满了能量，也充满了危险源，即充满了发生事故的危险。根据能量意外释放论，事故是能量或危险物质的意外释放，作用于人体的过量的能量或干扰人体与外界能量交换的危险物质是造成人员伤害的直接原因。系统中存在的、可能发生意外释放的能量或危险物质是第一类危险源。一般地，能量被解释为物体做功的本领。做功的本领是无形的，只有在做功时才显现出来。因此，实际工作中往往把产生能量的能量源或拥有能量的能量载体看作第一类危险源，如带电的导体、奔驰的车辆等。

在工业企业生产过程中，比较常见的第一类危险源如下：

（1）产生、供给能量的装置、设备。产生、供给人们生产、生活活动能量的装置、设备是典型的能量源。例如，变电所、供热锅炉等，它们运转时供给或产生很高的能量。

（2）使人体或物体具有较高势能的装置、设备、场所。这些装置、设备、场所相当于能量源，如起重、提升机械，高差较大的场所等。

（3）能量载体。能量载体是指拥有能量的人或物。例如，运动中的车辆、机械的运动部件、带电的导体等，本身具有较大能量。

（4）一旦失控可能产生巨大能量的装置、设备、场所。一些正常情况下按人们的意图进行能量转换和做功，在意外情况下可能产生巨大能量的装置、设备、场所，如发生强烈放热反应的化工装置，充满爆炸性气体的空间等。

（5）一旦失控可能发生能量蓄积或突然释放的装置、设备、场所。正常情况下多余的能量被泄放而处于安全状态，一旦失控时发生能量的大量蓄积，其结果可能导致大量能量意外释放的装置、设备、场所，如各种压力容器、受压设备，容易发生静电蓄积的装置、场所等。

（6）危险物质。除了干扰人体与外界能量交换的有害物质外，也包括具有化学能的危险物质。具有化学能的危险物质分为燃烧爆炸危险物质和有毒有害危险物质2类。前者是指能够引起火灾、爆炸的物质，按其物理、化学性质分为可燃气体、可燃液体、易燃固体、可燃粉尘、易爆化合物、自燃性物质、忌水性物质和混合危险物质8类；后者是指直接加害于人体，造成人员中毒、致病、致畸、致癌等的化学物质。

（7）生产、加工、储存危险物质的装置、设备、场所。这些装置、设备、场所在意外情况下可能引起其中的危险物质起火、爆炸或泄漏，如炸药的生产、加工、储存设施，化工、石油化工生产装置等。

（8）人体一旦与之接触将导致人体能量意外释放的物体。物体的棱角、工件的毛刺、锋利的刃等，一旦运动的人体与之接触，人体的动能意外释放而使人体遭受伤害。

12.4.2 第一类危险源危害后果的影响因素

第一类危险源的危险性主要表现为事故后果的严重程度。第一类危险源危险性的大小主要取决于以下几个方面的情况：

（1）能量或危险物质的量

第一类危险源导致事故后果的严重程度主要取决于事故时意外释放的能量或危险物质的多少。一般地，第一类危险源拥有的能量或危险物质越多，则事故时可能意外释放的量也多。当然，有时也会有例外的情况，有些第一类危险源拥有的能量或危险物质只能部分地意外释放。

（2）能量或危险物质意外释放的强度

能量或危险物质意外释放的强度是指事故发生时单位时间内释放的量。在意外释放的能量或危险物质总量相同的情况下，释放强度越大，能量或危险物质对人员或物体的作用越强烈，造成的后果越严重。

（3）能量的种类和危险物质的危险性质

不同种类的能量造成人员伤害、财物破坏的机理不同，其后果也不相同。危险物质的危险性主要取决于自身的物理、化学性质。

燃烧爆炸性物质的物理、化学性质决定其导致火灾、爆炸事故的难易程度及事故后果的严重程度。工业毒物的危险性主要取决于其自身的毒性。

（4）意外释放的能量或危险物质的影响范围

事故发生时意外释放的能量或危险物质的影响范围越大，可能遭受其作用的人或物越多，事故造成的损失越大。例如，有毒有害气体泄漏时可能影响到下风侧的很大范围。

12.4.3　第二类危险源分析

在企业生产过程中，为了利用能量，使能量按照人们的意图在生产过程中流动、转换和做功，就必须采取屏蔽措施约束、限制能量，即必须控制危险源。约束、限制能量的屏蔽应可靠，防止能量意外地释放。然而，实际生产过程中，绝对可靠的屏蔽措施并不存在。在许多因素的复杂作用下，约束、限制能量的屏蔽措施可能失效，甚至可能被破坏而发生事故。导致约束、限制能量的屏蔽措施失效或被破坏的各种危险因素称作第二类危险源，它包括人、物、环境3个方面的问题。

人的因素问题主要是人的不安全行为和人为失误。不安全行为一般是指明显违反安全操作规程的行为，这种行为往往直接导致事故发生。例如，不断开电源就带电修理电气线路而发生触电等。人为失误是指人的行为的结果偏离了预定的标准。例如，合错了开关使检修中的线路带电，误开阀门使有害气体泄放等。人的不安全行为、人为失误可能直接破坏对第一类危险源的控制，造成能量或危险物质的意外释放；也可能造成物的因素问题，进而导致事故。

物的因素问题可以概括为物的不安全状态和物的故障（或失效）。物的不安全状态是指机械设备、物质等明显地不符合安全要求的状态，如没有防护装置的传动齿轮、裸露的带电体等。在我国的安全管理实践中，往往把物的不安全状态称作隐患。物的故障（或失效）是指机械设备、零部件等由于性能低下而不能实现预定功能的现象。物的不安全状态和物的故障（或失效）可能直接使约束、限制能量或危险物质的措施失效而发生事故。例如，电线绝缘损坏发生漏电，管路破裂使其中的有毒有害介质泄漏等。有时一种物的故障可能导致另一种物的故障，最终造成能量或危险物质的意外释放。例如，压力容器的泄压装置发生故障，使容器内部介质压力上升，最终导致容器破裂。物的因素问题有时会诱发人的因素问题，人的因素问题有时会造成物的因素问题，实际情况比较复杂。

环境因素主要是指系统运行的环境，包括温度、湿度、照明、粉尘、通风换气、噪声和振动等物理环境，以及企业和社会的软环境。不良的物理环境会引起物的因素问题或人的因素问题。例如，潮湿的环境会加速金属腐蚀而降低结构或容器的强度；工作场所强烈的噪声会影响人的情绪，分散人的注意力而发生人为失误；企业的管理制度、人际关系或社会环境影响人的心理，可能造成人的不安全行为或人为失误。

第二类危险源往往是一些围绕第一类危险源随机发生的现象，它们出现的情况决定事故发生的可能性。第二类危险源出现得越频繁，发生事故的可能性越大。

12.4.4　危险源与事故发生的关联性

一起事故的发生是两类危险源共同起作用的结果。一方面，第一类危险源的存在是事故发生的前提，没有第一类危险源，就谈不上能量或危险物质的意外释放，也就无所谓事故。另一方面，如果没有第二类危险源破坏对第一类危险源的控制，也不会发生能量或危险物质的意外释放。第二类危险源的出现是第一类危险源导致事故的必要条件。

在事故的发生、发展过程中，两类危险源相互依存、相辅相成。

第一类危险源在事故时释放出的能量是导致人员伤害或财物损坏的能量主体，决定事故后果的严重程度；第二类危险源出现的难易决定事故发生的可能性。两类危险源共同决定危险源的危险性。第二类危险源的控制应该在第一类危险源控制的基础上进行。与第一类危险源的控制相比，对第二类危险源的控制更困难。

 12.5　危险源的控制管理

12.5.1　危险源控制途径

危险源的控制可从 3 个方面进行，即技术控制、人行为控制和管理控制。

（1）技术控制

技术控制即采用技术措施对固有危险源进行控制，主要技术有消除、控制、防护、隔离、监控、保留和转移等。

（2）人行为控制

人行为控制即控制人为失误，减少人的不正确行为对危险源的触发作用。人为失误的主要表现形式：操作失误，指挥错误，不正确的判断或缺乏判断，粗心大意，厌烦，懒散，疲劳，紧张，疾病或生理缺陷，错误使用劳动防护用品和防护装置等。人行为的控制首先是加强教育培训，做到人的安全化；其次应做到操作安全化。

（3）管理控制

可采取以下管理措施，对危险源实行控制：

1）建立、健全危险源管理的规章制度。危险源确定后，在对危险源进行系统危险性分析的基础上，建立、健全各项规章制度，包括岗位安全生产责任制、危险源重点控制实施细则、安全操作规程、操作人员培训考核制度、日常管理制度、交接班制度、检查制度、信息反馈制度、危险作业审批制度、异常情况应急措施、考核奖惩制度等。

2) 明确责任、定期检查。应根据各危险源的等级分别确定负责人，并明确他们应负的具体责任，特别是要明确各级危险源的定期检查责任。除了作业人员必须每天自查外，还要规定各级领导定期参加检查。对于重点危险源，应做到公司总经理（厂长、所长等）每半年一查，分厂厂长每月查，车间主任（室主任）每周查，工段段长、班组长每日查。对于低级别的危险源，也应制订出详细的检查安排计划。

对危险源的检查，要对照检查表逐条逐项，按规定的方法和标准进行检查，并做好记录。如果发现隐患，则应按信息反馈制度及时反馈，促使其及时得到消除。凡未按要求履行检查职责而导致事故者，要依法追究其责任。规定各级领导参加定期检查，有助于增强他们的安全责任感，体现"管生产经营必须管安全"的原则，也有助于重大事故隐患的及时发现和消除。

专职安全管理人员要对各级人员实行检查的情况定期检查、监督并严格进行考评，以实现闭环管理。

3) 加强危险源的日常管理。要严格要求作业人员贯彻执行有关危险源日常管理的规章制度。搞好安全值班、交接班，按安全操作规程进行操作；按安全检查表进行日常安全检查；危险作业经过审批等。所有活动均应按要求认真做好记录。领导和安全管理机构定期严格进行检查考核，发现问题及时指导教育，根据检查考核情况进行奖惩。

4) 抓好信息反馈，及时整改隐患。要建立、健全危险源信息反馈系统，制定信息反馈制度并严格贯彻实施。对检查发现的事故隐患，应根据其性质和严重程度，按照规定分级实行信息反馈和整改，做好记录，发现重大隐患应立即向安全管理机构和行政第一领导报告。信息反馈和整改的责任应落实到人。对信息反馈和隐患整改的情况，各级领导和安全管理机构要进行定期考核和奖惩。安全管理机构要定期收集、处理信息，及时提供给各级领导研究决策，不断改进危险源的控制管理工作。

5) 搞好危险源控制管理的基础建设工作。危险源控制管理的基础工作除建立、健全各项规章制度外，还应建立、健全危险源的安全档案和设置安全标志牌。应按安全档案管理的有关要求建立危险源的档案，并指定专人专门保管，定期整理。应在危险源的显著位置悬挂安全标志牌，标明危险等级，注明负责人员，按照国家标准的要求标明主要危险，并扼要注明防范措施。

6) 搞好危险源控制管理的考核评价和奖惩。应对危险源控制管理的各方面工作制定考核标准，并力求量化，划分等级。定期严格考核评价，给予奖惩，并与班组评级和评先进结合起来。逐年提高要求，促使危险源控制管理水平不断提高。

12.5.2 危险源的分级管理

目前，许多企业推行危险源点分级管理，收到了良好的效果，增强了各级领导的安全责任感，提高了作业人员的安全意识、安全知识水平和预防事故的能力，加强了企业安全管理的基础工作，提高了危险源点的整体控制水平。

危险源点是指包含第一类危险源的生产设备设施、生产岗位、作业单元等。在安全管理方面，危险源点分级管理注重对这些危险源"点"的管理。

危险源点分级管理是系统安全工程中危险辨识、控制与评价在生产现场安全管理中的具体应用，体现了现代安全管理的特征。与传统的安全管理相比较，危险源点分级管理有以下特点：

(1) 体现"预防为主"

危险源点分级管理的基础是危险源辨识和评价，它以系统安全分析和危险性评价作为基本手段，对隐含在危险源点中的潜在危险因素进行识别、分析、评价，找出危险源控制方面需要特别加强的地方，提前采取措施把危险因素消灭在萌芽阶段，从而大大提高安全管理的主动性、科学性和有效性。

（2）全面系统的管理

危险源点分级管理是把整个危险源点作为一个完整的系统，通过对有关的人员、设备、环境、信息等诸要素的综合管理，取得危险源点控制的最佳效果。对系统整体安全目标的追求，势必导致对各管理要素提出更高的要求，从而有助于实现安全管理的标准化、规范化和科学化。

（3）突出重点的管理

企业中存在着大量的危险源点，每个危险源点都有发生事故的可能性。但是，不同的危险源点发生事故的危险性是不同的，安全管理工作应该把管理、控制重点放到发生事故频率高、事故后果严重的危险源点上。

根据危险源点危险性大小对危险源点进行分级管理，可以突出安全管理的重点，把有限的人、财、物力集中起来，解决最关键的安全问题。抓住了"重点"也可以带动"一般"，推动企业安全管理水平的普遍提高。

12.5.3 危险源控制基本原则

危险源控制的基本原则，主要有消除优先原则、降低风险原则、个体防护原则。

（1）消除优先原则

通过合理的设计和科学的管理，尽可能从根本上消除危险源，实现本质安全，如采用无害工艺技术，生产中以无害物质代替有害物质，实现自动化，采用遥控技术等。

（2）降低风险原则

若无法从根本上消除危险源，可考虑降低风险。采取技术和管理措施，努力降低伤害或损坏发生的概率或潜在的严重程度。

(3) 个体防护原则

在采取消除和降低风险措施后,还不能完全保障作业人员的安全健康时,最后考虑个体防护设备,作为补充对策,如穿戴特种劳动防护用品等。

第13讲

安全生产事故隐患排查治理

安全生产事故隐患是指企业违反安全生产法律、法规、规章、标准、规程和安全管理制度的规定，或者因其他因素在生产经营活动中存在可能导致事故发生的物的不安全状态、人的不安全行为和管理上的缺陷。

安全生产事故隐患的分级是以隐患的整改、治理和排除的难度及其影响范围为标准的，分为一般事故隐患和重大事故隐患。一般事故隐患是指危害和整改难度较小，发现后能够立即整改排除的隐患。重大事故隐患是指危害和整改难度较大，应当全部或者局部停产停业，并经过一定时间整改治理方能排除的隐患，或者因外部因素影响致使企业自身难以排除的隐患。

企业是隐患排查治理工作的主体，是隐患排查治理工作的直接实施者，而班组是最终的落实者。企业及其班组应明确定位，采用自身适用的隐患排查治理标准，通过准备、组织机构建设、建立完善规章制度、全面培训、实施排查、分析改进等步骤形成完整的、系统的企业隐患排查治理机制。

13.1 隐患的排查

隐患排查是指企业组织安全管理人员、工程技术人员和其他相关人员对本单位的事故隐患进行排查，并对排查出的事故隐患，按照事故隐患的等级进行登记，建立事故隐患信息档案。

13.1.1 准备

企业在开展隐患排查之前,必须做好与之相关的准备工作。隐患排查治理是涉及企业所有部门、所有生产流程、所有人员的一项系统工程,如果不做好全面的准备,所建立的隐患排查治理机制将缺乏系统性和可操作性,不能做到深入和持久地开展排查工作。

(1) 信息收集

由企业安全管理机构和有关专业人员,对现行的有关隐患排查治理工作的各种信息、文件、资料等通过多种行之有效的方式进行收集。此项工作也可以委托与企业有合作关系的服务机构来实施。

(2) 辅助决策

将收集信息形成的有关材料向企业领导层汇报,并说明有关情况,使企业领导层能够全面、正确理解和认识隐患排查治理工作,对企业开展隐患排查治理工作做出正确决策。

(3) 领导决策

领导层须从思想意识中真正解决为什么要实施隐患排查治理工作的问题,意识到隐患排查治理的重要性,并为此项工作提供充足的资源,使隐患排查治理工作在企业得到有效和全面实施。

13.1.2 组织机构建设

由企业安全生产负责人担任隐患排查治理工作的总负责人,以安全生产委员会或各领导层为总决策管理机构,以安全管理机构为办事机构,以基层安全管理人员为骨干,以全体从业人员为基础,形成从上至下的组织保证。

(1) 安全生产负责人

安全生产负责人是隐患排查治理工作的第一责任人,通过安全生产委员会、领导办公会等形式,将隐患排查治理工作纳入其日常工作的范围,亲自定期组织和参与检查,及时、准确把握情况,发出明确的指令。

(2) 各部门负责人

要在各部门负责人职责中明确有关隐患排查治理的内容，负责有关情况的上传下达，做好主要负责人的帮手。各部门负责人要在各自管辖范围内做好隐患排查治理工作，至少要知道、过问、督促、确认。

(3) 安全管理人员

安全管理机构和专职安全管理人员是隐患排查治理工作的骨干力量，编制有关制度、培训各类人员、组织检查排查、下达整改指令、验证整改效果等是主要的工作内容。安全管理人员还应通过监督的方式对各部门和下属单位及所有从业人员在隐患排查治理工作方面的履职情况进行了解，纳入考核，全力推动隐患排查治理工作。

(4) 从业人员

按照责任制、相关规章制度和操作规程中明确的隐患排查治理责任，在日常的各项工作中，从业人员要有高度的隐患意识，随时发现和处理各种隐患和事故苗头。自己不能解决的，及时上报，同时采取临时性的控制措施，并注意做好记录，为统计分析隐患留下资料。

13.1.3 建立完善规章制度

隐患排查治理工作必须有制度的保障。企业需要全面掌握法律、法规和标准、规范以及上级和外部的其他要求，结合自身的实际情况，将各项具体的规定编制成企业内部的各项规章制度，再经过全面执行和落实，变成企业的管理行动。

(1) 隐患排查治理制度设计

要建立隐患排查制度，首先要收集与企业有关的法律、法规及相关的隐患排查治理内容，并对所收集的法律、法规及其他内容的适用性、符合性进行分析。其次是收集、整理企业现有的有关隐患排查治理的规章制度，并对其充分性、有效性和可操作性进行分析。最后，在弄清上述问题的基础上，根据《安全生产事故隐患排查治理暂行规定》中对企业开展隐患排查治理工作所需要的规章制度的要求，建立相关制度，如隐患排查治理和监控责任制、事故隐患排查治理制度、隐患排查治理资金使用专项制度、事故隐患建档监控制度（事故隐患信息档案）、事故隐患报告和举报奖励制度等。《安全生产事故隐患排查治理暂行规定》规定：生产经营单位应当建立、健全事故隐患排查治理和建档监控等制度，逐级建立并落实从主要负责人到每位从业人员的隐患排查治理和监控责任制。生产经营单位应当保证事故隐患排查治理所需的资金，建立资金使用专项制度。对排查出的事故隐患，应当按照事故隐患的等级进行登记，建立事故隐患信息档案。生产经营单位应当建立事故隐患报告和举报奖励制度。

（2）隐患排查治理制度的基本结构和内容

隐患排查治理制度的结构和内容并没有严格的模式和要求，各单位都有符合实际需要、适应本身特点的文件形式规定。隐患排查治理制度的内容主要包括以下几个部分：

1) 编制目的。
2) 适用范围。
3) 术语和定义。
4) 引用资料。
5) 各级领导、各部门和各类人员相应职责。
6) 隐患排查主要工作程序和内容等具体规定。
7) 需要形成的记录要求及其格式。
8) 制度的管理：制定、审定、修改、发放、回收、更新等。
9) 相关文件。

（3）隐患排查治理制度的编制

编写组人员的组成非常重要。在编制过程中，需要负责人员、管理人员、一线从业人员参加,尤其是一线从业人员,他们对生产实际最了解,有丰富的一手经验,对制度的制定起到至关重要的作用。

制订严格的编制计划,明确任务、时间、责任人和质量要求,计划必须落实到人,按规定的时间节点检查编制进度,最后进行统稿,以保证格式的统一和内容的协调。

编写时还要注意解决以下问题:

1)要明确谁来负责起草工作,谁来负责组织协调、检查、修改工作,谁来负责文件之间的衔接及协调性。

2)文件编写人员要吸收企业其他管理体系文件的编写人员参加。

3)文件编写完之后要解决文件的可操作性问题。因此,要落实专人负责制度,将相关文件向有关部门或者人员征求意见,以最大限度解决文件的可操作性难题。

(4)隐患排查治理制度的文件管理

隐患排查治理制度的文件管理是制度编制和贯彻的重要保证,应当特别关注以下几个环节:

1)审批发布。由各级领导按职责权限对隐患排查治理制度文件进行审阅,征求相关意见并进行最后修改,然后按制度发布的权限进行审批,最终按企业文件管理的程序正式发布。

2)发放。隐患排查治理制度发放到哪一级、哪些人,直接影响制度贯彻执行的程度。很多单位在实际工作形成了文件只发放到中层领导这一级的习惯,再向下就仅仅是组织从业人员学习,导致很多真正需要按文件规定进行操作的人员无法获取相应的文本,使文件内容得不到有效实施。发布最好多渠道、多样化,如汇编、电子版(光盘)、内部网络等,应当将新增的规章制度纳入已有的文件体系。

3)保存。保存的目的不单是存放,更重要的是方便其使用,因此，文件应当保存在方便获取、便于查阅的地方，并将相关手续告知有关人员。

4）文件的使用。发布文件的目的是使之得到有效的执行和使用，这就要求相关人员必须不折不扣地严格按文件规定执行，不能徇私，在制度面前人人平等。

5）文件的修改。在执行文件过程中发现存在问题时，应当根据提出意见和建议的方法和程序，逐级向上反映，由文件编制部门按手续收集反馈意见，并根据规定的步骤和程序进行修改。

6）文件作废和存档。当文件换版、作废时，应按相应的步骤规定执行，以防止使用已经过期的文件，保证相关岗位和人员获得有效版本。

13.1.4 隐患排查工作培训

（1）初期培训

企业隐患排查治理体系建设的初期，培训对象分为 2 种：一是对安全生产负责人进行背景培训；二是对承担推进工作的管理人员进行全面培训。

对负责人进行背景培训，可使相关领导充分认识企业实施隐患排查治理体系的重要意义、作用，让他们了解整个实施过程，知道自己在整个过程中的工作职责，以及应该给予隐患排查治理工作的支持和保障。

对承担推进工作的管理人员进行全面培训，主要内容包括相关政策法规、隐患排查标准内容详解、制度编写、隐患排查治理过程等方面。

（2）全员培训

隐患排查的主体是企业的所有人员，包括从领导到一线从业人员，直到在企业工作范围内的外部人员，以保证排查的全面性和有效性。

在颁布隐患排查治理制度文件之后，企业应组织从业人员，按照不同层次、不同岗位的要求，学习相应的隐患排查治理制度文件内容。

所有人员了解并掌握隐患排查是关键，必须对其进行有针对性和有效果的教育培训。在各种安全教育培训工作中，要将隐患排查的内容纳入其中，并根据需要做专门的培训，还要确认培训的效果，以保证所有人员有意识、有能力开展隐患排查。

13.1.5 隐患排查工作的实施

隐患排查工作的实施涉及企业所有管理范围，需要有计划、有步骤地开展。

（1）排查计划

排查工作应全员、全覆盖、全时段，因此，需要制订一个比较详细可行的实施计划，确定参加人员、排查内容、排查时间、排查安排、排查记录等内容。为提高效率，也可将排查工作与日常安全检查、安全生产标准化的自评工作或管理体系中的合规性评价和内审工作相结合。

（2）隐患排查的种类

1）专项排查。专项排查采用特定的、专门的排查方法，这种方法具有周期性、技术性和投入性。专项排查主要有按隐患排查治理标准进行的全面自查、对重大危险源的定期评价、对危险化学品的定期安全现状评价等。

2）日常排查。日常排查通常与安全检查工作相结合，具有日常性、及时性、全面性和群众性。日常排查主要有企业全面的安全大检查、主管部门的专业安全检查、专业管理部门的专项安全检查、各管理层级的日常安全检查、操作岗位的现场安全检查等。

（3）排查的实施

以专项排查为例，企业组成隐患排查组，根据排查计划到各部门和各所属单位进行全面的排查。排查时必须及时、准确和全面地记录排查情况和发现的问题,并随时与被排查单位的人员做好沟通。

(4) 排查结果的分析总结

1) 评价本次隐患排查是否覆盖了计划中的范围和相关隐患类别。

2) 评价本次隐患排查是否做到了"全面、抽样"的原则,是否做到了重点部门、高风险和重大危险源适当突出的原则。

3) 确定本次隐患排查发现,包括确定隐患清单、隐患级别以及分析隐患的分布(包括隐患所在单位和地点的分布、种类)等。

4) 得出本次隐患排查工作的结论,填写隐患排查标准表格。

5) 向领导汇报情况。

13.1.6 纳入考核和持续改进

为了确保顺利进行隐患排查治理工作,领导必须责成有关部门将隐患排查治理工作纳入考核。必须明确上至一把手,下至一线从业人员以及隐患排查人员的职责、权利和义务,特别是必须明确规定企业中高层领导在此项工作中的义务与职责。因为企业的中高层领导是实施与开展隐患排查治理工作的重要保障力量。

隐患排查治理机制的各个方面都不是一成不变的,需要随着安全管理水平的提高而与时俱进,借助安全生产标准化的自评和评审、职业健康安全管理体系的合规性评价、内部审核与认证审核等外力的作用,实现企业隐患排查治理工作的持续改进。

另外,隐患排查治理也为整体安全管理提供了持续改进的信息资源,通过对隐患排查治理情况的统计、分析,能够为预测、预警输入必要的信息,为管理的改进提供方向性的资料。

13.2 隐患的治理

隐患治理是指消除或控制隐患的活动或过程。对排查出的事故隐患，应当按照事故隐患的等级进行登记，建立事故隐患信息档案，并按照职责分工实施监控治理。对于一般事故隐患，由于其危害和整改难度较小，发现后应当由企业负责人或者有关人员立即组织整改。对于重大事故隐患，由企业主要负责人组织制定并实施事故隐患治理方案。

13.2.1 一般事故隐患治理

一般事故隐患是指危害和整改难度较小，发现后能够立即整改排除的隐患。为更好地、有针对性地治理企业生产和管理工作中存在的一般事故隐患，要对一般事故隐患进行进一步的细化分级。事故隐患的分级是以事故隐患的整改、治理和排除的难度及其影响范围为标准的。根据这个分级标准，在企业中通常将事故隐患分为班组级、车间级、分厂级直至总厂（公司）级，其含义是在相应级别的组织中能够整改、治理和排除事故隐患。

（1）立即整改

有些事故隐患，如明显的违反操作规程和劳动纪律的行为，属于人的不安全行为式的一般事故隐患，排查人员一旦发现，应当要求立即整改，并如实记录，以便于对此类行为统计分析，确定是否为习惯性或群体性隐患。有些设备设施方面的、简单的不安全状态，如安全装置没有启用、现场混乱等一般事故隐患，也可以要求现场立即整改。

（2）限期整改

有些一般事故隐患难以做到立即整改的，则应限期整改。

限期整改通常由排查人员或排查主管部门对隐患所属单位发出

"隐患整改通知书",内容中需要明确列出隐患情况的排查发现时间和地点、隐患情况的详细描述、隐患发生原因的分析、隐患整改责任的认定、隐患整改负责人、隐患整改的方法和要求、隐患整改完毕的时间要求等。限期整改需要全过程监督管理,以发现和解决可能临时出现的问题,防止拖延。

13.2.2 重大事故隐患治理

针对重大事故隐患,需要制定专门的治理方案。由于重大事故隐患治理的复杂性和较长的周期性,在没有完成治理前,还要有临时性的措施和应急预案。治理完成后还有书面申请以及接受审查等工作。

(1) 制定重大事故隐患治理方案

《安全生产事故隐患排查治理暂行规定》规定,重大事故隐患,由企业主要负责人组织制定并实施事故隐患治理方案。重大事故隐患治理方案应当包括以下内容:

1) 治理的目标和任务。
2) 采取的方法和措施。
3) 经费和物资的落实。
4) 负责治理的机构和人员。
5) 治理的时限和要求。
6) 安全措施和应急预案。

(2) 重大事故隐患治理过程中的安全防范措施

《安全生产事故隐患排查治理暂行规定》规定,企业在事故隐患治理过程中,应当采取相应的安全防范措施,防止事故发生。事故隐患排除前或者排除过程中无法保障安全的,应当从危险区域内撤出作业人员,并疏散可能危及的其他人员,设置警戒标志,暂时停产停业或者停止使用;对暂时难以停产或者停止使用的相关生产储存装置、设施、设备,应当加强维护和保养,防止事故发生。重大事故隐患治理方案中的安全措施和应急预案更是安全防范措施里的重要内容。

（3）重大事故隐患的治理过程

《安全生产事故隐患排查治理暂行规定》规定，已经取得安全生产许可证的企业，在其被挂牌督办的重大事故隐患治理结束前，安全监管监察部门应当加强监督检查。必要时，可以提请原许可证颁发机关依法暂扣其安全生产许可证。安全监管监察部门应当会同有关部门把重大事故隐患整改纳入重点行业领域的安全专项整治中加以治理，落实相应责任。

这一规定意味着企业在重大事故隐患治理过程中，还要随时接受和配合安全监管监察部门的重点监督检查。如果企业的重大事故隐患属于重点行业领域安全专项整治的范围，就更应落实相应的整改、治理主体责任。

（4）重大事故隐患治理情况评估

《安全生产事故隐患排查治理暂行规定》规定，地方人民政府或者安全监管监察部门及有关部门挂牌督办并责令全部或者局部停产停业治理的重大事故隐患，治理工作结束后，有条件的企业应当组织本单位的技术人员和专家对重大事故隐患的治理情况进行评估；其他企业应当委托具备相应资质的安全评价机构对重大事故隐患的治理情况进行评估。

这种评估主要针对治理结果的效果进行，确认其措施的合理性和有效性，确认对隐患及其可能导致的事故的预防效果。评估需要有一定条件和资质的技术人员和专家或有相应资质的安全评价机构实施，以保证评估本身的权威性和有效性。

（5）重大事故隐患治理后期工作

《安全生产事故隐患排查治理暂行规定》规定，重大事故隐患治理后经过评估，符合安全生产条件的，企业应当向安全监管监察部门和有关部门提出恢复生产的书面申请，经安全监管监察部门和有关部门审查同意后,方可恢复生产经营。申请报告应当包括治理方案的内容、项目和安全评价机构出具的评价报告等。对挂牌督办并采取全部或者局部停产停业治理的重大事故隐患,安全监管监察部门收到企业恢复生产的申请报告后,应当在10日内进行现场审查。审查合格的,对事故隐患进行核销,同意恢复生产经营;审查不合格的,依法责令改正或者下达停产整改指令。对整改无望或者企业拒不执行整改指令的,依法实施行政处罚;不具备安全生产条件的,依法提请县级以上人民政府按照国务院规定的权限予以关闭。

13.2.3 隐患治理措施

隐患治理及其方案的核心都是具体的治理措施,这些措施大体分为工程技术措施和安全管理措施,以及对重大事故隐患需要做的临时性防护和应急措施。隐患治理的方式方法是多种多样的,因为企业必须考虑成本投入,需要以最小代价取得最适当的结果。有时候,隐患治理很难彻底消除隐患,这就必须在遵守法律、法规和标准、规范的前提下,将其风险降低到企业可以接受的程度。

(1) 工程技术措施

工程技术措施的实施等级顺序依次是直接安全技术措施、间接安全技术措施、指示性安全技术措施等。根据实施等级顺序要求,应按消除、预防、减弱、隔离、连锁、警告的等级顺序选择安全技术措施。工程技术措施应具有针对性、可操作性和经济合理性,并符合国家有关法规、标准和设计规范的规定。

根据安全技术措施实施等级顺序要求,应遵循以下具体原则:

1) 消除。尽可能从根本上消除危险、有害因素,如采用无害化工艺技术,生产中以无害物质代替有害物质,实现自动化作业,采用遥控技术等。

2) 预防。当消除危险、有害因素有困难时,可采取预防性技术措施,预防危险、危害的发生,如使用安全阀、安全屏护、漏电保护装置、安全电压、熔断器、防爆膜、事故排放装置等。

3）减弱。在无法消除危险、有害因素和难以预防的情况下，可采取减少危险、危害的措施，如局部通风排毒装置、生产中以低毒性物质代替高毒性物质、降温措施、避雷装置、消除静电装置、减振装置、消声装置等。

4）隔离。在无法消除、预防、减弱的情况下，应将人员与危险、有害因素隔开，将不能共存的物质分开，如遥控作业、安全罩、防护屏、隔离操作室、安全距离、事故发生时的自救装置（如防护服、各类防毒面具）等。

5）连锁。当操作失误或设备运行达到危险状态时，应通过连锁装置终止危险、危害发生。

6）警告。在易发生故障和危险性较大的地方，配置醒目的安全色、安全标志，必要时设置声、光或声光组合报警装置。

（2）安全管理措施

安全管理措施一般在隐患治理工作容易被忽视，即使有，也是老生常谈式的提高安全意识、加强培训教育和加强安全检查等。其实，安全管理措施往往能系统性地解决很多普遍和长期存在的隐患，这就需要在实施隐患治理时，主动地和有意识地研究、分析隐患产生原因中的管理因素，发现和掌握其规律，通过修订有关规章制度和操作规程并贯彻执行来从根本上解决问题。

第 14 讲

事故应急预案培训和演练

应急预案是指针对可能发生的事故,为迅速、有序地开展应急行动、降低人员伤亡和经济损失而预先制订的有关计划或方案。应急预案是在辨识和评估潜在重大危险、紧急事件类型、紧急事件发生的可能性及发生的过程、紧急事件后果及影响严重程度的基础上,对应急机构职责、人员、技术、装备、设施、物资、救援行动及其指挥与协调方面预先做出的具体安排。应急预案明确了在紧急事件发生前、紧急事件过程中以及紧急事件发生后,谁负责做什么,何时做,怎么做,以及相应的策略和资源准备等。

企业应结合本单位的实际情况,从企业到车间、班组、岗位分别制定相应的应急预案,形成体系,互相衔接,并按照统一领导、分级负责、条块结合、属地为主的原则,同地方人民政府和相关部门应急预案相衔接。生产班组作为应急预案中的重要组成单元,应该按照法律、法规的规定,加强应急预案的培训和演练。本讲尤其注重介绍事故应急预案的演练内容。做好演练有关工作,能够使广大从业人员遇事故不慌乱,心理上和行动上胸有成竹,有效开展事故应急救援和自救互救,将事故伤害和损失降低到最低限度。

14.1 事故应急预案及其分类

14.1.1 事故应急预案及其作用

制定事故应急预案是贯彻落实"安全第一、预防为主、综合治理"方针,提高应对风险和防范事故的能力,保障从业人员安全健康和公众生命安全,最大限度地减少财产损失、环境损害和社会影响的重要措施。

事故应急预案在应急系统中起着关键作用,它明确了在突发事故发生之前、发生过程中以及刚刚结束之后,谁负责做什么、何时做,以及相应的策略和资源准备等。事故应急预案是针对可能发生的重大事故及其影响和后果的严重程度,为应急准备和应急响应的各个方面所预先做出的详细安排,是开展及时、有序和有效事故应急救援工作的行动指南。

应急预案在应急救援中的突出重要作用和地位体现在以下几个方面:

(1)应急预案明确了应急救援的范围和体系,使应急准备和应急管理不再无据可依、无章可循,尤其有利于培训和演练工作的开展。

(2)制定应急预案有利于做出及时的应急响应,减少生产安全事故损失。

(3)应急预案可作为各类生产安全事故的应急基础。通过编制基本应急预案,可保证应急预案足够的灵活性,对那些突发事件或事故,也可以起到基本的应急指导作用,成为开展应急救援的"底线"。在此基础上,可以针对特定危害编制专项应急预案,有针对性地制定应急措施,进行专项应急准备和演练。

(4)当发生超过应急能力的重大生产安全事故时,便于与上级应急部门协调。

(5)有利于提高风险防范意识。

14.1.2 事故应急预案分类

应急预案从功能与目标上可以划分为4种类型:综合预案、专项预案、现场预案和单项预案。

(1) 综合预案

一般来说,综合预案是总体、全面的预案,以场外指挥与集中指挥为主,侧重应急救援活动的组织协调。一般大型企业或行业集团,下属很多分公司,比较适于编制这类预案,可以做到统一指挥和资源的最大利用。

(2) 专项预案

专项预案主要针对某种特有和具体的事故灾难风险(灾害种类),如地震、重大工业事故、流域重大水体污染事故等,采取综合性与专业性的减灾、防灾、救灾和灾后恢复行动。

(3) 现场预案

现场预案则是以现场设施或活动为具体目标所制定和实施的应急预案,如针对某一重大工业危险源、特大工程项目的施工现场或拟组织的一项大规模公众集聚活动等。现场预案编制要有针对性,内容应具体、细致、严密。

(4) 单项预案

单项预案主要是针对一些单项、突发的紧急情况所设计的具体行动计划。单项预案一般针对临时性的工程或活动,这些活动不是日常生产过程中的活动,也不是规律性的活动,但这类作业活动由于其临时性或出现的机会很少,其潜在的危机常常被忽视。

14.2 企业应急预案的培训与宣传教育

一般来说,各级政府及其有关部门应对本行政区域、本行业(领域)应急预案管理工作加强指导和监督。各级政府及其有关部门、各有关单位要指定专门机构和人员负责相关具体工作,将应急预案规划、编制、审批、发布、演练、修订、培训、宣传教育等工作所需经费纳入预算统筹安排。应急预案编制单位通过编发培训材料、举办培训班、开展工作研讨等方式,对与应急预案实施密切相关的管理人员和专业救援人员等组织开展应急预案培训。对需要公众广泛参与的非涉密应急预案，编制单位应当充分利用互联网、广播、电视、报刊等多种媒体广泛宣传，制作通俗易懂、好记管用的宣传普及材料，向公众免费发放。

14.2.1 企业应急预案的培训

培训是应急预案演练的前期准备工作。培训的内容主要包括：应急预案的相关知识，相关的行业安全知识，有关应急管理的法律、法规、规章、标准、规范，其他相关应急预案，应急职责、应急响应及其实施程序，危险有害因素识别、风险分析与后果预测、应急对策与防护措施，应急设施、设备、器材的性能与使用方法，应急救援知识与技能，个人防护、自救、互救等基本知识。

培训的目的是让相关人员熟悉应急预案的内容，掌握事故现场处置和控制的措施，掌握应急救援的知识，明白自己担负的职责和义务，为演练和事故应急做好准备工作，以便随时投入到事故应急救援行动中。

要达到培训的目的，应该理论与实践结合，深入现场调研。培训结束后，学员应该写培训总结，严格考核，考核不过关，应该继续培训，直到合格。

培训的时间、地点，由企业根据实际情况确定。时间可以选择生产周期的间歇，宜早不宜迟，以便可以早日应对随时发生的事故。培训地点，理论部分可以选择培训室或会议室，实践部分可以选择在生产现场或其他应急救援地点。

培训的师资，应该有行业专业人士、设备专业人士、现场岗位技术人员和其他方面的专业人士，如消防、急救、检测和环保等。参加培训的人员应该包括企业全部从业人员和签订互助协议的企业应急人员。如果人数太多，可以分批培训。如果预案可能涉及周边居民、其他企业，也应该对他们进行逃生和自救互救知识的培训。

对周边居民、其他企业的培训,可以采用发资料、有奖答题等各种方式。

应急培训的时间、地点、内容、师资、参加人员和考核结果等情况应当如实记入本单位的安全教育培训档案。

14.2.2 应急预案的宣传教育

一般来说,本企业的从业人员已经通过培训,视同接受了应急预案的宣传教育,因此这里的应急预案宣传教育主要针对没有参与培训的本企业人员、周边单位的从业人员、学校师生和居民。宣传教育方式,可以通过闭路电视播放视频、广播、报纸等,也可以请求政府部门、社区委员会协助开展宣传教育。

14.3 事故应急预案演练

14.3.1 事故应急预案演练的目的和要求

(1) 应急演练的目的

应急演练的目的是通过培训、评估、改进等手段,提高保护人民群众生命财产安全和环境的综合应急能力,说明应急预案的各部分或整体是否能有效地付诸实施,验证应急预案对可能出现的各种紧急情况的适应性,找出应急准备工作中需要改善的地方,确保建立和保持可靠的通信渠道及应急人员的协同性,确保所有应急组织熟悉并能够履行其职责,找出需要改善的潜在问题。

(2) 应急演练的要求

应急演练的类型有多种,不同类型的应急演练虽有不同特点,但在策划演练内容、演练情景、演练频次、演练评价方法等方面具有共同性。应急演练的总体要求如下:

1) 符合规定。应急演练必须遵守相关法律、法规、标准和应急预案的规定。

2) 领导重视、科学计划。开展应急演练工作必须得到有关领导的重视，给予经费等相应支持，必要时有关领导应参与演练过程并扮演与其职责相当的角色。应急演练必须事先确定演练目标，演练策划人员应对演练内容、情景等事项进行精心策划。

3) 结合实际、突出重点。应急演练应结合当地存在的危险源特点、潜在事故类型、可能发生事故的地点和气象条件及应急准备工作的实际情况进行。演练应重点解决应急过程中组织指挥和协同配合问题，解决应急准备工作不足的问题，以提高应急行动的整体效能。

4) 周密组织、统一指挥。演练策划人员必须制定并落实保证演练达到目标的具体措施，各项演练活动应在统一指挥下实施，演练人员要严守演练现场规则，确保演练过程安全。演练不得影响企业的安全正常运行，不得使各类人员承受不必要的风险。

5) 由浅入深、分步实施。应急演练应遵循由下而上、先分后合、分步实施的原则，综合性的应急演练应以若干次分练为基础。

6) 讲究实效、注重质量。应急演练指导机构应精干，工作程序要简明，各类演练文件要实用，避免一切形式主义的安排，以取得实效为检验演练质量的唯一标准。

7) 兼顾效率。应急演练原则上应避免惊动公众，如必须卷入有限数量的公众，则应在公众教育得到普及、条件比较成熟时相机进行。

14.3.2 事故应急预案演练的种类

每一次演练并不要求展示上述所有目标的符合情况，也不要求所有应急组织全面参与演练的各类活动，但为检验和评价事故应急能力，应在一段时间内对应急演练目标进行全面的演练。

(1) 根据应急演练的规模分类

1) 单项演练。单项演练是为了熟练掌握应急操作或完成某种特定任务所需技能而进行的演练。此类演练有通信联络程序演练、人员集中清点演练、应急装备物（物质）到位演练、医疗救护行动演练等。

2）组合演练。组合演练是为了检查或提高应急组织之间及其与外部组织之间的相互协调性而进行的演练。此类演练有应急药物发放与周边群众撤离演练、扑灭火灾与堵漏演练、关闭阀门演练等。

3）综合演练。综合演练是应急预案内规定的所有任务单位或其中绝大多数单位参加的，为全面检查预案可执行性而进行的演练。此类演练较前两类演练更为复杂，需要更长的准备时间。

（2）根据演练的形式分类

1）桌面演练。桌面演练是指由应急组织的代表或关键岗位人员参加的，按照应急预案及其标准运作程序，讨论发生紧急事件时应采取的行动的演练活动。桌面演练的主要特点是对演练情景进行口头演练，一般是在会议室内举行的非正式活动。主要作用是在没有压力的情况下，演练人员在检查和解决应急预案中问题的同时，获得一些建设性的讨论结果。主要目的是在友好、较小压力的情况下，锻炼演练人员解决问题的能力，以及解决应急组织相互协作和职责划分的问题。

桌面演练只需展示有限的应急响应和内部协调活动，应急响应人员主要来自本地应急组织，事后一般采取口头评论的形式收集演练人员的建议，并提交一份简短的书面报告，以总结演练活动和提出有关改进应急响应工作的建议。桌面演练成本较低，主要用于为功能演练和全面演练做准备。

2）功能演练。功能演练是指针对某项应急响应功能或其中某些应急响应活动举行的演练活动。功能演练一般在应急指挥中心举行，并可同时开展现场演练，调用有限的应急设备。主要目的是针对应急响应功能，检验应急响应人员以及应急管理体系的策划和响应能力。例如，指挥和控制功能的演练，目的是检测、评价多个政府部门在一定压力情况下集权式的应急运行和及时响应能力,演练地点主要集中在若干个应急指挥中心或现场指挥所,可开展有限的现场活动,调用有限的外部资源。外部资源的调用范围和规模应能满足响应模拟紧急事件时的指挥和控制要求。又如,针对交通运输活动的演练,目的是检验地方政府相关应急响应部门建立现场指挥所,协调现场应急响应人员和交通运载工具的能力。

功能演练比桌面演练规模要大,需要动员更多的应急响应人员和组织。必要时,还可要求国家级应急响应机构参与演练过程,为演练方案设计、协调和评估工作提供技术支持,因而协调工作的难度也随着更多应急响应人员和组织的参与而增大。功能演练所需的评估人员一般为4~12人,具体数量依据演练地点、社区规模、现有资源和演练功能而定。演练完成后,除采取口头评论形式外,还应向地方政府提交有关演练活动的书面报告,提出改进建议。

3) 全面演练。全面演练是指针对应急预案中全部或大部分应急响应功能,检验、评价应急组织应急运行能力的演练活动。全面演练一般要求持续几个小时,采取交互式方式进行,演练过程要求尽量真实,调用更多的应急响应人员和资源,并开展人员、设备及其他资源的实战性演练,以展示相互协调的应急响应能力。

与功能演练类似,全面演练也少不了负责应急运行、协调和政策拟定人员的参与,以及国家级应急响应机构在演练方案设计、协调和评估工作中提供的技术支持。但在全面演练过程中,应急响应人员和组织的演示范围要比功能演练广。全面演练一般需10~50名评价人员。演练完成后,除采取口头评论外,还应提交正式的书面报告。

14.3.3 事故应急预案演练实施的要点

事故应急预案演练的实施有助于确定事故应急响应过程中的问题和解决办法。各类演练在实施中都有各自的程序和特点。

(1) 桌面演练的实施

桌面演练的复杂性、范围和真实程度变化很大。实际桌面演练只有两种：基本桌面演练和高级桌面演练。

基本桌面演练是在定向演练中通过小组讨论的方式解决基本问题。桌面演练有较多的时间，可先介绍目的、范围和管理规章，然后由演练控制者进行场景叙述。场景是讨论计划条款和程序的起点，应该详细包括特定位置、严重程度和其他相关问题。演练控制者必须控制讨论方向，以确保达到演练目标。在完成所有目标后，基本桌面演练结束。如果没在允许时间内达到所有目标，演练控制者要决定延迟继续演练或简单结束演练。

高级桌面演练使用与基本桌面演练相同的技术，但高级桌面演练会把引起一系列问题的相关要素加入场景叙述的基本问题中。高级桌面演练以简单场景叙述开始。当讨论开始后，演练控制者会介绍一系列相关问题或事件，要求演练人员讨论每个问题的解决办法。

桌面演练的重要特点如下：

1）高级桌面演练要求编制和使用事件顺序单。

2）桌面演练通过提供相关信息把事件介绍给演练人员。

3）桌面演练会介绍所有演练人员的信息，进行自由公开讨论或由特定人员指导。如果信息指向某人，该人要概括出应做出的反应或解决办法，由其他演练人员讨论。

4）演练控制者负责控制讨论方向，以在预定时间内介绍所有信息，可根据讨论内容改变信息介绍的顺序。

关于基本桌面演练的一般意见，也可用于高级桌面演练。当所有问题的解决办法满足演练要求后，演练结束。

高级桌面演练要求准备地图、胶片、相片等，以协助进行演练。由于在室内环境和非现场内进行演练，显示材料极有价值。

(2) 功能演练和全面演练的实施

功能演练和全面演练的方法基本相同，只在范围和复杂程度上有所区别。两种类型都具有最高的真实度,都能反映许多任务的实际效果,都在与真实紧急事件发生场所相同的地方进行,不同于定向和桌面演练。

桌面演练与功能/全面演练的重要区别是前者宣布开始时间和日期,后者有时不通知演练人员确切的时间。这种"非注意"型演练可检测报警和通知程序。

重要的是,在"非注意"型演练中,演练人员应在开始前明确演练目标和细节。演练介绍应该包括以下信息:演练时间、演练人员、安全措施、报告或记录程序。演练介绍有时在演练前一周内进行。

演练前,应将管理细节,如厕所位置、午饭时间等书面告知演练人员,但不得透露演练场景的细节,以防演练人员提前准备。

开始功能/全面演练的方法可能随演练目标而变化。由于大多数功能/全面演练把测试通知或报警系统作为目标,功能/全面演练的演练人员在首次信息发布后才做出反应。换句话,他们会继续正常活动,直到他们接到演练开始的通知。例如,消防反应人员听到消防报警才会做出反应。为避免混乱和恐慌,所有演练信息特别是最初的报警,应该说明演练的开始和结束,如"这是……演练"。如果使用报警系统,应该用公共发布系统来宣布演练开始。根据演练的目标和范围,可使用不同的方法介绍演练信息。如果演练不包括真实应急中最初的反应活动,在说明最初信息或问题之后,演练控制者应使用场景叙述的方式来告知演练人员目前的状态。

为得到最高真实程度,演练人员应正常执行反应任务。例如,执行需要使用消防带的消防任务时,由于消防水能引起破坏,演练人员应该布置消防带和完成其他任务,但不能放水。

一旦开始演练,演练控制者有责任保证演练按规定程序平稳进行。演练控制者面临的另一个问题是,实际应急过程可能需要花费很长时间,功能/全面演练必须在压缩后的演练时间内完成。例如,一般要花几个小时或更长时间才能控制住大型建筑火灾,在演练时应减少到几分钟内完成。在最初反应活动完成后,演练控制者应该停止演练,简单向演练人员说明假定几个小时后,火被扑灭。

功能/全面演练中,一般完成所有演练目标或到设定时间时,演练才结束。由于日程设定有问题或其他原因而重新安排演练是不实际的,因而演练控制者必须保证演练能按时进行,或在演练前做必要的调整。

14.4 实例:某企业应急预案演练方案

一、演练题目:××硫酸储罐发生硫酸泄漏应急处理

二、演练时间:××××年××月××日上午

三、演练地点:××有限公司××现场

四、演练时天气情况:按实际风向等天气情况演练

五、演练组织机构

参加演练单位:安全环保部、生产部、保卫部、技术部、质量部、行政部、企管部。

六、演练队员及职责

(一) 指挥策划协调组 (4人)

1. 组长 (1号队员×××)

(1) 指导演练。

(2) 批准演练方案。

(3) 担任演练总指挥,发布演练开始命令。

(4) 批准启动综合应急预案。

(5) 向当地安全生产监督管理部门应急办报告事故情况,请求增援。

2. 副组长 (2号队员×××)

(1) 综合协调、协助指导演练。

（2）确保演练活动的任务量、针对性和挑战性。

（3）批准启动泄漏、火灾、中毒专项应急预案，组织救援。

（4）请求启动综合应急预案。

3. 演练策划（3号队员×××、4号队员×××）

（1）按照《××应急预案》起草××硫酸储罐发生硫酸泄漏事故演练方案并组织相关人员讨论、定稿。

（2）组织参演人员学习演练方案，解答参演人员的疑问。

4. 现场指挥（3号队员×××）

（1）组织准备演练物资、器材。

（2）组织预演，确保演练项目得到充分演练，以利于评价工作的展开。

（3）现场指挥演练××硫酸储罐发生硫酸泄漏事故演练方案。

（4）组织演练评估。

5. 现场协调员（4号队员×××）

（1）协助准备演练所需物资。

（2）发现问题，及时协调，确保演练进度。

（3）及时发出信号，指导各组出场。

（4）保障演练过程的安全。

（二）录制组（2人）

1. 录像员（5号队员×××）

（1）对救援过程录像。

（2）调阅并保存救援过程监控录像。

2. 记录员（6号队员×××）

记录预警、请求救援时间，各救援组及外部救援力量到达时间，救援物资、装备、有关领导及相关人员到达现场的时间，现场救援组织、协调、现场应急处置等具体的应急行动情况及领导的批示、建议等，对应急处置工作全过程做出详细记录，为总结、改进公司事故应急救援提供依据。

（三）现场处置小组（4人）

1. 班长（7号队员×××）

（1）穿戴好劳动防护用品，实施Ⅲ级响应，启动现场处置方案。

（2）提示参与处置人员穿戴好相应劳动防护用品。

（3）安排报警。

（4）立即向部门经理报告。

2. 装酸工（8号队员×××）

（1）在装酸过程中发现硫酸储罐泄漏。

（2）通知装酸车押运员及时关闭装酸阀门、吸烟管线阀门。

（3）关闭装酸泵及相关阀门。

（4）以喊话、对讲机方式发出预警信息通知其他人员……

3. 装酸车押运员（9号队员×××）

根据现场装酸工要求关闭装酸阀门、吸烟管线阀门……

4. 装酸车司机（10号队员×××）

将装酸车开到××硫酸储罐装酸口（北侧）……

（四）事故部门经理（1人，11号队员×××）

1. 提示参与处置人员穿戴好相应劳动防护用品。

2. 安排班长按现场处置方案处置。

3. 向安全环保部报告事故情况，请求启动硫酸泄漏专项应急预案。

（五）通信联络组（1人，12号队员×××）

联络、接应外部救援队伍……

（六）警戒疏散组（8人）

1. 组长（13号队员×××）、监测员（14号队员×××）

监测现场有毒有害气体情况，并向总指挥报告检测数据。

2. 警戒员（15号队员×××、16号队员×××、17号队员×××、18号队员×××）

设立警戒线，禁止无关人员进入公司……

3. 被疏散人员［9号队员（装酸车押运员×××）、10号队员（装酸车司机×××）］

扮演被疏散人员。

（七）医疗救护组（2人，组长：19号队员××，救护员：20号队员××）

…………

（八）应急处置小组（18人）

1. 应急处置一组（3人，组长：13号队员×××，应急处置员：15号队员×××、16号队员×××）

（1）将北门雨水排污口电动阀、污水排污口电动阀、生活污水手动阀关闭。

（2）检查阀门关闭情况，禁止酸性水排出。

2. 应急处置二组［3人，组长：21号队员×××，应急处置员：22号队员（维修车间）、23号队员（维修车间）］

（1）将应急酸泵运到泄漏点附近，保障应急酸泵能将围堰内泄漏的硫酸打到运输酸车。

（2）查明泄漏点情况，制定方案实施抢修。

3. 应急处置三组［3人，组长：24号队员×××，应急处置员：25号队员（原料科）、26号队员（原料科）］

（1）将铲车装满矿渣运到北门地面处进行硫酸拦截。

（2）将铲车装满矿渣运到泄漏点附近，用矿渣覆盖硫酸。

4. 应急处置四组（5人，组长：11号队员×××，应急处置员：7号队员×××、8号队员×××、27号队员×××、28号队员×××）

（1）穿戴齐全劳动防护用品，准备铁锹等工具，准备液碱等碱性溶液或片碱。

（2）现场处理。

5. 应急处置五组（4人，组长：29号队员×××，应急处置员：30号队员×××、31号队员×××、32号队员×××）

穿戴齐全劳动防护用品，准备应急水泵、应急水带……

（九）电气仪表组（2人，组长：33号队员×××，消防泵启动员：34号队员×××）

1. 切断泄漏点处电源。

2. 启动消防泵，监护消防泵运转情况。

（十）现场洗消组（5人，组长：35号队员×××，现场洗消员：36号队员×××、37号队员×××、38号队员×××、39号队员×××）

1. 开启消防系统。

2. 进行现场场地、装酸车、工具的洗消。

（十一）洗消检测组（2人，组长：40号队员×××，洗消检测员：41号队员×××）

监测现场外排水情况……

（十二）后勤保障组（4人，组长：42号队员×××，后勤保障员：43号队员×××、44号队员×××、45号队员×××）

1. 保障救援所需物资、车辆、资金等。

2. 保障电话、广播、网络、监控等通信信号畅通。

（十三）新闻组（2人，组长：46号队员×××，舆情监测员：47号队员×××）

接待政府部门、团体、媒体等外界人士……

（十四）善后处理组［3人，组长：48号队员×××，善后接待员：49号队员（行政部）、50号队员×××］

1. 通知、接待、安抚伤者家属。

2. 协调办理保险理赔、医疗、赔偿等事宜……

七、此次演练不通知具体演练时间，采用突然发生的演练方式进行现场演练，以检验公司出现紧急情况时的应急处置能力

第 15 讲

事故现场应急处置和救援

对发生事故的现场进行处置,要临危不惧,把握好应遵循的原则,采取科学的处置方法,根据既定的应急救援预案,按照科学规范的响应程序和处置要求,充分运用应急指挥、应急队伍、应急装备等各种应急资源,对事故进行抢险救灾。一般来说,事故发生后,首当其冲的是处在生产一线的班组成员。班组成员除了紧急避险逃生之外,如有条件,应第一时间做好力所能及的应急处置、事故报告等,将对有效控制事故的发展及协助事故处置起到重大的作用。班组生产现场的事故应急处置,能够避免事故扩大和恶化,从而大大减轻事故对人员、财产、环境造成的危害。

这里要指出的是,所有事故都具有突发、紧急、较强危险性的特性,尤其是火灾爆炸事故、有毒有害物质泄漏及中毒事故、矿山安全类事故。针对这类事故的现场处置,主要体现在对事故的控制与安全上,当危及人身安全时,班组成员首要的问题还是尽力避险逃生。

15.1 事故现场应急处置的基本内容

15.1.1 事故现场应急处置原则

(1) 快速反应原则

任何灾害事故都具有突发性、连带性和不确定性等特点,这些特点决定了在现场应急处置过程中,任何时间上的延误都有可能加大应急处置工作的难度,以至于使损失扩大,引发更为严重的后果。因此,在应急处置过程中,必须坚持做到快速反应,力争在最短的时间内到达现场、控制事态、减少损失,以最高的效率与最快的速度救助受害者,并为尽快地恢复正常的工作秩序、社会秩序、生活秩序创造条件。

在所有的灾难性事故与事件发生之后,现场处置快速反应并没有一个现成的模式,一方面要遵循事故处置的一般原则,另一方面也需要根据事件的性质与所影响的范围灵活掌握、灵活处理。有的事件在爆发的瞬间就已结束,没有继续蔓延的条件;但大多数事件在救援和处置过程中可能还会继续蔓延扩大。如果处置不及时,很可能带来灾难性的后果,甚至引发其他灾害事故。事故现场控制的作用,首先体现在防止事故继续蔓延扩大方面,必须在事发的第一时间做出反应,以最快的速度和最高的效率进行现场控制。因此,快速反应原则是事故应急处置中的首要原则。

(2)救助原则

大量的灾难性事故与事件的案例研究表明,造成严重后果的原因之一就是反应不及时,受害者不能得到及时救助。在提倡以人民为中心的现代民主社会,应急处置的首要目标是人员的安全,救助原则与快速反应原则的本质要求就是减少人员的伤亡。

每当灾难性事故与事件发生,就会产生数量和范围不确定的受害者。受害者的范围不仅包括灾难中的直接受害者,还包括直接受害者的亲属、朋友以及周围其他利益相关的人员。受害者所需要的救助往往是多方面的,这不仅体现在生理上,很多时候也体现在心理和精神层面上。例如,火灾、爆炸和恐怖袭击等灾难性事件现场往往会有大量的伤亡人员(直接受害者),他们会在生理和心理上承受双重打击;同时,灾难性事件的幸存者和亲历者虽然没有明显的心理创伤,但也会产生各种各样的负面心理反应。因此,灾难性事故与事件应急处置部门和人员在进行现场控制的同时,应立即展开对受害者的救助，及时抢救护送危重伤员，救援受困群众，妥善安置死亡人员，安抚在精神与心理上受到严重冲击的受害者。

(3) 人员疏散原则

在大多数灾难性事故与事件应急处置的现场控制与安排中，把处于危险境地的受害者尽快疏散到安全地带，避免出现更大伤亡的灾难性后果，是一项极其重要的工作。在很多伤亡惨重的灾难性事故与事件中，没有及时进行人员疏散是造成群死群伤的主要原因。

无论是自然灾害还是人为的事故，或者其他类型的灾难性事件，在决定是否疏散人员的过程中，一般需要考虑的因素如下：

1) 是否可能对群众的生命和健康造成危害，特别要考虑是否存在潜在危险性。

2) 灾难性事件的危害范围是否会扩大或者蔓延。

3) 是否会对环境造成破坏性的影响。

(4) 保护现场原则

按照一般的程序，灾难性事故与事件的应急处置工作结束之后，或在应急处置过程的适当时机，调查工作就需要介入，以分析灾难性事故与事件的原因与性质，发现、收集有关证据，澄清灾难性事故与事件的责任者。在应急处置过程中，特别是对现场的控制做出安排时，一定要注意对现场进行有效的保护，以便于日后开展调查工作。在实践中容易出现的问题是，应急人员的注意力都集中在救助伤亡人员或防止事故蔓延扩大上，而忽略了对现场与证据的保护，结果在事后发现其中有犯罪嫌疑，需要收集证据时，现场已遭到破坏，使调查工作处于被动局面。因此，必须在进行现场控制的整个过程中，把保护现场作为工作原则贯穿始终。虽然对灾难性事故与事件的应急处置与调查处理是不同的环节与过程，但在实际工作中没有明确的界限，不能把两者截然分开。

(5) 保护应急人员安全的原则

在一些事故的应急现场，一些应急指挥人员会发出"不惜任何代价（包括应急人员的生命），要……"之类的指令，结果造成更大的伤亡和损失。这种精神在某种情况之下是值得提倡和发扬的，但在应急过程中，如果没有科学的方法与态度，这种精神就可能成为一种盲目的、不负责任的冲动。从理性的角度考虑，在事故的应急处置中，应当明确的一个基本目标是保障所有人的安全，既包括受害者和潜在的受害者，也包括应急人员，而且首先要保障应急人员的安全，不能为了执行一个不负责任的命令而不顾应急人员的安全。事故现场的应急指挥人员在指导思想上也应当充分地权衡各种利弊得失，尽可能使现场的应急决策科学化与最优化，避免不必要的牺牲。

15.1.2 事故应急处置工作内容

国家标准《生产经营单位生产安全事故应急预案编制导则》（GB/T 29639—2013）规定，应急处置主要包括以下内容：

(1) 事故应急处置程序

根据可能发生的事故类型及现场情况，明确事故报警、各项应急措施启动、应急救护人员的引导、事故扩大及同企业应急预案的衔接程序。

(2) 现场应急处置措施

针对可能发生的火灾、爆炸、危险化学品泄漏、坍塌、水患、机动车辆伤害等，从操作措施、工艺流程、现场处置、事故控制、人员救护、消防、现场恢复等方面制定明确的应急处置措施。

(3) 事故报告

明确事故报警电话及上级管理部门、相关应急救援单位联络方式和联系人员，事故报告的基本要求和内容。

15.1.3 现场控制的基本方法

在事故现场应急处置过程中，对现场的控制是必不可少的，要做出一系列的应急安排,以防止灾难性事故与事件进一步蔓延扩大,把人员伤亡与财产损失减少到最低。但由于事故发生的时间、环境、地点不同,事故类型、影响范围、损失程度不尽相同,其所需要的控制手段(包括应急资源)也不相同。因此,在不同的事故现场,应该采取不同的控制方法。事故现场控制的一般方法可分为以下几种:

(1) 警戒线控制法

警戒线控制法是由参加现场处置工作的人员对需要保护的重大或者特别重大事件的现场采取特别保护的方法,防止非应急处置人员与其他无关人员随意进出,干扰应急行动。在重特大灾难现场或其他相关场所,根据不同情况或需要,应安排公安机关的人民警察或保卫人员等应急人员实施警戒保护。对应急现场,应从其核心现场开始,向外设置多层警戒。

现场设置警戒线,一方面是为了保障参加现场处置工作的人员能顺利进出,另一方面可避免外来的未知因素对现场的安全构成威胁,避免现场可能存在的各种危险源危及周围无关人员的安全。应急警戒范围,应坚持宜大不宜小,保留必要的警戒冗余度,以防止现场大规模无序流动。在实践中,各国普遍的做法是设置两层警戒,由高密度向低密度布置警戒人员。

(2) 区域控制法

在有些灾难性事故与事件的应急处置过程中,可能点多面广,需要处置的问题较多,存在优先安排的顺序问题;也可能由于环境等因素的影响,需要对某些局部区域采取不同的控制措施,控制进入现场的人员数量。区域控制法是在不破坏现场的前提下,在现场外围对整个应急现场环境进行总体观察,确定重点区域、重点地带、危险区域、危险地带。一般遵循的原则:先重点区域,后一般区域;先危险区域,后安全区域;先外后内,最后为中心区域。具体实施区域控制时,一般应当在现场专业处置人员的指导下进行,由事发单位或事发地的公安机关指派专门人员具体实施；对于重特大灾难应急现场，还应当由穿着制服的警察实施区域控制。

（3）遮盖控制法

遮盖控制法实际上是保护现场与现场证据的一种方法。在应急处置现场，有些物证的时效性要求往往比较高，天气因素的变化可能会影响取证的真实性；有时现场比较复杂，破坏比较严重，再加上应急处置人员不足，不能立即对现场进行勘查、处置，因此需要用其他物品对重要现场、重要证据、重要区域进行遮盖，以利于后续工作的开展。遮盖物一般多采用干净的塑料布、帆布、草席等物品，起到防风、防雨、防日晒以及防止无关人员随意触动的作用。应当注意的是，除非万不得已，一般尽量不要使用遮盖控制法，防止遮盖物污染某些微量物证，影响取证以及后续的化学物理分析结果。

（4）以物围圈控制法

为了维持应急处置现场的正常秩序，防止现场重要物证被破坏以及危害扩大，可以用其他物体对现场中心地带周围进行围圈。一般来讲，可以使用一些不污染环境的阻燃阻爆的物体。如果现场比较复杂，还可以采用分区域、分地段的方式进行。

（5）定位控制法

有些应急事件现场由于死伤人员较多，物体位置变动较大，物证分布范围广，采取上述几种现场控制方法可能会给事发地的正常生活和工作秩序带来一定负面影响，这就需要对现场特定死伤人员、特定物体、特定物证、特定方位、特定建筑等采取定点标注的控制方法，使整体事件现场能够一目了然，做到定量和定性相结合，有利于下一步工作的开展。定位控制一般可以根据现场大小、破坏程度等情况，首先按区域、方位对现场进行区域划分，可以有形划分，也可以无形划分，如长条形、矩形、圆形、螺旋形等；然后对每一划分区域指派现场处置人员，用色彩鲜艳的小旗对死伤人员、重要物体、重要物证、重要痕迹进行标注；最后根据现场应急处置需要，在此基础上开展下一步的工作。这也是欧美国家在处置重大事故现场过程中常采用的一种方法。

15.1.4 事故现场处置过程

在事故抢险中，尽管由于发生事故的单位、地点、化学介质不同，抢险程序会存在差异，但一般都是由接报、调集抢险力量、设点、询情、侦检、隔离、疏散、防护、现场急救、泄漏处置、火灾控制、现场洗消、撤点等步骤组成。其中，事故现场处置一般按照现场设点、询情和侦检、隔离与疏散、防护、现场急救、泄漏处置、火灾控制、现场洗消和撤点的程序进行。

（1）现场设点

现场设点是指救援队伍进入事故现场，选择有利地形（地点），设置现场救援指挥部或救援、医疗急救点。

各救援点的位置选择关系能否有序地开展救援和保护自身安全。救援指挥部、救援和医疗急救点的设置应考虑以下几项因素：

1）地点。应选在上风向的非污染区域，应注意不要远离事故现场，便于指挥和救援工作的实施。

2）位置。各救援队伍应尽可能在靠近现场救援指挥部的地方设点，并随时保持与指挥部的联系。

3）路段。应选择交通路口，利于救援人员或转送伤员的车辆通行。

4）条件。指挥部、救援或医疗急救点，可设在室内或室外，应便于人员行动或伤员的抢救，同时要尽可能利用原有通信、水和电等资源，有利于救援工作的实施。

5）标志。指挥部、救援或医疗急救点，均应设置醒目的标志，方便救援人员和伤员识别。悬挂的旗帜应用轻质面料制作，以便救援人员随时掌握现场风向。

(2) 询情和侦检

采取现场询问情况和现场侦检的方法，充分了解和掌握事故的具体情况、危害范围、潜在的险情（爆炸、中毒等）。

侦检是危险物质事故抢险处置的首要环节。侦检是指利用检测仪器检测事故现场危险物质的浓度、强度以及扩散、影响范围，并做好动态监测。根据事故情况的不同，可以派出若干侦检小组，对事故现场进行侦检，每个侦检小组应至少有2人。

(3) 隔离与疏散

1) 建立警戒区域。事故发生后，应根据化学品泄漏扩散的情况或火焰热辐射所涉及的范围建立警戒区，并在通往事故现场的主干道上实行交通管制。建立警戒区域时应注意以下几点：

①警戒区域的边界应设警示标志，并有专人警戒。

②除消防、应急人员以及必须坚守岗位的人员外，其他人员禁止进入警戒区。

③泄漏的化学品为易燃品时，区域内应严禁火种。

2) 紧急疏散。迅速撤离警戒区及污染区内与事故应急处理无关的人员，以减少不必要的人员伤亡。紧急疏散时应注意以下事项：

①如事故物质有毒时，需要佩戴劳动防护用品或采用简易有效的防护措施，并有相应的监护措施。

②应向侧上风方向转移，明确专人引导和护送疏散人员到安全区，并在疏散或撤离的路线上设立哨位，指明方向。

③不要在低洼处滞留。

④要查清是否有人留在污染区与警戒区。

(4) 防护

根据事故物质的毒性及划定的危险区域，确定相应的防护等级，并根据防护等级按标准配备相应的劳动防护用品。

(5) 现场急救

在事故现场，化学品对人体可能造成的伤害有中毒、窒息、冻伤、化学灼伤、烧伤等。进行急救时，不论患者还是救援人员，都需要进行适当的防护。

(6) 泄漏处置

危险物质泄漏后，不仅污染环境，对人体造成伤害，如遇可燃物质，还有引发火灾、爆炸的可能。因此对泄漏事故，应及时、正确处理，防止事故扩大。泄漏处理一般包括泄漏源控制及泄漏物质处理两大部分。

(7) 火灾控制

危险化学品容易发生火灾、爆炸事故，但不同的化学品以及在不同情况下发生火灾时，其扑救方法差异很大，若处置不当，不仅不能有效扑灭火灾，反而会使灾情进一步扩大。从事化学品生产、使用、储存、运输的人员和消防救护人员平时应熟悉和掌握化学品的主要危险特性及其相应的灭火措施，并定期进行防火演习，加强紧急事态时的应变能力。

(8) 现场洗消

现场洗消是消除染毒体和污染区毒性危害的主要措施。危险化学品事故发生后，事故现场及附近的道路、水源都有可能受到严重污染，若不及时进行洗消，污染会迅速蔓延，造成更大危害。

(9) 撤点

撤点是指应急救援工作结束后，离开现场或救援的临时性转移。

15.2 事故现场避险自救

15.2.1 避险自救的重要作用

事故现场避险自救是指事故发生后，事故单位实施救援行动，以及在事故现场受到事故危害的人员自身采取的保护防御行为。自救行为的主体是企业和从业人员本身。由于他们对现场情况最熟悉、反应最快，发挥救援作用最大，事故现场急救工作往往可通过自救行为得到控制或解决。自救是事故现场急救工作最基本、最广泛的救援形式。

事实证明，当发生灾难事故后，在万分危急的情况下，依靠自己的智慧和力量，积极、正确地采取自救、互救措施是最大限度地减少事故损失的重要环节。发生重大灾害事故的初期，通常情况下，灾害波及的范围和对人员的危害都比较小，既是抢救事故的有利时机，又是决定事故现场人员生命安全的关键时刻。一般来说，事故发生后，再健全的救援网络、再快的急救运输，救护人员也不可能马上赶到事故现场进行抢救。而处于事故现场的作业人员，在万分危急的情况下，积极、正确地采取应急自救、互救措施，具有及时性、就近性、广泛性、自发性和有效性，能保障事故现场人员自身安全和控制灾情进一步扩大，将灾害事故消灭在萌芽阶段和初始状态。即使在事故处理的中、后期，现场作业人员积极开展应急自救、互救，对提高抢险救灾工作成效也具有重要的作用。

15.2.2 避险自救的基本原则

(1) 迅速报警，及时求救

熟悉各种报警电话，事故发生后要迅速报警求救，不能拖延不报，更不允许瞒报、谎报。

(2) 确保安全，迅速施救

要在确保自身安全的前提下，开展救援工作，不要盲目施救。

(3) 保持冷静，客观分析

在自救过程中，主动比被动好，要采取积极的态度，不要错失良机。事故发生后，不要惊慌失措，要弄清楚事故的类型和性质，采取正确的避险方法。

(4) 正确使用避险资源

发生事故后，要利用一切可以利用的避险资源，包括各种防护设施、消防器材、避险硐室、急救药品等。

（5）服从指挥，科学逃生

非抢险人员应遵守"安全第一，主动、迅速、镇定、向外、离开事故现场"的基本原则。自救是为了保全性命，所以应当选择比较安全的方法，尽快离开事故现场。在选择相应的逃生方法时，哪一种安全系数大，选择哪一种。

如果选择安全逃生，必须要速度快。事故的发展速度往往相当快，所以一定要行动敏捷。自救过程中还要镇定、不慌不乱，树立坚定的求生欲望。向外逃生比向里好，这样安全系数要高一些。

15.2.3 事故现场避险自救的基本要求

现场人员应熟悉各种不同性质事故的特点和规律，因为不同事故避险自救的方法不同。

在确保自身安全的前提下，积极抢险救灾。因为事故发生后，如果现场人员能够采取正确的措施，往往可以把事故消灭在萌芽状态，避免更大的损失，最大限度地挽救他人的生命。如果确实无法处理，必须依据事故性质类型及时撤离。

熟悉避险路线，不同事故的避险路线可能不同，需要认真分析。如果避险路线遇阻，就近寻找避险硐室或设施，等待救援，不要盲目逃生。

一般事故现场附近都有必要的应急设施，要熟悉这些设施的存放位置和数量，事故发生时要充分利用。另外，必须掌握应急设施、器材的使用方法。

对于相应的事故，企业应制定对应的应急预案。现场人员必须熟悉事故应急预案，特别是现场预案，在事故发生后按照预案的要求进行避险自救。

节约用电、水和食物。事故发生后如果随身携带照明设施，不要随意开启。如果几个人一起逃生，可以轮流使用照明设施。另外，应急资源如水和食物的使用一定要有计划，尽可能延长使用时间。

15.2.4 实例：矿井透水事故时避险自救

发现透水预兆要立即向调度室报告，若是情况紧急，透水即将发生，必须立即发出警报，迅速采取果断措施进行处理，防止透水发生，避免淹井，并及时撤出所有受水害威胁的人员。

(1) 透水后现场人员撤离时的注意事项

1) 透水后，应在可能的情况下迅速观察和判断透水的地点、水源、涌水量、发生原因、危害程度等情况，根据灾害预防和处理计划中规定的撤离路线，迅速撤离到透水地点以上的水平，而不能进入透水地点附近及下方的独头巷道。

2) 行进中，应靠近巷道一侧，抓牢支架或其他固定物体，尽量避开压力水头和泄水流，并注意防止被水中滚动的矸石和木料撞伤。

3) 如透水后破坏了巷道中的照明和路标，迷失行进方向，现场人员应朝着有风流通过的上山巷道方向撤离。

4) 在撤离沿途和所经过的巷道交叉口，应留设指示行进方向的明显标志，以提示救护人员的注意。

5) 如唯一的出口被水封堵无法撤离时，应有组织地在独头工作面躲避，等待救护人员的营救。严禁盲目潜水逃生等冒险行为。

(2) 被矿井水灾围困时的避险自救措施

1) 当现场人员被涌水围困无法撤离时，应迅速进入预先筑好的避难硐室中避险，或选择合适地点快速搭建临时避难硐室避险。迫不得已时，可爬上巷道中高冒空间待救。如系老窑透水，则须在避难硐室外搭建临时挡墙或吊挂风帘，防止被涌出的有毒有害气体伤害。进入避难硐室前，应在硐室外留设明显标志。

2) 在避险期间，现场人员要有良好的精神心理状态，情绪安定、自信乐观、意志坚强。要坚信上级领导一定会组织人员快速营救；坚信在班组长和有经验人员的带领下，一定能克服各种困难，共渡难关、安全脱险。要做好长时间避险的准备，除轮流担任岗哨观察水情的人员外，其余人员均应静卧，以减少体力和空气消耗。

3) 避险时，应用敲击的方法有规律、间断地发出呼救信号，向救护人员指示躲避处的位置。

4) 被困期间断绝食物后，即使在饥饿难忍的情况下，也应努力克制自己，决不嚼食杂物充饥。需要饮用井下水时，应选择适宜的水源，并用纱布或衣服过滤。

5) 长时间被困在井下，发觉救护人员到来营救时，避险人员不可过度兴奋和慌乱。得救后，不可吃硬质和过量的食物，要避开强烈的光线，以防发生意外。

(3) 水害发生后自救注意事项

1) 撤离时要服从命令，不可慌乱，要注意往高处走，并沿预定的避险路线出井。

2) 位于透水点下方的人员，撤离时遇到水势很猛和很高的水头时，要尽力屏住呼吸，用手拽住管道等物，防止呛水和溺水，奋勇用力闯过水头，借助巷道壁及其他物体，迅速撤往安全地点。

3) 当外出道路已被水阻隔，无法撤出时，应选择地势最高、离井筒或大巷最近的地点，或上山独头巷道暂时躲避。被堵在上山独头巷道内的人员，要有长时间被堵的思想准备，要节约使用矿灯和食品，有规律地敲打金属器具，发出求救信号。同时要发扬团结互助的精神，共同克服困难，坚信上级会全力营救，是能够安全脱险的。要忍饥静卧，降低消耗，饮水延命，等待救援脱险。

4) 若透水来自老空、老窑积水，因同时会有大量有毒气体涌出，撤离时每人都要迅速戴好自救器，或用湿毛巾掩住口鼻，以防中毒或窒息。

5) 撤离途中经过水闸门时，最后一人撤出后要立即紧紧关闭水闸门。水泵司机在没有接到救灾指挥部撤离命令前，绝对不准离开工作岗位。

15.3 事故现场急救

事故现场急救是指在劳动生产过程中,在工作场所发生事故时,在医务人员和救护车赶到现场前,利用现场的人力、物力,对事故现场伤员的自救和互救。事故现场急救对减轻疼痛、减少伤残率和死亡率有很大的作用。

15.3.1 事故现场急救的目的和意义

(1) 挽救生命

实施及时有效的急救措施,如对心跳、呼吸停止的伤员进行心肺复苏,可挽救生命。

(2) 稳定病情

在现场对伤员进行对症、医疗支持及相应的特殊治疗与处置,以使病情稳定,为下一步的抢救打下基础。

(3) 减少伤残

发生事故特别是重大或灾害事故时,不仅可能出现群体性中毒,往往还可能发生各类外伤,诱发潜在的疾病或使原来的某些疾病恶化。现场急救时正确地对病伤员进行冲洗、包扎、复位、固定、搬运及其他相应处理,可以大大降低伤残率。

(4) 减轻痛苦

采取一般及特殊的救护,可安定伤员情绪,减轻伤员的痛苦。

在生产安全事故发生后,事故应急救援体系能保证事故应急救援组织的及时出动,并针对性地采取救援措施,对防止事故进一步扩大,减少人员伤亡和财产损失意义重大。

应急救援工作中一项重要任务是对人员的及时救护。在现场救护中,人们常常将抢救危重急症、意外伤害伤员寄托于医院和专业的医护人员,缺乏对在现场救护伤员的重要性和可实施性的认识。

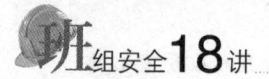

这种传统的观念，往往使处在生死之际的伤员丧失最宝贵的几分钟、十几分钟"救命的黄金时刻"。在实际救援中，最有效的救援人员往往是"第一目击者"。现场救护是指在事发的现场，对伤员实施及时、有效的初步救护，是立足于现场的抢救。事故发生后的几分钟、十几分钟，是抢救危重伤员最重要的时间。在此时间内，抢救及时、正确，生命有可能被挽救；反之，丧失生命或病情加重。在事故现场，"第一目击者"对伤员实施有效的初步紧急救护措施，可挽救生命，减轻伤残和痛苦。之后，在医疗救护下或运用现代救援服务系统，将伤员迅速送到就近的医疗机构，继续进行救治。

对于企业班组成员而言，学习和了解一些基本的自救和急救常识，对于减轻事故后果、实施有效的救援是非常必要的。"第一目击者"及所有救护人员，应牢记现场对垂危伤员抢救生命的首要目的是"救命"。

15.3.2 事故现场急救基本原则

现场救护原则是先救命后治伤，先重伤后轻伤，先抢后救，抢中有救，尽快脱离事故现场，先分类再运送，医护人员以救为主，其他人员以抢为主，各负其责，相互配合，以免延误抢救时机。现场救护人员应注意自身防护。

（1）寻找伤员，使伤员脱离险境

迅速脱离险境是抢救的先决条件。先抢后救、抢中有救，尽快脱离事故现场，特别是失火能引起爆炸的现场，以免发生爆炸或有害气体中毒，确保救护人员与伤者的安全。事故发生后，首先要迅速果断地切断伤害源，中止其对人体的继续伤害。例如，电击伤时，切断电源（关闭电闸、切断电路、挑开电线），使伤员安全脱离电源。

（2）迅速判断伤情并分类

本着先救命后治伤，先重伤后轻伤的原则，对伤员的生命体征

(主要是意识、呼吸、心跳、血压、瞳孔等项指征)和局部伤情(受伤部位和程度、有无活动性出血和骨折等指征)进行检查。在抢救工作中,不要因忙乱或受到干扰被轻伤伤员的低叫所迷惑,使危重伤员最后被抢救。相关经验表明,对于大出血、严重撕裂伤、内脏损伤、颅脑重伤伤员,未经检伤和任何医疗急救处置就急送医院,有的在救护车上死亡,有的到急诊室心跳已停。因此,必须先进行伤情分类,把伤员集中到标志相同的救护区,有的伤员需要待稳定伤情后方能运送。

(3) 防止或减少后遗症

实施急救,尤其是对有生命危险、心跳或呼吸停止、出血危及生命的伤员,应争分夺秒,以挽救其生命。

现场急救的"三先三后"原则如下:

1) 对窒息或心跳、呼吸刚停止不久的伤员,必须先复苏,后搬运。

2) 对于出血的伤员,必须先止血,后搬运。

3) 对于骨折的伤员,必须先固定,后搬运。

(4) 安全运送与疏散伤员

运送伤员应根据不同的伤情,头部可适当垫高,减少头部的血流。昏迷者,可将其头部偏向一侧,以便呕吐物或痰液污物流出来,不致吸入;对外伤出血处于休克状态的伤员,可将其头部适当放低些;呼吸困难者,可采取坐位,使呼吸更畅通。当把伤员抬到担架上时,动作应该轻柔协调,尽量减少伤员的劳累和痛苦。对于各种外伤伤员,在搬动时要注意对伤处的保护,如骨折的肢体应有专门扶持,脊椎骨折时要使其背部保持平稳;颅脑外伤伤员,要有人专门包住伤员头部,避免晃动。抬担架上下坡时,应当尽量保持水平位置。在转送途中,对于危重伤员,应当严密注意其呼吸、脉搏,清理通畅呼吸道。天气寒冷时,应注意对伤员的保温,可就地取材,以毛巾、大衣或被子包盖好伤员身体,令其安静休息;如衣服潮湿,有条件时应尽快换上干衣服。到达医院后，应介绍伤员的病情以及救治情况，供医生参考。

15.3.3 事故现场急救的基本步骤

事故现场急救应按照现场评估、紧急呼救、判断伤情和救护等步骤进行，如图15-1所示。

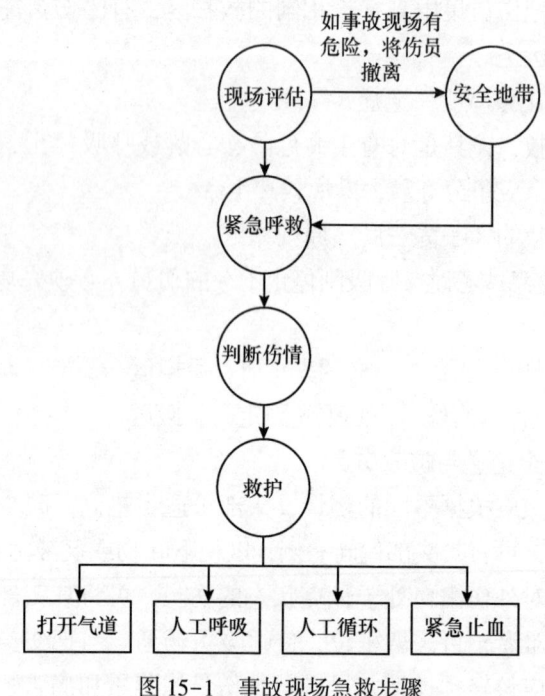

图 15-1 事故现场急救步骤

（1）现场评估

现场评估即迅速判断事故现场的基本状况，必须在数秒内完成。在意外伤害、突发事件的现场，面对危重伤员，作为"第一目击者"，首先要评估现场情况，通过实地感受、眼睛观察、耳朵听声、鼻子闻味来对异常情况做出初步快速判断。现场评估最主要的内容如下：

1）注意现场是否对救护人员或伤员造成伤害。

2）引起伤害的原因、受伤人数，是否仍有生命危险。

3）现场可以利用的人力和物力资源以及需要何种支援、采取的救护行动等。

（2）紧急呼救

当事故发生，发现了危重伤员，经过现场评估后需要立即救护，同时立即向专业急救机构或附近担负院外急救任务的医疗部门、社区卫生单位报告，常用的急救电话为"120"。由急救机构立即派出专业救护人员、救护车至现场抢救。

（3）判断病情

现场巡视后，尤其是在复杂现场，首先需要处理威胁生命的情况，检查伤员的意识、气道、呼吸、循环特征、瞳孔反应等，发现异常，须立即救护并尽快送医。

15.3.4 现场救护启动

救护启动称为呼救系统开始。呼救系统的畅通，在国际上被列为抢救危重伤员"生命链"中的"第一环"。有效的呼救系统，对保障危重伤员获得及时救治至关重要。

（1）应用无线电和电话呼救

通常在急救中心配备有经过专门训练的话务员，能够对呼救做出迅速适当应答，并把电话接到合适的急救机构。城市呼救网络系统的"通信指挥中心"，应当接收所有的医疗（包括灾难等意外伤害事故）急救电话，根据伤员所处的位置和病情，指定就近的急救机构救护伤员。这样可以大大节省时间，提高效率，便于伤员救护和转运。

（2）呼救电话须知

紧急事故发生时，须报警呼救，最常使用的是呼救电话。使用呼救电话时，必须要用最精练、准确、清楚的语言说明伤员目前的情况及严重程度，伤员的人数及存在的危险，需要何种急救。如果不清楚身处位置的话，不要惊慌，因为救护医疗服务系统控制室可以通过全球卫星定位系统追踪其正确位置。

一般应简要、清楚地说明以下几点：

1) 你的（报告人）电话号码与姓名，伤员姓名、性别、年龄和联系电话。

2) 伤员所在的确切地点，尽可能指出附近街道的交汇处或其他显著标志。

3) 伤员目前最危重的情况，如昏倒、呼吸困难、大出血等。

4) 发生灾害事故、突发事件时，说明伤害性质、严重程度、伤员人数。

5) 现场所采取的救护措施。

注意，不要先放下话筒，要等救护医疗服务系统调度人员先挂断电话。

(3) 单人及多人呼救

在专业急救人员尚未到达时，如果有多人在现场，一名救护人员应留在伤员身边开展救护，其他人应通知急救机构。如果发生意外伤害事故，要分配好救护人员各自的工作，分秒必争，有序地实施伤员的寻找、脱险、医疗救护工作。

(4) 紧急救护

在伤员心跳骤停的情况下，为挽救生命，抓住"救命的黄金时刻"，可立即进行心肺复苏，然后迅速拨打电话。如有手机在身，则进行 1~2 min 心肺复苏后，在抢救间隙打电话。

任何年龄的外伤或呼吸暂停伤员，打电话呼救前接受 1 min 的心肺复苏是非常必要的。

1) 危重伤情判断。判断危重伤情的一般步骤和方法如下：

①意识。先判断伤员神志是否清醒。在呼唤、轻拍、推动时，

伤员会睁眼或有肢体运动等其他反应，表明伤员有意识。如伤员对上述刺激无反应，则表明意识丧失，已陷入危重状态。伤员突然倒地，然后呼之不应，情况大多比较严重。

②气道。呼吸必要的条件是保持气道畅通。如伤员有反应但不能说话、不能咳嗽、憋气，可能存在气道梗阻，必须立即检查和清除，如采用侧卧位清除口腔异物等。

③呼吸。正常人每分钟呼吸12~18次，危重伤员呼吸变快、变浅乃至不规则，呈叹息状。在气道畅通后，对无反应的伤员进行呼吸检查，如伤员呼吸停止，应保持气道通畅，立即施行人工呼吸。

④循环体征。在检查伤员意识、气道、呼吸之后，应对伤员的循环体征进行检查，可以通过检查呼吸、咳嗽、运动、皮肤颜色、脉搏情况等来进行判断。

成人正常心跳每分钟60~80次。

呼吸停止，心跳随之停止；或者心跳停止，呼吸也随之停止。

心跳、呼吸几乎同时停止也是常见的。

心跳反映在手腕处的桡动脉、颈部的颈动脉处较易被触到。

心律失常，以及严重的创伤、大失血等危及生命时，心跳或加快，超过每分钟100次；或减慢，每分钟40~50次；或不规则，忽快忽慢，忽强忽弱，均为心脏呼救的信号，都应引起重视。

如伤员面色苍白或青紫，口唇、指甲发绀，皮肤发冷等，可以知道皮肤循环和氧代谢情况不佳。

⑤瞳孔反应。眼睛的瞳孔又称瞳仁，位于黑眼球中央。正常时，双眼的瞳孔是等大圆形的，遇到强光能迅速缩小，很快又回到原状。用手电筒突然照射一下瞳孔即可观察到瞳孔的反应。当伤员脑部受伤、脑出血、严重药物中毒时，瞳孔可能缩小为针尖大小，也可能扩大到黑眼球边缘，对光线不起反应或反应迟钝。有时因为出现脑水肿或脑疝，使双眼瞳孔一大一小。瞳孔的变化表示脑病变的严重性。

2）其他判断。当完成现场评估后，再对伤员的头部、颈部、胸部、腹部、盆腔和脊柱、四肢进行检查，看有无开放性损伤、骨折畸形、触痛、肿胀等体征，有助于对伤员的病情判断。

还要注意伤员的总体情况，如表情淡漠不语、冷汗口渴、呼吸急促、肢体不能活动等现象为病情危重的表现；对外伤伤员，应观察神志不清程度、呼吸次数和强弱、脉搏次数和强弱；注意检查有无活动性出血，如有，应立即止血。严重的胸腹部损伤容易引起休克、昏迷甚至死亡。

（5）现场急救措施

由于篇幅所限，本讲的具体现场急救措施详见其他资料。

第16讲

企业及其班组事故报告与责任

事故报告是安全生产工作中一项十分重要的内容,事故发生后,及时、准确、完整地报告事故,对于及时、有效地组织事故救援,减少事故损失,顺利开展事故调查具有十分重要的意义。因此,《安全生产法》和《生产安全事故报告和调查处理条例》都对生产安全事故报告工作提出了严格要求。

《生产安全事故报告和调查处理条例》规定,生产安全事故报告应当及时、准确、完整,任何单位和个人对事故不得迟报、漏报、谎报或者瞒报。《安全生产法》对事故的报告作出了以下规定:生产经营单位发生生产安全事故后,事故现场有关人员应当立即报告本单位负责人。单位负责人接到事故报告后,应当迅速采取有效措施,组织抢救,防止事故扩大,减少人员伤亡和财产损失,并按照国家有关规定立即如实报告当地负有安全生产监督管理职责的部门,不得隐瞒不报、谎报或者拖延不报,不得故意破坏事故现场、毁灭有关证据。

16.1 事故报告责任和要求

16.1.1 事故报告责任

《安全生产法》和《生产安全事故报告和调查处理条例》都明确规定了事故报告责任,下列人员和单位负有报告事故的责任:

(1) 事故现场有关人员。

(2) 事故发生单位的主要负责人。

(3) 安全生产监督管理部门。

(4) 负有安全生产监督管理职责的有关部门。

(5) 有关地方人民政府。

事故单位负责人既有向县级以上人民政府安全生产监督管理部门报告的责任,又有向负有安全生产监督管理职责的有关部门报告的责任,即事故报告是两条线,实行双报告制。

安全生产监督管理部门和负有安全生产监督管理职责的有关部门,既有向上级部门报告事故的责任,又有同时报告本级人民政府的责任。

16.1.2 事故报告程序与时限要求

根据《生产安全事故报告和调查处理条例》的有关规定,事故现场有关人员、事故发生单位负责人和有关部门应当按照下列程序和时间要求报告事故:

(1) 事故发生后,事故现场有关人员应当立即向本单位负责人报告;情况紧急时,事故现场有关人员可以直接向事故发生地县级以上人民政府安全生产监督管理部门和负有安全生产监督管理职责的有关部门报告。

(2) 单位负责人接到事故报告后,应当于1小时内向事故发生地县级以上人民政府安全生产监督管理部门和负有安全生产监督管理职责的有关部门报告。

(3) 安全生产监督管理部门和负有安全生产监督管理职责的有关部门接到事故报告后,应当按照事故的级别逐级上报事故情况,并报告同级人民政府,通知公安机关、社会保障行政部门、工会和人民检察院,且每级上报的时间不得超过2小时。不同级别的事故,其上报情况如下:

1) 特别重大事故、重大事故逐级上报至国务院安全生产监督管理部门和负有安全生产监督管理职责的有关部门。

2) 较大事故逐级上报至省（自治区、直辖市）人民政府安全生产监督管理部门和负有安全生产监督管理职责的有关部门。

3) 一般事故上报至设区的市级人民政府安全生产监督管理部门和负有安全生产监督管理职责的有关部门。

(4) 国务院安全生产监督管理部门和负有安全生产监督管理职责的有关部门以及省级人民政府接到发生特别重大事故、重大事故的报告后，应当立即报告国务院。

必要时，安全生产监督管理部门和负有安全生产监督管理职责的有关部门可以越级上报事故情况。

16.2 事故报告的内容

根据《生产安全事故报告和调查处理条例》的有关规定，事故报告的内容应当包括事故发生单位概况，事故发生的时间、地点、简要经过和事故现场情况，事故已经造成或者可能造成的伤亡人数和初步估计的直接经济损失，以及已经采取的措施等。事故报告后出现新情况的，还应当及时补报。

(1) 事故发生单位概况

事故发生单位概况应当包括单位的全称、所处地理位置、所有制形式和隶属关系、生产经营范围和规模、持有各类证照的情况、单位负责人的基本情况以及近期的生产经营状况等。对于不同行业的企业，报告的内容应该根据实际情况来确定，但是应当以全面、简洁为原则。

(2) 事故发生的时间、地点以及事故现场情况

报告事故发生的时间应当具体，并尽量精确到分。报告事故发生的地点要准确，除事故发生的中心地点外，还应当报告事故所波及的区域。报告事故现场的情况应当全面，不仅应当报告现场的总

体情况，还应当报告现场的人员伤亡情况、设备设施的毁损情况；不仅应当报告事故发生后的现场情况，还应当尽量报告事故发生前的现场情况。

(3) 事故的简要经过

事故的简要经过是对事故全过程的简要叙述，核心要求在于"全"和"简"。"全"就是要全过程描述，"简"就是要简单明了。描述要前后衔接、脉络清晰、因果相连。需要强调的是，由于事故的发生往往是在一瞬间，对事故经过的描述应当特别注意事故发生前作业场所有关人员和设备设施的一些细节，因为这些细节可能就是引发事故的重要原因。

(4) 事故已经造成或者可能造成的伤亡人数（包括下落不明的人数）和初步估计的直接经济损失

对于人员伤亡情况的报告，应当遵守实事求是的原则，不做无根据的猜测，更不能隐瞒实际伤亡人数。在矿山事故中，往往出现多人被困井下的情况，对可能造成的伤亡人数，要根据事故单位当班记录，尽可能准确地报告。对直接经济损失的初步估算，主要是指事故所导致的建筑物的毁损、生产设备设施和仪器仪表的损坏等。由于人员伤亡情况和经济损失情况直接影响事故等级的划分，并因此决定事故的调查处理等后续重大问题，在报告这方面情况时应当谨慎细致，力求准确。

(5) 已经采取的措施

已经采取的措施主要是指事故现场有关人员、事故单位负责人、已经接到事故报告的安全生产监督管理部门为减少损失、防止事故扩大和便于事故调查所采取的应急救援和现场保护等具体措施。

(6) 事故的补报

事故报告后出现新情况的，应当及时补报。自事故发生之日起30日内，事故造成的伤亡人数发生变化的，应当及时补报。道路交通事故、火灾事故自发生之日起7日内，事故造成的伤亡人数发生变化的,应当及时补报。

16.3 事故调查与责任确定

16.3.1 事故现场调查

事故现场调查主要包括事故现场保护、事故现场的处理和勘查、事故证据的收集整理3部分。

(1) 事故现场保护

事故调查组的首要任务是进行事故现场的保护,因为事故现场的各种证据是判断事故原因以及确定事故责任的重要物质条件,需要最大限度地给予保护。但是在事故救援阶段,各种人员的出入会对事故现场造成破坏,群众的围观也会给现场保护工作带来影响。所以,应该采取措施保护事故现场免受过多的破坏。

《生产安全事故报告和调查处理条例》规定,事故发生后,有关单位和人员应当妥善保护事故现场以及相关证据,任何人不得破坏事故现场、毁灭相关证据。这里明确了两个问题:一是保护事故现场以及相关证据是有关单位和人员的法定义务。"有关单位和人员"是事故现场保护的义务主体,既包括在事故现场的事故发生单位及其有关人员,也包括在事故现场的有关地方人民政府安全生产监督管理部门、负有安全生产监督管理职责的有关部门、事故应急救援组织等单位及其有关人员。只要是在事故现场的单位和人员,都有妥善保护现场和相关证据的义务。二是禁止破坏事故现场、毁灭有关证据。不论是过失还是故意,有关单位和人员均不得破坏事故现场、毁灭相关证据。有上述行为的,将要承担相应的法律责任。事故现场保护要做好以下几个方面的工作:

1) 核实并尽快上报事故情况。
2) 确定保护区的范围,布置警戒线。

3）控制好事故肇事人。

4）尽量收集事故的相关信息以便事故调查组查阅。

事故现场的保护要方法得当。对露天事故现场的保护范围可以大一些，然后根据实际情况再调整；对生产车间事故现场的保护，则主要是采取封锁入口、控制人员进出的措施；对于事故破损部件、残留件等，不能触动，以免破坏事故现场。

（2）事故现场的处理和勘查

1）事故现场处理。当调查组进入现场或做模拟试验需要移动某些物体时，必须在现场做好标记，同时要采用照相或摄像，将可能被清除或践踏的痕迹记录下来，以保证现场勘查能获得完整的事故信息内容。调查组进入事故现场进行调查的过程中，在事故调查分析没有形成结论以前，要注意保护事故现场，不得破坏与事故有关的物体、痕迹、状态等。

2）现场勘查与证物收集。对损坏的物体、部件、碎片、残留物、致害物的位置等，均应贴上标签，注明时间、地点、管理者；所有物件应保持原样，不准冲洗擦拭；对健康有害的物品，应采取不损坏原始证据的安全保护措施。

3）事故现场摄影。应做好以下几个方面的工作：

①方位拍照。要能反映事故现场在周围环境中的位置。

②全面拍照。要能反映事故现场各部分之间的联系。

③中心拍照。反映事故现场中心情况。

④细目拍照。解释事故直接原因的痕迹物、致害物等。

⑤人体拍照。反映死亡者主要受伤和造成死亡的伤害部位。

4）事故图绘制。根据事故类别和规模以及调查工作的需要，绘出事故调查分析所必须了解的信息示意图，如建筑物平面图、剖面图、事故现场涉及范围图、设备或工器具构造简图、流程图、受害者位置图、事故状态下人员位置及疏散图、破坏物立体图或展开图等。

5) 证人材料搜集。尽快搜集证人口述材料,然后认真考证其真实性,听取单位领导和群众意见。

6) 事故事实材料搜集,应注意搜集以下材料:

①与事故鉴别、记录有关的材料。这部分材料包括事故发生的单位、地点、时间,受害者和肇事者的姓名、性别、文化程度、职业、技术等级、本工种工龄、支付工资形式;受害者和肇事者的技术情况、接受安全教育情况;出事当天,受害者和肇事者开始工作的时间、工作内容、工作量、作业程序、操作时的动作或位置;受害者和肇事者过去的事故记录。

②事故发生的有关事实材料。这部分材料包括事故发生前设备设施等的性能和质量状况;必要时对使用的材料进行物理性能或化学性能试验分析;有关设计和工艺方面的技术文件、工作指令和规章制度方面的资料及执行情况;关于环境方面的情况,如照明、温度、湿度、通风、声响、色彩、道路、工作情况以及工作环境中的有毒有害物质取样分析记录;个人防护措施状况及劳动防护用品的有效性、质量、使用范围;出事前受害者和肇事者的健康和精神状态;其他有可能与事故有关的细节或因素。

16.3.2 事故原因分析

事故原因的调查分析包括事故直接原因和间接原因的调查分析。

调查分析事故发生的直接原因就是分别对物和人的因素进行深入、细致的追踪,弄清人和物方面的事故因素,明确这些因素的相互关系和重要程度,从而确定事故发生的直接原因。

事故间接原因的调查就是调查分析导致人的不安全行为、物的不安全状态,以及人、物、环境关系失调的原因,弄清不安全行为和不安全状态产生的原因,以及为什么没能在事故发生前采取措施,预防事故发生。

导致事故发生的原因是多方面的,主要可以概括为以下 3 个方面：

（1）劳动过程中设备设施和环境等因素是导致事故的重要原因

这些因素主要包括生产环境恶劣，生产设备状态不良，生产工艺不合理，原材料具有毒害性等。这些因素是硬件方面的原因，属于直接原因。

（2）安全管理方面的因素也是导致事故的主要原因

这里主要包括安全生产规章制度不完善，安全生产责任制未落实，安全管理机构未有效开展工作，安全生产经费不到位，安全教育培训工作开展不到位，安全防护装置未及时保养，安全标志和逃生通道不齐全等。这些原因需要认真分析，属于更深层次的原因。

（3）事故肇事人的状况也是导致事故的直接因素

这里主要包括其操作水平、熟练程度、经验、精神状态、是否违规操作等。人的因素是事故原因中的主要因素，也是事故发生发展的关键原因，需要重点分析。

对事故进行分析有很多方法，目的都是找到导致事故发生的原因。首先从专项技术的角度探讨事故的技术原因，然后从事故统计的角度探讨宏观的事故统计分析法，最后通过安全系统分析法从全局的角度全面分析事故的发生发展过程。这是一种递进的层次关系。

16.3.3　确定事故责任

查找事故原因的目的是确定事故责任。事故调查分析不仅要明确事故的原因，更重要的是确定事故责任，落实防范措施，确保不再出现同类事故。这是加强安全生产的重要手段。

（1）事故性质

目前，事故性质分为责任事故、非责任事故和人为破坏事故。

1）责任事故。责任事故是指由于工作不到位导致的事故，是一种可以预防的事故，需要处理相应的责任人。

2) 非责任事故。非责任事故是指由于一些不可抗拒的力量而导致的事故。这些事故的原因主要是由于人类对自然的认识水平有限，需要在今后的工作中更加注意预防工作，防止同类事故再次发生。

3) 人为破坏事故。人为破坏事故是指有人预先恶意地对机器设备以及其他因素进行破坏，导致其他人在不知情的状况下发生了事故。这类事故一般都属于刑事案件，相关责任人要受到法律的制裁。

（2）事故责任人

事故责任人主要包括直接责任人、领导责任人和间接责任人3种。

1) 直接责任人。直接责任人是指由于当事人与事故及其损失有直接因果关系，对事故发生以及导致一系列后果起决定性作用的人员。

2) 领导责任人。领导责任人是指当事人的行为虽然没有直接导致事故发生，但由于其领导监管不力而导致事故发生。

3) 间接责任人。间接责任人是指当事人与事故的发生具有间接的关系，需要承担相应的责任。

（3）责任追究

事故责任的确定是整个事故调查分析中最难的环节，因为责任确定的过程就是将事故原因分解给不同人员的过程。这个问题说起来很简单，但对于事故调查组成员来说，无论处理谁都是不情愿的。由于事故的责任人必须受到处罚，事故调查组要公正地对待所有涉及事故的人员，公平、公正、科学、合理地确定相应的责任。凡因下述原因造成事故，应首先追究领导者的责任：

1) 没有按规定对从业人员进行安全教育和技术培训，或未经考试合格就上岗操作的。

2) 缺乏安全技术操作规程或制度与规程不健全的。

3) 设备严重失修或超负载运转。

4) 安全措施、安全信号、安全标志、安全用具、劳动防护用品缺乏或有缺陷的。

5) 对事故熟视无睹，不认真采取措施，或挪用安全生产经费，致使重复发生同类事故的。

6) 对现场工作缺乏检查或指导错误的。

特大安全事故肇事单位和个人的刑事处罚、行政处罚和民事责任，依照有关法律、法规和规章的规定执行。

16.4 事故管理

16.4.1 企业事故管理责任

企业应建立事故档案和管理台账，将承包商、供应商等相关方在企业内部发生的事故纳入本企业事故管理。企业应按照《企业职工伤亡事故分类》（GB 6441—1986）、《事故伤害损失工作日标准》（GB/T 15499—1995）的有关规定和国家、行业确定的事故统计指标开展事故统计分析。

根据《企业职工伤亡事故分类》（GB 6441—1986），企业伤害事故共分为20种，分别是物体打击、车辆伤害、机械伤害、起重伤害、触电、淹溺、灼烫、火灾、高处坠落、坍塌、冒顶片帮、透水、放炮、火药爆炸、瓦斯爆炸、锅炉爆炸、容器爆炸、其他爆炸、中毒和窒息、其他伤害。

《事故伤害损失工作日标准》（GB/T 15499—1995）详细规定了定量记录人体伤害程度的方法及伤害对应的损失工作日数值，适用于企业从业人员伤亡事故造成的身体伤害。

2016年7月27日，国家安全生产监督管理总局办公厅印发了《生产安全事故统计管理办法》。办法明确规定，生产安全事故原则上由县级安全生产监督管理部门归口统计、联网直报。个别跨县级行政区域的特殊行业领域生产安全事故统计信息，按照国务院安全生产监督管理部门和有关行业领域主管部门确定的生产安全事故统计信息通报形式，实行上级安全生产监督管理部门归口直报。办法明确要求，各级安全生产监督管理部门要真实、准确、完整、及时地按照《国民经济行业分类》（GB/T 4754—2017）分类统计生产安全事故。符合核销条件的生产安全事故应当经过公示、备案，才能核销。根据办法，各级安全生产监督管理部门应确保统计信息的真实性和完整性，并对本行政区域内生产安全事故统计工作进行监督检查。办法指出，国务院安全生产监督管理部门将进一步建立、健全生产安全事故统计数据修正制度，采用多种统计调查方法对生产安全事故统计数据进行核查、修正，并对外公布。

16.4.2 事故统计的基本任务

（1）对每起事故进行统计调查，弄清事故发生的情况和原因。

（2）对一定时间内、一定范围内事故发生的情况进行测定。

（3）根据大量统计资料，借助数理统计手段，对一定时间内、一定范围内事故发生的情况、趋势以及事故参数进行分析、归纳和推断。

事故统计的任务与事故调查是一致的。统计建立在事故调查的基础上，没有成功的事故调查，就没有正确的统计。调查要反映有关事故发生的全部详细信息，统计则抽取那些能反映事故情况和原因的最主要的参数。事故调查从已发生的事故中得到预防相同或类似事故发生的经验，是直接的和局部性的。而事故统计对于预防作用既有直接性，又有间接性，是总体性的。

16.4.3 事故统计步骤

事故统计分析的目的，是通过合理地收集与事故有关的资料、数据，并应用科学的统计方法，对大量重复显现的数字特征进行整理、加工、分析和推断，找出事故发生的规律和事故发生的原因，为制定法规，加强工作决策，采取预防措施，防止事故重复发生，起到重要指导作用。

事故统计工作一般分为以下3个步骤：

（1）资料搜集

资料搜集又称统计调查，是根据统计分析的目的，对大量零星的原始材料进行技术分组。它是整个事故统计工作的前提和基础。资料搜集是根据事故统计的目的和任务，制定调查方案，确定调查对象和单位，拟定调查项目和表格，并按照事故统计工作的性质，选定方法。我国伤亡事故统计是一项经常性的统计工作，采用报告法，下级按照国家制定的报表制度，逐级将伤亡事故报表上报。

（2）资料整理

资料整理又称统计汇总，是将搜集的事故资料进行审核、汇总，并根据事故统计的目的和要求计算有关数值。汇总的关键是统计分组，就是按一定的统计标志，将分组研究的对象划分为性质相同的组。例如，按事故类别、事故原因等分组，然后按组进行统计计算。

（3）综合分析

综合分析是将汇总整理的资料及有关数值，填入统计表或绘制统计图，使大量的零星资料系统化、条理化、科学化，是统计工作的结果。事故统计结果可以用统计指标、统计表、统计图等形式表达。

第17讲

班组安全文化

安全文化就是在人的生活以及企业的生产及经营活动过程中,保护人的健康、尊重人的生命、实现人的价值的文化。它的功能可以概括为一句话:将全体国民塑造成具有现代安全观的文化人,将企业的决策层、管理层及全体从业人员塑造成具有现代安全观的安全生产力。企业安全文化建设是企业预防事故的基础工程,是突破传统的安全模式和管理观念,建立以人民为中心、以价值为标准,从精神文化和从业人员安全文化素质上下功夫的安全文化。

企业文化建设的主要阵地在基层,卓越的企业文化也源自基层。卓越的企业文化必定具有"自下而上"的驱动力,在班组内部激发活力、潜移默化中指导从业人员的基本行为和基本理念,最后汇聚形成具有普遍性和高度统一性的企业价值观、思维模式和行为规范。

17.1 安全文化概述

17.1.1 安全文化的功能

安全文化的具体功能可归纳为以下3个方面:

(1) 规范人的安全行为

使每一位社会成员都能理解安全的含义、对安全的责任、应具有的道德,从而自觉地规范自己的安全行为,也能自觉地帮助他人规范安全行为。

(2) 组织及协调安全管理机制

安全管理与其他的专业性管理不同，它不像生产管理、材料管理、设备管理等那样局限于对企业某一个方面或某一部分人的管理，而是对企业一切方面、一切人员的管理，还承担着安全法规、安全知识的宣传责任。这就要求企业的一切部门、一切人员都要为实现安全生产协调一致，不能出现"梗阻"，要做到这一点，只有安全文化能使之具有共同的安全行为准则。

(3) 使生产进入安全高效的良性状态

实践证明，单纯依靠改善生产设备设施并不能保证企业安全、高效、有序地运行，还必须要有高水平的管理和高素质的从业人员。不论是提高安全管理水平，还是提高从业人员的安全素质，安全文化都是基础工作。安全文化建设的目的，就是要通过提高安全管理人员的管理水平，提高企业从业人员的安全素质。

17.1.2　安全文化建设的目标

过去人们常常把安全文化等同于安全宣传教育活动，这是需要纠正的一种片面观点。安全教育和安全宣传是推进安全文化进步的手段或载体（还包括安全管理和安全科技），是建设安全文化的重要组成部分和重要方面，但是安全教育和安全宣传并不能完全体现安全文化的核心内容。

安全文化是一个社会在长期生产和生存活动中，凝结起来的一种文化氛围，是人们的安全观念、安全意识、安全态度，是人们对生命安全与健康价值的理解，是人们所认同的安全原则和接受的安全生产或安全生活的行为方式。明确安全文化的这些主要内涵，需要人们取得共识。建设安全文化的过程，主要是向着这些方面进行深化和拓展的过程。

对于一个企业，安全文化建设就是要将企业安全理念和安全价值观表现在决策者和管理者的态度及行动中，落实在企业的管理制度中，将安全管理融入企业管理实践中，将安全法规、制度落实在企业从业人员的行为方式中，将安全标准落实在生产工艺、技术和过程中，由此营造良好的安全生产氛围。安全文化建设可影响企业从业人员的安全生产自觉性，以文化的力量保障企业安全生产和生产经济发展，这样才能抓住安全文化建设的实质和根本内涵。

安全文化建设的高境界目标，是将社会和企业建设成"学习型组织"。一个具有活力的企业或组织必然是一个"学习团体"，学习是个人和组织生命的源泉，这是对现代社会组织或企业的共同要求。要提升一个企业的安全生产保障水平，需要提出这样的要求，即要求企业建立安全生产的"自律机制""自我约束机制"。要达到这一要求，成为"学习型组织"是重要的前提。由此，现代企业安全文化建设的重要方向，就是要使企业成为符合国际职业安全健康规则、国家安全生产法规、制度和相关要求的"学习型组织"，成为安全工程技术不断进步和安全管理水平不断提高的"学习型组织"。

学习不仅要掌握安全知识、安全技能，懂得安全法规、标准和要求，更重要的是强化安全意识，端正安全态度，开发安全生产智慧。意识、态度、智慧以知识、技能为基础，有知识和技能并不等于有意识和智慧。有了知识和技能，还应强化意识和提高智慧。

安全意识包括责任意识、预防意识、风险意识、"安全第一"意识、"安全也是生产力"意识、"安全就是生活质量"意识、"安全就是最大的福利"意识等方面。

安全智慧表现在自觉学习安全知识、对新技术和环境的适应能力、超前预防思维的能力、系统综合对策的思想、"隐患险于明火"的认识论、"防范胜于救灾"的方法论等。

17.1.3 企业安全文化的形态体系

从文化的形态来说，安全文化的范畴包含安全观念文化、安全行为文化、安全管理文化、安全物质文化等。安全观念文化是安全文化的精神层，安全行为文化和安全管理文化是安全文化的制度层，安全物质文化是安全文化的物质层。

(1) 安全观念文化

安全观念文化主要是指决策者和大众共同接受的安全意识、安全理念、安全价值标准。安全观念文化是安全文化的核心和灵魂，是形成和提高安全行为文化、安全管理文化和安全物质文化的基础和原因。目前需要建立的安全观念文化是"预防为主""安全也是生产力""安全第一""安全就是效益""安全性是生活质量""风险最小化""最适安全性""安全超前""安全管理科学化"的观点，同时还有自我保护意识、保险防范意识、防患未然意识等。

(2) 安全行为文化

安全行为文化指在安全观念文化指导下，人们在生活和生产过程中的安全行为准则、思维方式、行为模式的表现。行为文化既是观念文化的反映，同时又作用和改变观念文化。现代工业化社会需要发展的安全行为文化：具有科学的安全思维方式；建设"学习型组织"；强化高质量的安全学习；执行严格的安全规范，提高安全法规、标准的执行力；进行科学的安全领导和指挥；掌握必需的应急自救技能；进行合理的安全决策和操作等。

(3) 安全管理文化

安全管理（制度）文化是企业安全文化中的重要部分。管理文化对社会组织（或企业）和组织人员的行为产生规范性、约束性影响和作用，它集中体现观念文化和物质文化对领导和组织人员的要求。安全管理文化建设包括建立法制观念，强化法制意识，端正法制态度，科学地制定法规、标准和规章，以及严格的执法程序和自觉的执法行为等内容。同时，安全管理文化建设还包括行政手段的改善和合理化，经济手段的建立与强化，科学管理方法的推行和普及等。

(4) 安全物质文化

安全物质（环境）文化是安全文化的表层部分，它是形成观念文化和行为文化的条件。安全物质文化往往能体现出企业决策者和管理者的安全认识和态度，反映出企业安全管理的理念和哲学，折射出安全行为文化的成效。所以说，物质是文化的体现，又是文化发展的基础。企业生产过程中的安全物质文化体现在以下几个方面：一是人类技术和生活方式与生产工艺的本质安全性；二是生产、生活中所使用的技术、工具、装置、仪器等物质本身的安全条件和安全可靠性；三是有形的安全文化氛围（标识、警示、声光环境、人文器物等）。

17.1.4　企业安全文化的影响因素

在日常生活和生产过程中，保障安全的因素有很多，如环境的安全条件、生产设施设备和机械等生产工具的安全可靠性、安全管理制度等，但归根结底是人的安全素质，即人的安全意识、态度、知识、技能等。安全文化建设对提高人的安全素质发挥重要的作用。人们常说，文化是一种力，那么这个"力"有多大，这个"力"表现在哪些方面？从国内外安全生产较好的企业来看，安全文化对从业人员的影响，首先是影响力，其次是激励力，再次是约束力，最后是导向力。这4种影响作用，可以称为安全文化的4种影响因素。

（1）影响力

影响力是指通过观念文化的建设，影响企业从业人员对安全的正确态度和意识，强化社会每一个人的安全意识。

（2）激励力

激励力是指通过观念文化和行为文化的建设，激励每一个人安全行为的自觉性。对于企业决策者，就是对安全生产投入的重视和积极的管理态度；对于一线从业人员，则是安全生产操作，自觉遵章守纪。

（3）约束力

约束力是指通过强化企业从业人员安全责任意识，约束其不良行为、不负责任的态度；通过管理文化的建设，提高企业的安全管理能力和水平，规范其管理行为；通过制度文化的建设，约束从业人员的安全生产行为，消除违规行为。

（4）导向力

导向力是指对企业从业人员安全意识、观念、态度、行为的引导。对于不同层次、不同生产岗位的从业人员，安全文化的导向作用既有相同之处，也有不同方面。例如，对于安全意识和态度，无论什么人都应是一致的；而对于安全观念和具体的行为方式，则会随具体的层次、角色、环境和责任不同而有所区别。

17.2 企业安全文化建设

17.2.1 企业安全文化建设的意义

企业安全文化建设具有安全生产和安全生活的战略性意义。文化建设从广义来说，是人类在社会历史实践中所创造的物质财富和精神财富的总和，包括物质、知识、修养、道德、礼仪、信仰、文明、教育、艺术、习俗等。企业安全文化除了关注人的知识、技能、意识、思想、观念、态度、道德、伦理、情感等内在素质外，还重视人的行为、安全装置、技术工艺、生产设备、工具材料、作业环境等外在因素和物质条件。企业安全文化建设既包括安全科学技术、安全工程、安全设施设备、安全工具材料等硬件技术建设，还包括安全管理、法制、教育、宣传、文艺、经济等软手段建设，这样更具有综合性、全面性和可操作性。

17.2.2 企业安全文化建设的目的

企业建设和推进安全文化进步的目的，是提升企业全员的安全素质。在人的安全素质中，安全观念文化是最根本和基础的，而决策者和管理者的安全素质又是重中之重，因为安全观念文化是管理文化、行为文化和物质文化的根本和前提。现今，很多传统的安全观念已经不适应现代企业管理的要求，这就需要建立新的适应社会主义市场经济体制的安全观念。企业决策者和管理者在现代企业制度建设过程中，应建立优秀的安全观念文化，如科学发展、安全发展的科学观，以人民为中心的人本观，安全第一的哲学观，安全也是生产力的认识观，安全是最大福利的效益观，安全具有综合效益的价值观，设置合理安全性的风险观，人、机、环境协调的系统观，物本安全与人本安全的本质观，遵章（法）守纪的法制观，珍视他人生命与健康的情感观等。

企业安全文化建设的目的如下：

(1) 让安全核心价值在企业生产经营理念中得到确立。

(2) 时代先进、优秀的安全观念文化获得全员普遍、高度认同。

(3) 现代科学、合理的安全行为文化得到广泛、自觉践行。

(4) 安全生产目标纳入企业生产经营目标体系之中。

(5) 生命安全与健康的终极意义获得从业人员接纳，并成为共识。

(6) 安全健康成为企业每一位从业人员的精神动力。

(7) 安全文化对决策层和管理层发挥智力支持作用。

(8) 安全文化像水和空气一样，是企业经营生产运行中的必需品，且无处不在。

17.2.3　企业安全文化建设的方法与途径

(1) 构建安全文化理念体系，提高从业人员安全文化素质

安全文化理念是人们关于企业安全以及安全管理的思想、认识、观念、意识，是企业安全文化的核心和灵魂，是建设企业安全文化的基础，也是企业的安全承诺。企业要认真建立本企业的安全文化理念，一是要结合行业特点、企业实际、岗位状况以及文化传统，

提炼出富有特色、内涵深刻、易于记忆、便于理解,为从业人员所认同的安全文化理念并形成体系;二是要宣贯好安全文化理念,通过企业板报、电视、刊物、网络等多种传媒以及举办培训班、研讨会等多种方法,将企业安全文化理念根植于全体从业人员心中;三是要固化好安全文化理念,让从业人员处处能看见、时时有提醒、事事能贯彻,进而转化成为企业从业人员的自觉行动。

(2) 加强安全制度体系建设,把安全文化融入企业管理全过程

安全制度是企业安全生产保障机制的重要组成部分,是企业安全文化理念的物化体现,是从业人员的行为规范,它包括各种安全生产规章制度、操作规程、厂规、厂纪等。加强安全制度体系建设,要重点抓好5个方面的工作:一是建立、健全安全生产责任制,做到全员、全过程、全方位安全责任化,形成"横向到边、纵向到底"的安全生产责任体系;二是抓好国家职业安全健康法律、法规的贯彻、执行;三是根据法律、法规的要求,结合企业实际,制定好各类安全生产规章制度;四是要抓好安全质量标准化体系建设,做到安全管理标准化、安全技术标准化、安全装备标准化、环境安全标准化和安全作业标准化;五是抓好制度执行,不断强化制度的执行力。

(3) 建立、健全安全管理模式,形成良性循环的安全运行机制

科学、合理、有效的安全管理模式属于安全文化建设的重要范畴,它是现代企业安全生产的根本保证。目前,企业开展安全生产标准化建设、建立职业安全健康管理体系等都是良好的载体,使安全文化建设有了依托,通过规范企业的行为,达到提升企业安全生产条件的目的。建立规范化的安全管理模式,可以从以下几个方面展开:

1) 在规范从业人员行为方面:一是通过教育(演讲、演出、广播、电视、会议、板报等)规范人的安全理念,增强安全责任感,达到"我要安全"的意识;二是通过相应的规章制度(安全生产责

任制、安全操作规程、安全奖惩制度等）规范人的行为，使其符合安全生产要求；三是通过各种安全培训考试和演练，如上岗培训、应急演练等，规范各类人员的操作，使其达到安全要求，确保实现人的本质安全化。

2）通过对设备设施的定期或不定期检查、认真评估以及技术改造，力争达到设备设施"零"缺陷，使"硬件"达到安全技术标准，始终处于安全、良好的状态，实现物的本质安全化。

3）通过对生产岗位的工作环境改造，达到规范、卫生、整洁，改善人的心理状态，减少环境对操作人员的影响，从而使操作人员精力集中、心情舒畅地上岗操作，实现环境的本质安全化。

（4）建立现代企业有效、敏锐的安全信息管理系统

为营造良好的安全文化，企业需要建立一个有效、敏锐的安全信息管理系统，并创造条件使从业人员积极地使用。通过这个安全信息管理系统，企业可以有计划、有步骤、有目的地对从业人员进行安全生产法律、法规和方针、政策的教育；定期分专业组织开展安全技术培训；开展技术练兵活动，利用安全例会传达上级部门的安全生产要求及会议精神，通报安全生产信息，分析安全生产形势等。

（5）建立和完善安全奖惩机制

建立和完善安全奖惩是一种激励机制，是推动企业安全文化建设的重要手段，可以从以下几个方面着手：一是要适时组织安全专业考试；二是经常组织安全知识竞赛、安全技能练兵，对优秀者实行奖励；三是对违反操作规程，不按规定程序办事的人按照奖惩标准进行处罚。当然，建立安全文化，重不在罚，以鼓励为主，促进行为自觉安全化，才是有效防止事故发生的根本。

构建现代企业安全文化，要教育培训从业人员接受并认同企业一系列安全生产规章制度，达到认识、意志、语言和行动上的统一，并据此养成习惯，使广大从业人员理解安全生产是生产力，它不但能够间接创造效益，而且也能够直接创造效益的理念。

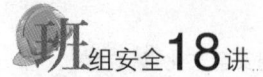

(6) 建立"学习型组织"是推进安全文化建设的根本

企业安全文化建设是一个长期的过程,要使安全文化融入每位从业人员的意识并成为其自觉行动,必须通过系统的培训和学习。学习过程是理念认同过程,是提高安全意识、安全操作技能的过程。使广大从业人员从"要我安全"到"我要安全",进而向"我会安全"转变,更要突出国内外先进管理方法、管理模式的学习。通过学习,不断改变旧的思想理念,不断创新管理模式,以适应新形势下安全管理的严要求、高标准。

安全文化的载体是企业从业人员,因此,企业必须通过加强从业人员对安全文化的认识,促使"安全第一、预防为主、综合治理"的理念融入从业人员意识形态中,使全体从业人员树立起正确的安全价值观,这是安全文化建设的一个重要任务。

17.3 《企业安全文化建设导则》相关知识与要点

2009年1月1日,经过国家安全生产监督管理总局批准,《企业安全文化建设导则》(AQ/T 9004—2008)安全生产行业标准正式实施,这是我国首次出台的与企业安全文化建设相关的标准,也是我国指导企业安全文化建设的依据。以下内容介绍《企业安全文化建设导则》的相关内容要点,用以全面了解企业安全文化建设。

17.3.1 标准的适用范围

《企业安全文化建设导则》确立了企业在建设良好安全文化方面所应遵循的基本原则和要求,旨在帮助企业发展优秀的安全文化,实现卓越安全绩效的目标。

《企业安全文化建设导则》适用于自愿开展促进安全文化建设工作的任何类型的企业,作为其工作的指南或内部审核安全文化发展状态的参考,尤其适用于下列企业:①以严格的安全生产规章或程序为基础,实现在法律和政府监管符合性要求之上的安全自我约束,最大限度地减小生产安全事故风险;②对寻求和保持安全生产过程的卓越绩效做出全员承诺并付诸实践;③确信自己能从任何安全异常和事件中获取经验,并改正与此相关的所有缺陷。

17.3.2 有关术语和定义

(1) 安全绩效

安全绩效简称绩效,是基于企业的安全承诺和行为规范,与企业安全文化建设有关的企业管理手段的可测量结果。

(2) 安全价值观

安全价值观是被企业从业人员所共享的、对安全问题的意义和重要性的总评价和总看法。

(3) 安全目标

安全目标是为实现企业的安全使命而确定的安全绩效标准,该标准决定了必须采取的行动计划。

(4) 安全缺陷

安全缺陷是指可被识别和改进的、对企业和个人追求卓越安全绩效造成阻碍的不完善之处。

(5) 安全使命

安全使命是指简要概括出的、为实现企业的安全愿景而必须完成的核心任务。

(6) 安全态度

安全态度是指在安全价值观指导下,从业人员个人对各种安全问题所产生的内在反应倾向。

(7) 安全异常

安全异常是指可导致安全事件的不正常情况。

(8) 安全愿景

安全愿景是指用简洁明了的语言描述的企业在安全问题上未来

若干年要实现的志愿和前景。

(9) 安全志向

安全志向是指在企业和个人的安全绩效上追求卓越的意愿和决心。

(10) 安全自我约束

安全自我约束是指通过企业管理手段实现非被动服从的、高于法律和政府监管要求的安全生产保障条件。

(11) 企业安全文化

企业安全文化是指被企业从业人员所共享的安全价值观、态度、道德和行为规范组成的统一体。

(12) 企业安全文化建设

企业安全文化建设是指通过综合的企业管理手段，使企业的安全文化不断进步和发展的过程。

17.3.3 企业安全文化建设基本要素

(1) 基本要求

企业在安全文化建设过程中，应充分考虑民族文化、地域文化和组织内部文化的特征，引导全体从业人员的安全态度和安全行为，实现在法律和政府监管要求之上的安全自我约束，通过全员参与，实现企业安全生产水平持续进步。

1) 企业应建立由安全相关的愿景、使命、目标和价值观构成的安全承诺。安全承诺应符合以下条件：

①切合企业实际，反映共同的安全志向。

②明确企业内的安全具有最高优先权。

③声明所有与企业安全有关的重要活动都应追求卓越。

④含义清晰明了，并被全体从业人员和相关方所知晓和理解。

2) 企业的领导者应对企业的安全承诺做出有形的表率，应让各级管理者和一线从业人员切身感受到领导者对安全承诺的实践。领导者应注意做好以下工作：

①提供安全工作的领导力，坚持保守决策，以有形的方式表达对安全的关注。

②在安全生产上真正投入时间和资源。

③制定安全发展的战略规划，以推动安全承诺的实施。

④接受培训，具备处理企业相关安全事务的能力。

⑤授权企业的各级管理者和一线从业人员参与安全生产工作，积极质疑安全问题。

⑥安排对安全实践的定期审查。

⑦加强与相关方的沟通和合作。

3) 企业各级管理者应对企业安全承诺的实施起到示范和推进作用，形成严谨的制度化工作方法，营造有益于安全的工作氛围，培育重视安全的工作态度。各级管理者应注意做好以下工作：

①清晰界定全体从业人员的岗位安全责任。

②确保所有安全相关活动均采用了严谨的工作方法。

③确保全体从业人员充分理解并胜任所承担的工作。

④鼓励和肯定在安全方面的良好态度，注重从差错中学习和获益。

⑤在追求卓越的安全绩效、质疑安全问题方面以身作则。

⑥接受培训，在推进和辅导从业人员改进安全绩效上具有必要的能力。

⑦加强与相关方的交流合作，促进部门之间的沟通与协作。

4) 企业从业人员应充分理解和接受企业的安全承诺，并结合岗位工作任务实践这种安全承诺。每位从业人员应注意做好以下工作：

①在本职工作上始终采取严谨的方法。

②对任何与安全相关的工作保持质疑的态度。

③对任何安全异常和事件保持警觉并主动报告。

④接受培训，在岗位工作中具有改进安全绩效的能力。

⑤与管理者和其他从业人员进行必要的沟通。

5）企业应将企业的安全承诺传达到相关方。必要时应要求供应商、承包商等相关方提供相应的安全承诺。

（2）行为规范与程序

1）企业的行为规范是企业安全承诺的具体体现和安全文化建设的基础要求。企业应确保拥有能够达到和维持安全绩效的管理系统，建立清晰的组织结构和安全职责体系，有效控制全体从业人员的行为。

2）行为规范的建立和执行应注意以下几点：

①体现企业的安全承诺。

②明确各级各岗位人员在安全生产工作中的职责与权限。

③细化有关安全生产的各项规章制度和操作规程。

④行为规范的执行者应参与规范系统的建立，熟知自己在企业中的安全角色和责任。

⑤由正式文件予以发布。

⑥引导从业人员理解和接受建立行为规范的必要性，知晓不遵守规范可能引发的潜在不利后果。

⑦通过各级管理者或被授权者观测从业人员行为，实施有效监控和缺陷纠正。

⑧广泛听取从业人员意见，建立持续改进机制。

3）程序是行为规范的重要组成部分。企业应建立必要的程序，以达到对企业安全活动进行有效控制的目的。

4）程序的建立和执行应注意以下几点：

①识别并说明主要的风险，应简单易懂，便于实际操作。

②程序的使用者（必要时包括承包商）应参与程序的制定和改进过程，了解不遵守程序可能导致的潜在不利后果。

③由正式文件予以发布。

④通过强化培训，向从业人员阐明在程序中给出特殊要求的原因。

⑤对程序的有效执行保持警觉,即使在生产经营压力大时,也不能容忍走捷径和违反程序的行为。

⑥鼓励从业人员对程序的执行保持质疑的安全态度,必要时采取更加保守的行动并寻求帮助。

(3) 安全行为激励

企业在审查自身安全绩效时,除使用事故发生率等消极指标外,还应使用旨在对安全绩效给予直接认可的积极指标。

1) 从业人员在任何时间和地点,挑战所遇到的潜在不安全问题,并识别所存在的安全缺陷,应受到鼓励。对从业人员所识别的安全缺陷,企业应给予及时处理和反馈。

2) 企业应建立从业人员安全绩效评估系统,建立将安全绩效与工作业绩相结合的奖励制度。

3) 审慎对待从业人员的差错,应避免过多关注错误本身,而应以吸取经验教训为目的。

4) 应仔细权衡惩罚措施,避免因处罚而导致从业人员隐瞒错误。

5) 企业应在内部树立安全榜样或典范,营造安全行为和安全态度的示范效应。

(4) 安全信息传播与沟通

1) 企业应建立安全信息传播系统,综合利用各种传播途径和方式,提高传播效果。企业应优化安全信息的传播内容,将企业的安全经验和思想作为传播内容的组成部分。

2) 企业应就安全事项建立良好的沟通程序,确保企业与政府监管机构和相关方、各级管理者与一线从业人员、从业人员相互之间的沟通。沟通应满足以下要求:

①确认有关安全事项的信息已经发送,并被接受方所接收和理解。

②涉及安全事项的沟通信息应真实、开放。

③每位从业人员都应认识到沟通对安全的重要性,从他人处获取信息和向他人传递信息。

3) 企业应建立有效的安全学习模式,实现动态发展的安全学习过程,保证安全绩效的持续改进。

4) 企业应建立正式的岗位适任资格评估和培训系统,确保全体从业人员充分胜任所承担的工作,并做好以下工作:

①制定人员聘任和选拔程序,保证从业人员具有岗位适任要求的初始条件。

②安排必要的培训及定期复训,评估培训效果。

③培训内容除有关安全知识和技能外,还应包括对严格遵守安全规范的理解,以及个人安全职责的重要意义和因理解偏差或不严谨而产生失误的后果。

④除借助外部培训机构外,应选拔、训练和聘任内部培训教师,使其成为企业安全文化建设的信息传播者。

5) 企业应将与安全相关的任何事件,尤其是人员失误或组织错误事件,当作吸取经验教训从而改进工作的宝贵机会和信息资源。

6) 应鼓励从业人员关注安全问题,进行团队协作,辨识可供改进的安全问题,在适当条件下授权自主改进。

7) 经验教训、可改进的安全问题和改进过程的信息宜纳入企业内部培训课程,使从业人员广泛知晓。

8) 宜在企业内部建立有效推动安全文化发展的推进师骨干队伍。推进师扮演从业人员指导老师的角色,辅导和鼓励所有从业人员学习新的安全知识,倡导在从业人员之间建立良好的信任关系和协作关系。

(5) 安全事务参与

1) 全体从业人员都应认识到自己有对自身和同事安全做出贡献的重要责任。从业人员对安全事务的参与是落实这种责任的最佳途径。

2）从业人员参与安全事务的方式包括以下类型：

①建立在信任和免责备基础上的微小差错报告机制。

②成立安全改进小组，给予必要的授权、辅导和交流。

③定期召开有从业人员代表参加的安全会议，讨论安全绩效和改进行动。

④开展岗位风险预见性分析和不安全行为或不安全状态的自查自评活动。

⑤企业还可根据自身的特点和需要确定从业人员参与安全事务的方式。

3）所有承包商均可为企业的安全绩效做出贡献。企业应建立承包商参与安全事务的机制，包括以下几个方面：

①应将与承包商有关的政策纳入安全文化建设的范畴。

②应加强与承包商的沟通和交流，必要时给予培训，使承包商了解企业的要求和标准。

③应让承包商参与工作准备、风险分析和经验反馈等活动。

④倾听承包商对企业安全事务工作的意见。

（6）审核与评估

1）企业应对自身安全文化建设情况进行定期的全面审核，具体工作如下：

①领导者应定期组织各级管理者评审企业安全文化建设过程的有效性和安全绩效结果。

②领导者应根据审核结果确定并落实整改安全缺陷的优先次序，并识别新的改进机会。

③必要时，应鼓励相关方按优先次序实施改进，以确保其安全绩效与企业协调一致。

2）在安全文化建设及审核时，应采用有效的安全文化评估方法，关注安全绩效下滑的前兆，给予及时的控制和改进。

17.4 班组安全文化管理

17.4.1 班组安全责任文化建设

企业安全文化是对企业从业人员安全生产行为进行约束的规则。企业为了安全生产及其经营活动,需要制定各种安全生产规章制度、操作规程,制定防范事故的各种技术措施。这些规章制度、操作规程、技术措施,必须落实到班组,才能够起到积极的作用,如果仅仅停留在书面上,停留在管理层,就不会发挥应有的作用。与此同时,在企业班组中,必须积极贯彻落实安全责任文化,督促从业人员尽职尽责、不折不扣地执行企业的各项规章制度,严格按照安全操作规程生产和作业。

(1) 从业人员安全职责

企业安全文化建设的难点是执行层,焦点是从业人员的素质,关键是班组安全文化。企业安全生产的最终归宿是班组和从业人员,安全生产的目标是保障从业人员的生命安全和健康。因此,企业安全文化建设要遵循"员工为本、岗位为标、现场为实、班组为主"的安全生产保障原则。

一般来讲,企业从业人员应尽的职责主要如下:

1) 认真学习和严格遵守各项规章制度,不违反劳动纪律,不违规作业,对本岗位的安全生产负直接责任。

2) 精心操作,严格执行工艺纪律和操作纪律,做好各项记录,交接班必须交接安全情况,交班要为接班创造安全生产的良好条件。

3) 正确分析、判断和处理各种事故苗头,把事故消灭在萌芽状态。如果发生事故,要果断正确处理,及时如实地向上级报告,并保护现场,做好详细记录。

4) 按时认真进行巡回检查，发现异常情况及时处理和报告。

5) 正确操作，精心维护设备，保持作业环境整洁，搞好文明生产。

6) 上岗必须按规定着装，妥善保管、正确使用各种防护器具和灭火器材。

7) 积极参加各种安全活动、岗位技术练兵和事故预知训练。

8) 有权拒绝违规作业的指令，对他人违规作业加以劝阻和制止。

(2) 安全激励制度的作用

影响生产安全的因素主要是人的不安全行为、物的不安全状态和环境的不安全因素，而物的状态和环境因素大多可以通过加大投入和检查确认人的行为来加以改善。因此，实现人的安全需求，激发人的安全工作热情，提高人的安全意识，规范人的作业行为，是保障生产安全的最有效措施。

1) 激励需求理论。通俗地说，激励就是激发人的内在潜能，开发人的工作学习能力，调动人的积极性和创造性。激励的理论基础是需求理论。美国心理学家马斯洛的需求层次论把人的需要由低向高分为：生理需求、安全需求、友爱和归属（社交）需求、尊重的需求和自我实现的需求5个层次。由此可见，安全需求是人的基本需求之一。需求是从业人员行为动力和积极性的源泉。既然从业人员的人身安全已成为本人迫切的需求，那么满足此需求将会给从业人员产生巨大的激励力。企业要紧紧抓住这一有利时机，正确引导从业人员的这种需求，使从业人员从"要我安全"转变到"我要安全"的自觉行动中去。提高从业人员安全素质是实现安全需求的基础。人既是安全管理的实施者，也是不安全行为的发生者，安全生产，人是关键。只有人的素质提高了，才能规范人的作业行为，才能有效消除物的不安全状态，才能改善环境的作业条件，从本质上做到"三不伤害"，从而真正满足对安全的需求。

2) 正确选择激励方法是实现安全需求的捷径。激励的方法众多,每种方法都能在某种程度上激励从业人员。

①目标激励。通过确立工作目标来激励从业人员。每年年初,企业明确年度安全生产目标,并分级分层细化分解至从业人员个人安全目标,将从业人员个人安全目标与企业安全目标有机结合起来。企业安全目标是实现"零"事故,而从业人员的个人安全目标是确保自身不受伤害,两者间具有一致性。

②奖惩激励。奖励是一种"正激励",是对从业人员的某种行为给予肯定,使这种行为得以巩固、保持。而惩罚则是一种"负激励",是对某种行为的否定,从而使之减弱、消退。恰如其分的惩罚不仅能消除消极因素,还能变消极因素为积极因素。奖励和惩罚是两种不可缺少的手段,都是激励从业人员的有效工具,忽视任何一方都是不正确的。奖励有功的从业人员,必然伴随着对无功或有过从业人员的惩罚。企业管理者在运用奖惩手段时要做到二者相结合,不可分割。在运用奖惩激励时,应该以正激励为主,以负激励为辅,不可平等对待、主次不分。要把握合适的力度、时间和范围,本着实事求是、秉公无私的原则,使从业人员最终受到鼓励、警示和教育。准确把握激励原则是实现安全需求的关键,正确地运用激励原则可以提高激励的效果,达到预先设定的管理目标。

3) 激励原则的运用需要考虑的因素:一是要准确地把握激励时机;二是选择适当的激励频率,激励频率恰当才能有效发挥激励的作用;三是合理设置激励程度,使被激励者产生继续前进的动力;四是正确地确定激励方向,即针对什么样的内容来实施激励。

(3) 打造安全制度执行力

安全制度执行力主要是从管理的角度使安全生产的法律、法规和各种规章制度等得到落实。打造安全制度执行力也就是建设安全管理执行力,即企业各级执行主体按照规定的标准,以一定的速度完成各种任务的能力，并且这种能力应该具有持续性和稳定性。在企业管理过程中，执行是非常重要的环节，没有执行，任何好的决策或目标都不可能实现。安全管理执行情况的好坏对安全管理工作的进行起着至关重要的作用，而执行力能使企业的安全管理制度落到实处，有助于不断完善安全管理制度，提高从业人员的积极性和凝聚力，增强企业的声誉和效益。因此，打造企业的安全管理执行力即安全制度执行力具有十分重要的意义。打造企业安全管理执行力应从企业安全管理体系的各个部门和环节入手，提高各个部门的执行和监察能力，并不断完善安全管理制度。

1）班组长的执行力建设。班组长作为企业的"兵头将尾"，既是班组的领导者，又是班组的劳动者，班组长的能力表现直接影响整个班组安全管理制度的执行力。因此，必须加强对班组长队伍的管理、培训、考核和监督，着力培养一支执行力强的班组长队伍，提高个人综合能力，提高自身执行力的水平。

2）企业从业人员的执行力建设。企业安全管理制度和方案的实施，最终都要靠从业人员的执行力，调动从业人员工作的积极性、主动性和创造性是实现企业安全管理工作顺利执行的基础。必须要教育引导好从业人员的"主人翁意识"，提供良好的学习条件，为从业人员发展提供必要的平台。

3）要及时梳理完善各项安全管理制度，制定高效的执行保障体系。安全工作的推进、任务的完成、创新活动的实践，既需要靠人格的力量带动，更需要靠制度的力量拉动。打造一个制度完善、流程畅通的制度保障体系，是提高安全管理制度执行力必不可少的关键因素之一。

4）执行过程中的注意事项。首先，应采取宣传、教育等手段，提高从业人员的安全知识水平和意识；其次，在处理事故时，要责任分明、统一标准、一视同仁；最后，还应采取有效的激励措施，使他们在实现企业目标的同时实现自身的需要，增加其满意度，从

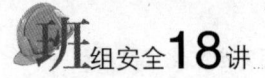

而使他们的积极性和创造性继续保持和发扬下去。

17.4.2 班组安全文化建设模式

班组安全文化建设是预防事故的重要屏障。安全文化建设通过创造一种良好的安全人文氛围和协调的人、机、环境关系，对人的观念、意识、态度、行为等形成从无形到有形的影响，从而对人的不安全行为产生控制作用，以达到减少人为事故的效果。班组安全文化建设的模式如下：

(1) 企业安全文化建设

运用"四全"安全活动、安全生产责任制、"三同时""五同时"监督制、定期检查制、有效的行政管理手段、常规的经济手段等传统手段，以及意识及管理素质教育、目标管理法、无隐患管理法、系统科学管理、人机环境设计、安全评价、应急预案对策、四要素（人、机、物、环境）安全检查等现代安全管理手段，使管理层和决策者认识到安全是企业的生命，安全就是效益，真正把安全工作摆在首要位置。

(2) 班组安全文化建设

运用三级安全教育、特种作业教育、检修前教育、开停工教育、日常教育、全员教育、班组安全活动、标准化岗位和班组建设、技能培训、三不伤害活动、"5S"活动、反事故（应急）演练等方法和手段，使从业人员逐步树立"我要安全"的意识，增强遵章守纪的自觉性和处理应急情况的技能。

(3) 生产现场安全文化建设

运用安全标语（旗）、安全标志（禁止标志、警告标志、指令标志、提示标志）、事故警示牌等传统的手段，营造一种安全氛围。推行现代的安全手段，如技术及工艺的本质安全化、零事故车间活动、事故预想活动、隐患评估与治理活动等，使生产现场安全、舒适、文明、整洁，减少导致事故发生的因素。

(4) 人文环境安全文化建设

运用安全宣传报（画）、安全生产周（日、月）、安全竞赛活动、安全演讲比赛、安全生产分析（事故报告）会、事故日反思、安全标准化岗位（班组）建设、安全先进事迹表彰等从业人员喜闻乐见又颇具有人情味的文化建设手段，使从业人员感到企业对他（她）们生命安全和健康的重视，使从业人员认识到只有从自身安全做起、从岗位做起，才能保障企业的整体安全。

安全文化建设是一项基础性、长期性的系统工程，是一个漫长的、逐渐改变的过程，不是一蹴而就的事情，同时安全文化建设要解决人的基本素质，这必然要对班组成员的参与提出要求。因为人的深层的、基本的安全素质需要从小培养，全民的安全素质需要全社会的努力。实施安全对策，实现社会生产、生活、生存的安全目标，必须全社会、全民族广泛参与。因此，现代安全文化建设需要大安全观的思想，这需要从长计议、持之以恒，切不可急功近利、半途而废。

第18讲

优秀班组安全活动实例

建设企业安全文化，打造优秀的安全生产班组，离不开安全活动。开展优秀的班组安全活动，是发动全体从业人员参与企业安全管理的好形式，是新形势下不断提高从业人员自我保护意识的有力措施，是加强安全生产、减少事故发生的有效手段。因此，企业和车间领导，包括广大班组长，要充分认识开展这项活动的重要性，将其列为本单位、本班组的重要工作内容之一。

18.1 班前会和班后会活动

18.1.1 开好班前会

班前会是班组长根据当天的工作任务，结合本班组的人员、人数、各人的安全操作水平、安全思想稳定性、原材料、作业机具、安全用具和现场条件、工作环境等，在工作开始前召开的班组会。为使班前会开得卓有成效，应注意以下几点：

（1）明确班前会的特点

班组长在向班组成员布置当天生产任务时应布置安全工作。其主要特点是时间短、内容集中、针对性强。它既区别于事故分析会，也不同于安全活动日。

（2）明确班前会的内容

班前会的内容一般应包括以下几点：

1）交代当天的工作任务，做出分工，指定负责人和监护人。

2）告知作业环境的情况。

3）讲解使用的机械设备和工器具的性能和操作技术。

4）做好危险点分析，告知可能发生事故的环节、部位和应采取的防护措施。

5）检查督促班组成员正确穿戴和使用劳动防护用品。班组长要对这些内容逐项地交代清楚，对班组成员提出的疑问，要耐心地加以解释，使班组成员明白应该怎样做和不应该怎样做。

（3）做好会前准备工作

班前会是一种分析预测活动。要使之符合实际，具有针对性和预见性，就需要班组长在会前动一番脑筋。为此，班组长每天要提前到岗，查看上一班的工作记录，听取上一班班组长的交班情况，了解设备运行状况、有无异常现象和缺陷、是否进行过检修等，并进行现场巡回检查。班组长还要对生产任务、相应的安全措施、须使用的安全工器具等做到心中有数，对承担工作任务的班组成员的技术能力、责任心有足够的了解。在全面了解情况的基础上，班前会才能突出"三交"（交任务、交安全、交措施）和"三查"（查工作着装、查精神状态、查劳动防护用品），并根据生产任务的特点、设备运行状况、作业环境等，有针对性地提出安全注意事项。

（4）跟踪验证

班组长在作业前交代的有关安全事项是否正确，必须在作业中考察验证。符合实际的，要坚持下去；不符合实际的，要适时纠正；没有考虑到的，要重新考虑进去。对因故没有参加班前会的个别班组成员，班组长事后应对此人补课交底，防止发生意外。

18.1.2 开好班后会

班后会是一天工作结束或告一段落，在下班前由班组长主持召开的班组会。班后会应注意以下几点：

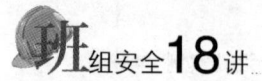

(1) 把握好方式方法

班后会与班前会所采取的方式和要解决的重点问题是不同的。班前会是以思想动员的方式,对即将作业的安全工作进行分析预测,以便防患于未然。班后会则是以讲评的方式,对已经完成的生产过程的安全工作情况进行总结、检查,并提出整改意见。班前会是班后会的前提和基础,班后会是班前会的继续和发展。

(2) 明确班后会的内容

班后会的内容一般包括以下几点:

1) 简明扼要地小结完成当天任务和执行安全规程的情况,既要肯定好的方面,又要找出存在的问题和不足。

2) 对工作中认真执行规章制度、表现突出的班组成员进行表扬,对违章指挥、违章作业的人员视情节轻重和造成后果的大小,提出批评或处罚。

3) 提出整改意见和防范措施。班后会的鲜明特点是能够及时发现问题和解决问题,针对性强、见效快。

(3) 有的放矢、做好准备

班组长要全面、准确地了解当天的工作情况,特别要把发现的不安全现象或造成的事故作为掌握的重点,在详细了解的基础上,形成要点,使班后会的总结评比具有很强的说服力。同时还要注意班后会讲评的方法,调动班组成员安全工作的积极性,增强自我保护意识和能力,帮助班组成员端正认识,克服消极情绪,达到安全生产的目的。

18.2 安全日活动

18.2.1 安全日活动及其内容

安全日活动是班组开展安全分析的基本形式,它不仅是班组成员学习有关安全生产各类文件、加强法制观念、提高自我保护意识教育的好形式，也是班组成员相互交流安全工作经验的好机会。因此，安全日活动作为班组活动的一项长期内容，对于提高班组成员的安全意识、规范班组成员的安全行为起着举足轻重的作用。安全日活动一般包括以下内容：

（1）学习上级和本单位的安全文件、事故快报、安全简报，联系班组实际，提出防范措施。

（2）学习本单位的安全生产规章制度，检查有无违规现象、违规行为。

（3）本周的安全状况分析、讲评、总结以及下周安全工作安排和要求。

（4）每月班组对年度安全目标的执行情况进行对照检查，提出存在的问题和改进要求，开展月度安全分析评价、事故预想、安全技术知识考核等。

（5）布置、落实安全大检查工作和专项安全检查工作。

（6）班组管辖的工器具的试验及设备检查后的分析和研究。

（7）班组安全工作台账的检查、整理等。

18.2.2 安全日活动的要求

（1）对上级布置和指定的学习内容，必须认真、完全、彻底地落实，不能缺失。

（2）班组成员必须全部参加，并认真做好活动记录（记录应包括活动内容及参加人员）。如有缺席人员，应记录在案，注明缺席的原因，缺席人员应及时补课。

（3）安全日活动内容要充分、联系实际、形式多样、讲究实效，切忌流于形式。每次活动均应有所侧重、有所收获。

（4）班组长、安全员在安全日活动前要做好充分准备。

（5）班组成员在活动中应态度端正，密切联系日常工作实际，积极发言,并针对存在的问题提出意见和建议。

18.2.3 如何开展安全日活动

(1) 完善管理制度

班组安全日活动是否开展得好及能否取得应有的成效,与是否建立完善的班组安全日活动管理办法和量化的检查考核标准有很大的关系。因此,应制定符合班组自身特点的活动规定,从活动的原则、时间、内容、记录及检查考核等方面对安全日活动作出明确规定,使班组安全日活动达到经常化、制度化、规范化的要求。同时,从活动的组织管理、活动计划及活动的实施情况等方面,制定可操作性强的检查考核办法,切实把安全日活动落到实处。

(2) 提高活动效力

1) 班组每一位成员应抱着"学安全、懂安全、会安全"的态度,积极参与安全日活动,集思广益,不断拓展班组安全日活动的思路。

2) 要尽量从解决本岗位的问题出发,按"小、实、活、新"的要求安排活动内容。即活动内容不必求大,只要能解决生产实际中的一个小问题,就可以说达到了目的。

3) 班组安全日活动要与合理化建议、技术创新相结合,与班组安全文化建设相结合。

(3) 创新活动内容、活动形式

在开展班组安全日活动过程中,要以丰富新颖的活动内容、灵活多样的活动形式来吸引班组成员主动参与,避免班组成员因产生厌倦、抵触情绪而使班组安全日活动走过场。

为提高班组安全日活动的学习效果,企业的安全管理机构可将企业制定下发的会议文件、安全信息、事故通报、制度规定等及时汇编成册,定期编写一些通俗易懂、切合实际的教材,发放到班组,为班组开展活动提供必要的学习资料。在活动形式上,可根据工作性质和岗位生产特点,从提高班组成员安全意识和实际操作技能入手,因人、因时、因地制宜地组织开展形式多样、内容丰富的班组安全日活动。具体要求如下:

1)分散活动与集中活动相结合。可以班组为单位,在班组长的带领下,开展隐患查改、事故预想、关键位置应急处理预案演练等活动。也可以车间或全厂大横班为单位,邀请厂领导结合企业的安全管理现状和企业安全文化建设,讲授职业安全卫生及管理的有关知识,或集中收看重大事故录像,开展消防器材使用演练和逃生救护训练等。

2)学习和讨论相结合。班组安全日活动要尽量避免领导讲、班组成员听、安全员做完记录就散会的"一言堂"做法。在传达、通报有关情况之后,应留有时间让班组成员对活动内容进行充分的座谈讨论,通过讨论使班组成员清楚自己应该遵守的规章制度,充分吸取事故教训,明确本岗位存在的薄弱环节。

3)知识理论学习和实际技能训练相结合。结合关键事故应急处理预案演练,开展有针对性的反事故训练,进行劳动防护用品佩戴、使用和逃生救护训练,增强班组成员分析、判断、处理各种突发性事故的能力,使班组成员能够正确地利用岗位配备的防护救护器材进行自救互救。

安全生产问题往往是旧矛盾解决了,又产生新的问题。安全生产的改进和提高是无止境的,班组要围绕这些新问题不断地开展活动,这样安全活动日活动才有活力,才能持续地发展下去。

(4)加强检查和考核

抓好班组安全日活动,只靠一般性的检查是不起作用的。只有把班组安全日活动纳入各种考核之中,建立完善的检查、考核和激励机制,才能取得良好的效果。

1)各班组应根据自身特点建立与管理水平相配套的检查、考核细则,将检查纳入企业的岗位责任制大检查、各类专项检查中,并将检查的结果同车间开展的创"一级车间"活动、"三无班组"活动等一切评优创先活动挂钩。

2)要严格检查。采用定期检查和不定期抽查的方式对班组安全日活动情况进行检查。检查的方法：一是查看，主要是对照学习计划查看记录，看有没有，缺不缺，认真不认真，规范不规范；二是监督，主要由安全管理人员分头到各班组直接参加安全日活动，看是否按规定活动，出勤率、活动时间、活动内容、活动质量是否达到要求；三是提问，主要是对照记录的内容，提问班组成员是否知道活动内容，以判别活动记录的真实性。

最后，在检查的基础上，对照考核细则，对安全日活动进行严格的考核，并将考核结果与经济责任制、目标责任制等挂钩，定期兑现奖罚。

18.3 创建"安全合格班组"活动

18.3.1 开展创建"安全合格班组"活动的意义

加强班组安全建设，是科学技术发展对安全生产提出的必然要求，生产的机械化、自动化程度越高，就越要求人的行为实现规范化、标准化。加强班组安全建设，也是实现现代安全管理的要求和需要。现代安全管理不仅需要现代科学技术方法，还要将安全管理从"事故处理型"转变成"事故预防型"，这就要求人人参与安全管理，即所谓全员、全面、全过程的安全管理。创建"安全合格班组"活动，就是要朝着这个方向努力；同时，通过这个活动，加强班组的安全管理水平，提高班组成员的安全意识和安全技术素质，尤其是班组长的安全管理能力。

创建"安全合格班组"活动，是班组安全建设的一种有效形式，也是迅速改变目前班组事故多发状况的需要。在班组里，班组成员相互了解彼此的操作技能水平、精神状况，一旦有妨碍安全的因素出现，能互相及时提醒督促、互相帮助。在生产作业过程中，班组成员直接操作机器，熟悉设备的性能状况，一旦设备发生异常情况或存在事故隐患，能及时察觉和排除。班组的这些群体特点，易于控制事故的发生，是其他各类人员所不能代替的。

创建"安全合格班组"活动，也是新形势下不断提高班组成员自我保护意识与行为能力的有效措施。当前，随着改革的不断深化，租赁制推行，承包制层层落实，企业经济效益逐渐提高，但也出现了一些忽视安全生产的短期行为。不仅有的企业经营者存在重生产、轻安全的思想，而且在班组中也存在着片面追求进度、冒险蛮干、拼设备、拼体力等许多不安全的行为。此外，目前企业从业人员中农民工的比例大量增加，他们的文化技术素质低，劳动纪律观念淡薄，容易导致事故发生。这些情况都严重地威胁着安全生产。

因此，必须在努力提高班组成员的自我保护意识和行为能力上下功夫。开展创建"安全合格班组"活动是一项非常有效的措施，如果企业的每一个班组都有适合本班组的安全奋斗目标，从"要我安全"转变为"我要安全"，并不断提高岗位的操作技术水平，争创"安全合格班组"，就一定能促使企业的安全管理水平上升到一个新的高度。

18.3.2 创建"安全合格班组"的条件和标准

开展创建"安全合格班组"活动的目的，是提高班组成员自防自保的能力，增强班组成员的安全意识和安全技术水平，逐步把班组变成一个安全、舒适的工作场所。"安全合格班组"的条件和标准，不同的行业因其自身的生产特点，不可能完全统一，但是具有共性内容、共同条件。

（1）实行目标管理

班组每位成员要了解本企业、本班组的安全生产目标及实现目标的主要措施。班组能够运用现代安全管理方法，从自身做起，实现安全目标。

（2）打好基础

安全管理基础工作要达到以下要求：

1）建立完善的岗位安全生产责任制、安全操作规程，并认真执行。

2）班组成员能熟记本岗位安全操作规程，了解班组内危险源及防范措施，不冒险作业。

3）特种作业人员严格执行持证上岗的规定，并建立安全互保制度，如3人作业要有1人负责安全，2人作业要指定专人监护等。

4）正确穿戴并爱护劳动防护用品，正确使用并维护安全防护设施、装置，由专人负责设备保养和作业环境的安全。

5）设有违章违纪、险肇事故、事故隐患登记簿，班组安全台账记录齐全，不弄虚作假。

6）按规定的要求认真做好班组安全教育、安全检查等日常安全工作。班组骨干成员能够较全面地掌握安全知识，操作技能过硬，安全意识较强，班组形成浓厚的安全生产氛围。

（3）坚持开展安全活动

这里所说的安全活动主要如下：

1）坚持每天的班前、班后会，定期开展班组安全日活动。活动参与率高，效果明显，记录详细。

2）坚持每天的班前、班中、班后安全检查活动，定期开展查隐患抓整改活动。

3）广泛发动群众开展为安全提合理化建议活动，通过小改小革逐步改善劳动条件。

（4）积极推行科学管理方法

认真、正确地运用班组安全检查表进行安全检查。积极采用现代安全管理方法，如事故树、生物节律、信息管理等科学预测分析方法,搞好事故预测工作。

(5) 搞好文明生产

作业场所要清洁,物料堆放整齐,安全通道符合要求。班组范围内,各类设备、工具及工作场所必须做到安全无隐患。人人遵守劳动纪律,不脱岗、不串岗、不酒后操作。班组污染源管理效果好,无随意倾倒污染物的现象,并养成定点存放、节约使用物料的良好习惯。

18.3.3 创建"安全合格班组"的方法

安全工作是一项群众性工作,必须发动群众、相信群众、依靠群众来做。创建"安全合格班组"活动就是充分发挥班组成员积极性的一项群众性活动,因此它符合企业安全管理工作的需要,具有较强的生命力。为开展好创建"安全合格班组"活动,应着重抓好以下几个方面的工作:

(1) 统一思想,提高认识

要使创建"安全合格班组"活动能顺利开展,企业上下必须统一认识,特别是企业领导的认识必须到位,这是创建"安全合格班组"活动成功的关键。企业领导要认真分析本企业班组安全管理的现状,找出差距,从基础管理上找原因,研究抓好班组安全管理的措施,认识到开展创建"安全合格班组"活动是实现班组安全管理标准化、规范化、科学化的有力措施。有了这个前提,车间领导、班组长和班组成员认识的统一就有了基础。

(2) 广泛参与

开展创建"安全合格班组"活动,还需要调动班组成员的参与积极性。企业应利用各种宣传工具,广泛地宣传创建"安全合格班组"的重要性和迫切性,介绍开展创建"安全合格班组"活动的好经验。此外,在宣传中,要注意从班组成员的切身利益说起,使他们切实感到创建"安全合格班组"对自身、班组、企业有百利而无一害，从而使班组成员从被动的"要我这样做"转变为自觉的"我要这样做"。

（3）增加教育培训

在广泛宣传的同时，企业还要对班组中出现的一些具体问题进行指导并解决，加强对班组长的教育培训，使他们对"安全合格班组"的基本内容、标准和要求有清楚的认识，明确在创建"安全合格班组"活动中应带领班组成员做好哪些工作。

（4）持续建设

创建"安全合格班组"活动，不是一项一劳永逸的工作，也不是一项应急措施，而是保障班组安全建设的一项长期工作。这项工作实质上是传统的管理方法向科学的管理方法的一个转变，要做大量深入细致的工作，并制定切实可行的规划。因此，企业在推行这项工作时，必须从本企业的安全管理实际出发，确立工作规划，分阶段地确定工作目标，使活动能够有计划、有步骤地进行。

总之，"安全合格班组"从创建到验收达标只是一段时间内的工作，而巩固、保持则是一个长期的工作，也是创建活动的最终目标。在创建"安全合格班组"的活动中，可以将创建活动与经济责任制及奖惩制度挂钩，在给予荣誉的同时相应地给予物质奖励，激励班组成员不断努力，保持荣誉并争取达到更高的要求。对存在问题而不进行整改，复查达不到标准要求的班组，则应取消"安全合格班组"称号，给予经济制裁。

18.4 生产班组"三不伤害"活动

18.4.1 "三不伤害"活动的内容与原理

"三不伤害"活动以人员操作行为为对象，以"我"为主线，以岗位工程程序化、行为规范化、操作标准化为主要内容，以无事故为目标,在生产(施工)中处理好安全"我、你、他"的关系。"三不伤害"活动的核心是制定岗位"三不伤害"防护卡,使"我"所在岗位,所使用的机器、工具、物品、材料,他人的机器、设施、工具等都不能伤害自己,同时也不因自己而伤害"你"和"他"。开展"三不伤害"活动,是将"我"岗位和"你""他"岗位之间安全诸因素统筹考虑,综合于"三不伤害"防护卡之中,形成互相联系、互相保障、环环相扣的网络,以确保"我、你、他"的安全生产。

开展"三不伤害"活动的动力,主要来源于安全生产工作实践。在企业的生产作业中,绝大多数人身伤害发生在生产一线的作业班组。人身伤害的原因,主要是人为失误。继续溯源,尽管深层次原因各不相同,但就其结果而言,却不外乎以下3种情况:因自己失误而伤害自己;因自己失误而伤害别人;因别人失误导致伤害自己。进行综合归类,不难发现,凡发生人身伤害事故,均与"自己"不无关系。血的教训告诉大家,预防人身伤害事故发生,必须要有针对性地采取措施,人人立足于"我",都从自己做起。基于以上认识,提出开展"三不伤害"活动,既是多年安全工作实践经验的科学总结,又是工伤事故人员生命与鲜血的"结晶"。

18.4.2 开展"三不伤害"活动的意义

(1) 激发班组成员搞好安全生产的积极性

"三不伤害"活动以"我"为出发点,又以"我"为归宿,容易使班组成员进入角色,也能激发班组成员参与这项活动的自觉性和自主性。根据以往教训,过多采用行政命令,班组成员容易产生逆反心理,引起副作用。"三不伤害"活动具有吸引力和易被班组成员接受的特征,注重循循善诱、启发引导、竞赛评比,激发班组成员的思想共鸣。这一活动突出了一个"我"字,符合人们普遍的心理愿望。

(2) 提高班组成员自我和群体防护意识和能力

现代化大生产技术装备复杂,劳动分工细密,并且在以人为核心而构成的人、机、环境系统中,人的行为是否安全,主要取决于生理、心理因素及技术能力,而技术能力尤为重要。技术能力包括对知识的掌握和实践经验的积累。例如,钢铁企业青工比例大,约占65%,而生产一线比例更大。青工技术素质差,自我防护能力不足,严重影响安全生产。开展"三不伤害"活动,通过查"三害"原因,定"三防"对策,一是可熟悉和掌握本岗位的危害因素;二是激励学习"三规三制"的主动性;三是能吸取以往的事故经验教训,增长知识,提高自我防护能力。人人参与、个个思考、联想,立足本岗位系统,从实际出发,自问自答,自查自评,规范思维方法,增强了群体安全意识和防护能力。

(3) 进一步推动班组安全建设

据大量事故分析,90%以上的事故发生在班组,80%以上的事故是违章指挥、违规作业等人为因素造成的。因此,在现有的条件下,加强班组建设是企业加强安全生产的关键,也是减少伤亡事故和各类灾害事故最切实、最有效的办法。

18.5 生产班组反习惯性违章活动

18.5.1 习惯性违章的定义

习惯性违章是指固守旧的不良作业传统和工作习惯,违反国家和上级的有关规章制度,违反本单位制定的现场规程、操作规程、操作方法等进行工作,不论是否造成不良后果,统称为习惯性违章;或者虽然在企业规章制度中没有明确的条文规定,但其行为明显威胁安全或不利于安全生产,也称之为违章。

一些企业开展反习惯性违章活动多年,但只是把它作为一种口号性的号召，企业从业人员还是不清楚何为习惯性违章，原来怎样操作还是怎样操作，没有一丝改变。久而久之，习惯性违章就成为企业生产中最大的事故隐患。另外，习惯性违章有的容易界定，有的则不容易界定，直到发生了事故，才分析出这是习惯性违章。因此，要深入到每一个岗位，让从业人员真正懂得操作中哪些行为属于习惯性违章。

18.5.2 习惯性违章分类

习惯性违章按其性质可以分为以下 3 类：

(1) 作业性违章

从业人员工作中的行为违反规章制度或其他有关规定，称作业性违章。例如，进入生产场所不戴或未戴好安全帽，高处作业不系安全带；操作前不认真核对设备的名称、编号和应处的位置，操作后不仔细检查设备状态、仪表指示；未得到工作负责人许可工作的命令就擅自工作；热力设备检修时不泄压，转动设备检修时不按规定分别挂警告牌等。

(2) 装置性违章

设备设施、工作现场作业条件不符合安全规程、规章制度和其他有关规定，称装置性违章。例如，厂区道路、厂房通道无标示牌、警告牌，设备无标示牌，井、坑、孔、洞的盖板、围栏、遮栏没有或不齐全，电缆不封堵，照明不符合要求，转动机械没有防护罩等。

(3) 指挥性违章

指挥性违章是指各级领导、工作负责人，违反安全卫生法规、安全操作规程、安全管理制度，以及为保障人身、设备安全而制定的安全组织措施和安全技术措施所进行的违章指挥行为。

统计表明，作业性违章、指挥性违章是造成人身伤亡事故和误操作事故的主要原因。企业安全生产的基点在班组，企业要实现安全生产，就必须夯实班组安全工作的基础，加大开展反习惯性违章工作的力度。

18.5.3 习惯性违章原因分析

（1）主观心理因素造成的习惯性违章

主观心理因素造成的习惯性违章，主要有以下情况：一是因循守旧，麻痹侥幸；二是马虎敷衍，贪图省事；三是自我表现，逞能好强；四是玩世不恭，逆反心理。

（2）客观因素造成的习惯性违章

客观因素造成的习惯性违章，主要有以下情况：

1）操作技能不熟练。由于培训教育不够，从业人员没有掌握正确的操作程序，对设备性能、状况、操作规程不熟悉，不能根据指示仪器仪表所反映的信息对设备运行状况进行调整。

2）制度不完善。作业标准和规章制度不完善，使从业人员无章可循、无法可依。

3）安全监督不够。对一些习惯性违章现象熟视无睹，对一些严重违章现象存在漏查或查处力度不够的情况，特别是在生产任务重、时间紧的情况下，一味强调按时完成生产任务，从而使部分从业人员滋生了忽视安全的习惯和心态。

18.5.4 班组开展反习惯性违章活动

反习惯性违章活动的主要目的是杜绝死亡、重伤和误操作事故的发生，大幅度地减少轻伤事故，从挖掘不安全的苗头着手，抓异常、抓未遂。对生产班组而言，重点是根据本班组的具体情况，防止各重伤事故和误操作事故。

（1）引导从业人员认识习惯性违章的危害

习惯性违章是表现形式，而支配它的思想根源是多种多样的。例如，存在麻痹思想，重视一般情况，而忽视特殊情况。安全规程规定，停电作业时，必须先验电，后作业，有些人则认为多此一举。

一般情况下，停电作业的对象是不会带电的，但如果由于种种原因未拉闸，这种特殊情况一旦出现，后果将不堪设想。另一种思想根源是怕麻烦、图省事，把本应该履行的程序减掉了。例如，巡回检查时，不按规定的检查线路和项目进行，走马观花。在反习惯性违章活动中，只有让从业人员从事故教训中深刻认识习惯性违章的危害和后果，根除习惯性违章的思想根源，从业人员才能自觉地遵章守纪。

(2) 排查习惯性违章，制定反习惯性违章措施

1) 对本班组存在的习惯性违章，进行认真细致排查。要防止走过场、应付上级检查的情况。例如，有的班组虽然制定了反习惯性违章的规定，并且张贴起来，但是班组却没有认真结合自身的问题进行排查；有的班组甚至不知道哪些行为属于习惯性违章。

2) 要吸取其他企业、其他班组的事故教训，排查本班组有无类似习惯性违章现象。在此基础上，制定出有效的反习惯性违章措施。

(3) 班组长起好模范带头作用

习惯性违章是根深蒂固的，某些从业人员甚至没有意识到其错误所在，因此纠正起来有一定的难度，这就要求班组长首先带头纠正自己的违章行为。如果班组长不遵守安全规则，却去批评指正他人，很难被他人接受。此外，随着机械化程度的提高和生产规模的扩大，一个不负责任的行为往往会造成整个生产线生产的瘫痪，其后果十分严重。因此，班组长在日常工作中要经常进行劳动安全卫生方面的宣传教育，发现习惯性违章或不按规章制度办事的行为，必须立即指出，责令其纠正。如果班组长不能照章办事，甚至参与违章，则迟早会导致事故的发生，并负有不可推卸的责任。

(4) 对习惯性违章严格考核

习惯性违章是屡教不改、屡禁不止的行为，它与偶尔发生的违章行为是不同的。对屡禁屡犯者，应该"小题大做"，从重处罚。处

罚是保障安全生产规章制度实施，建立安全生产秩序的重要手段。如果人人都对习惯性违章望而生畏，那么何愁这种现象得不到制止。

18.5.5 开展反习惯性违章活动的几点注意事项

（1）常抓不懈

习惯性违章具有顽固性的特点，所以反习惯性违章活动是一项长期而艰巨的工作，不可能一蹴而就。只有常抓不懈，才会取得显著的效果。

（2）因人施教

要根据不同从业人员的特点，因人施教。习惯性违章大多发生在这样几种人身上：新入厂的从业人员，由于不知违章作业的危害，往往放松对自己的约束；有一定工作经验的从业人员，习惯凭老经验办事；胆大心粗的从业人员，往往不计后果，不听劝阻；法律观念不强的从业人员，明知故犯，知错不改。这就要求班组长有针对性地开展工作，多做个别人的工作。

（3）综合治理

开展标准化作业，坚持安全检查，实行安全监护制，采用高科技手段等都有助于预防因习惯性违章而引起的事故。

为了杜绝违章行为，切实做到"反违章人人有责"，在反习惯性违章活动中，每位从业人员都应做到以下几点：明确活动的目的和意义，自觉加入到反违章行列中，重新学习安全规程，从正反两方面典型事例中吸取经验教训，提高自己的安全意识和防护能力；当别人制止自己的违章行为时，应该虚心接受，当发现别人有违章行为时，要大胆劝阻并制止。

18.6 生产班组危险预知分析活动

18.6.1 危险预知要遵循的原则

（1）消除原则

通过合理的计划、组织和操作，从根本上消除物、机、环境中存在的不安全因素，努力消除人的思想和行为上的危险、有害因素，实现本质安全化。

（2）预防原则

当消除危险有困难时，可采取预防性技术措施，如增加防护罩，高处作业系好安全带，按岗位作业标准作业等。

（3）减弱原则

在无法消除危险源和难以采取预防措施时，可采取减少危害的措施，如降温、降噪、高温作业间断休息等。

（4）隔离原则

在上述措施都无法实现的情况下，应将有害因素与人员隔开，如加隔离栏、防护棚等。

（5）连锁原则

当操作者失误易造成伤害或设备运行达到危险状态时，通过连锁装置，终止危险状态。

（6）警告原则

在易发生故障、事故或危险性较大的地方，设置醒目的识别标志，如设置标志牌等，必要时可采用声、光等报警装置。

18.6.2 危险预知要落实的措施和制度

危险预知要落实 4 项措施和 4 项基本制度。

（1）危险预知的 4 项措施

1）直接安全技术措施。生产设备本身应具有本质安全性能，不出现任何事故和危险。

2）间接安全技术措施。若不能实现或不能完全实现直接安全技术措施时，必须为生产设备加装安全防护装置，最大限度地预防、控制事故的发生。

3）指示性安全技术措施。当间接安全技术措施也无法实现或实施时，须采用报警、警示标志等，警告提醒作业人员注意，以便采取相应的对策措施或紧急撤离危险场所。

4）若间接、指示性安全技术措施仍不能避免事故发生时，则应采用岗位作业标准、安全教育和个体防护等措施来预防、降低系统的危险、危害程度。

（2）危险预知的4项基本制度

在采取上述措施后，还要落实工作票制、挂牌制、确认制、监护制这4项基本制度。

18.6.3 危险预知的实施步骤与方法

上岗前，特别是各类检修作业、施工作业前，必须开展危险预知活动，做到"三不开工"，即没有进行危险预知不开工，没有安全交底不开工，没有安全监护人不开工。

实施危险预知的步骤与方法如下：

（1）根据作业内容进行危险辨识

按照相关的技术标准，查找作业项目中的危害因素，从而了解可能产生的危险。

具体措施：班组长在班前会上，首先检查班组成员的工作服穿戴是否规范，作业前精神状态是否良好；班组长总结上一个班的工作，分析是否会给本班带来危险；安排布置本班工作任务，进行安全交底，明确责任人、安全监护人、作业时间、作业地点和环境状况；班组长向班组成员询问进行此项工作的潜在危险（包括固有的、作业中产生的）；班组成员要假想自己已经置身于作业当中，尽力找出危险因素（包括人、机、物、环境、管理等方面的不安全因素），积极大胆地发言，充分发挥自己的想象力，不论是否正确；推想找出的危险因素会引发的事故（可能不止一种后果，应尽可能找全），进行讨论；班组长就大家找出的危险，逐一进行宣读确认，避免漏掉任何危险因素。

（2）对找出的危险因素进行分类

通过大家的讨论，从诸多危险中找出大家一致认为是危险且易造成伤害的因素并将其分类。

具体措施：班组长应对每位班组成员进行询问，检查确认是否都对找出的危险因素有所了解和重视；对查出的危险因素进行适当分类。第一类：这个危险不会造成伤害。第二类：这个危险可能造成伤害。将第一类因素剔除，从剩下的第二类因素中，进行第二次分类，即选出大家认为最有可能造成伤害的因素，不能靠举手表决，也不能靠班组长的主观臆断，而应以客观事实、科学推理为依据，要分析得细、分析得透。班组长第二次向大家确认，对这样的重要危险因素，大家必须记清楚。

（3）制定技术措施

根据前面查找出的重要危险因素，有针对性地制定出合理、有效的措施，并进行确认。

具体措施：对第二类中的重要危险因素，班组长向班组成员或班组成员之间相互提问，启发大家思考；集体讨论，拿出切实可行的措施；对具体措施进行分类，把"作业前必须马上实施的事、必须干的事"作为重点实施项目定下来；把班组的目标定位在处于危险状况的作业应采取措施实现安全作业；班组长就确定的内容向班组成员进行最后的确认，看是否有遗漏的危险和措施。

危险预知后，要根据预知结果逐项落实。如果作业现场发生意想不到的情况，还应适时纠正预知结果，并及时通知到每一位班组成员。要做到作业前静思一分钟，即静思危险预知中确认的作业危险存在的特征、原因及应采取的措施，静思自己的一举一动如何在作业中避免危险，要做到有完全的心理上和行动上的把握才可以行动；作业中沉思一分钟，即检查作业中的一举一动是否符合岗位作业标准、安全检查表以及危险预知结果的要求；作业后反思一分钟，反思作业行为的合理性，是否按预知的要求进行了落实，一旦发现存在还没有做到的行为，提醒自己下次加以注意，并在下次的班前会上进行说明，与其他班组成员进行交流。检查行为后果是否满足了技术上、设备上、安全性能上的要求，以免自己一时的不经意，给自己或他人带来危险。